白云供销社工服务
乡村振兴模式

李锦顺　等编著

广州市白云恒福社会工作服务社　组编

东方出版中心

目　录

引　言

任何事物都有前因后果，供销社工的产生、发展自有其逻辑。服务的政策推动和平台化是白云区供销社工产生的背景。

第一节　白云供销社工的发生背景

一、政策背景

中国的现代化离不开农村现代化。"2035 年基本实现社会主义现代化"是中共十九大制定的远景目标。中共中央在1982-1986 年连续五年发布以农业、农村和农民为主题的中央一号文件，2004-2020 年又连续十七年发布以"三农"为主题的中央一号文件，从中我们可以看出"三农"问题在中国社会主义现代化时期"重中之重"的地位。民族要复兴，乡村必振兴，必须要坚持把解决好"三农"问题作为全党工作重中之重。中国作为一个农业大国，"三农"问题关系到国民素质、经济发展，关系到社会稳定、国家富强、民族复兴。

供销合作社（以下简称"供销社"）是为农服务的合作经济组织。供销社长期扎根农村、贴近农民、服务农业，是党和政府做好"三农"工作的重要载体，具有完备的组织体系、健全的经营服务网络和熟悉"三农"的工作队伍，在"三农"工作中发挥着不可替代的作用。[①]随着供销社综合改革的不断深入，供销社的职能也在发生重大转变，从计划经济时期直接承担商品流通的经济职能转变为公共服务职能。[②]2018年2月出台的中央一号文件《中共中央国务院关于实施乡村振兴战略的意见》，对农村的发展做出了宏观部署。围绕着乡村振兴战略，中华全国供销合作总社发布了《关于全面提升基层为农服务质量在实施乡村振兴战略中发挥更大作用的指导意见》（2018年），其中指出要大力发展城乡社区综合服务，深入推进农村综合服务社提质扩面。白云区根据上述文件，制定了《白云区乡村振兴战略规划》。

二、服务背景

为深入贯彻2018年中央一号文件和供销总社乡村振兴战略的重要举措，落实白云区乡村振兴战略规划，白云区供销总公司通过试点推行在农村成立社区综合服务中心，开展农村服

[①] 王丹丹：《盘锦市供销合作社转型方案研究》，大连理工大学硕士学位论文，2018。

[②] 周奕：《扬州市供销社综合改革问题及对策研究》，扬州大学硕士学位论文，2021。

务项目，以招投标的方式由社工机构广州市白云恒福社会工作服务社承接，负责运营管理 6 个村级社区综合服务中心项目，以近距离、专业性的社会工作服务满足新时代"三农"发展需求。

广州市白云恒福社会工作服务社成立于 2009 年，简称"白云恒福"。其由白云区供销总公司出资筹办，是白云区首家注册并获得广州市 5A 评估等级的社会工作服务机构，2018 年被评为全国首批百强社会工作服务机构。白云区供销总公司通过购买社会工作服务，组建专业社会工作助农服务队——供销社工，培养出了一支懂农业、爱农村、爱农民的"三农"工作队伍。在服务的过程中，供销社工开始被大家所知晓。

第二节　供销社工的概念和特点

所谓供销社工，是社会工作的一个实践领域，就是秉持社会工作的核心价值理念，利用评估和干预措施，构建供销帮扶支持体系，协助个人、家庭和社区在农业生产、农产品销售流通、农民发展、农村建设以及城乡融合等方面，提高服务对象福祉、心理动能、经济资产和社区永续发展，开展政策倡导的社会工作类型。

供销社工不仅具有社会工作的专业价值理念，还具有强烈的"供销"底蕴。供销社工承载着供销社发展"三农"的重要使命，关注农村服务中涉农领域的发展性需要，尤其是经济发展方面，将专业的社会工作方法与供销合作社丰厚的"三农"发展资源相结合，充分发挥社会工作在链接与整合资源方面的专业优势，为农业生产、农产品销售流通、农民发展、农村建设以及城乡融合等"三农"发展需要提供资源和技术支撑，为实现乡村振兴不断贡献社会工作的专业力量。

供销社工的核心服务地带在于通过改善服务对象的供销能力，从而实现个体和家庭的福祉。核心服务地带包括，一是创造和增加服务对象接触、接受合适供销服务的机会；二是增加服务对象的供销知识和技能；三是通过机会和技能的充分互动帮助服务对象实现正确的决策、供销行为和行动。进入这三个地带涉及供销社工的工作方法。需要说明的是，供销社工的这三个地带具有整体性和综合性特点，供销社工强调不单一聚焦于改变服务对象的供销知识和技能，而忽略其他相关的知识和技能。

供销社工服务的独特优势在与"钱"紧密相连，是产生"钱"的前提。农村个体和家庭供销能力与经济自由的实现，取决、依赖于一个完整复杂的社会系统的支撑程度，包括社会政策和供销政策池、供销社和市场服务体系以及家庭和朋友的非正式支持等。供销社工只是这一系统中的一个有机组成部分，需要和其他部分协调整合，共同促进服务对象的经济自由。正是由于这个"钱"字，供销社工和其他社会工作的专业理念、服务方法和目标人群呈现出一定的特殊性，供销社工在与服务对象的合作过程中，可以创造出独特的价值，呈现出特殊的担当。

供销社工的生命力在于可以开创新的专业方法、服务内容和工作场景。类似于家庭综合服务中心的社会工作，不排除未来可以在街道、社区设立供销社工站，在众多的供销机构和社会服务机构中设立供销社工岗位。在乡村振兴服务中，企业和公司经常会面对着自身利益和客户利益的对立冲突，许多服务对象更加信任社会工作者和社会服务部门提供的中立性服务，这也显示了供销社工在社会服务中存在的独特优势。

当然供销社工服务与其他专业的社会工作服务有共同、共通的地方。不管是何种类型的社会工作，所有社会工作服务的最终目标都是实现服务对象的社会福祉，满足他们对美好生活的梦想。帮助服务对象改善供销能力对实现他们的梦想具有重大的推动作用。社会弱势群体、困难群体、边缘群体和有需要群体的问题产生和持续，根本原因是缺乏独立的经济资源，没有建立和接受完整的供销服务来确保经济独立。这些都是社会工作服务中最常见的人群和场景，如果不改善他们的供销能力，很难实现社会工作服务的其他目标。

之所以要把供销社工作为一个新的实务领域提出来，一方面是要把白云恒福既有的社会工作与供销命题有关的实务与服务进行梳理，使之达到理论化和系统化的高度，推动其名正言顺地成为专业社会工作服务体系中的有机部分；另一方面是推动社会工作走新、走深、走实，推动供销社工服务开拓新的专业方法、服务内容和工作场景。走新、走深、走实，一是推动供销社工进入新层次新境界，一是促进传统社会工作学习供销实务，促进具有供销服务特点的社会工作元素更加明晰。

第三节　白云恒福社会工作服务社运营的助农服务中心

服务的平台化是白云区供销社工产生的另一背景。社区日益成为基层社会活动的载体和社会治理的基本单元，在社区建立服务平台成为社会管理和公共服务的主要方法。

农村社会服务项目按照"党建带社建、村社共建"的工作要求，已建成并对外开放了 6 个村级综合服务中心，分别是钟落潭镇新村村、竹三村、雄伟连片村，人和镇黄榜岭村、江高镇南岗村以及龙归街夏良村农村综合服务中心。各个中心立于三农需求，整合社会资源，为农村社区有需要的群体提供专业、优质、多元的社会工作服务，形成"基础服务＋特色服务＋'1+N'平台建设服务"的服务体系。"1+N"平台建设服务是各中心依托区供销社的服务体系，积极链接团区委、区妇联、区科协、邮政、高校等多方资源共建"1+N"综合助农服务平台，不断增加公益服务项目，扩大助农服务平台的广度和服务的深度，将村民需求和外部资源进行精准对接，真正地让服务能够满足村民的需求，同时提高区供销社和社工的服务水平。

一、新村村农村综合服务平台

（一）基本情况

新村村农村综合服务中心于 2020 年 6 月底对外开放运营，位于白云区助农服务综合平台的三楼，办公场地使用面积为 500 平方米。服务范围涵盖新村村、滘湖村、登塘村等新和片区的村落，总面积 15.1 平方公里，共有 23 个经济社，服务总人数约 13 600 人，其中，本地村民约 10 500 人，来穗人员约 3 100 人。主要以社区活动、小组及平台导赏方式开展综合活动，构建助农服务体系共建共享的服务共同体，搭建服务"三农"平台，为辖内及周边村民提供青少年、家庭、长者、志愿者、社区活动等综合性社区服务。

（二）主要服务

中心是以"引进来"方式，结合新村村的特色资源与需求，以为农服务社会组织培育为特色服务方向，培育当地导赏员队伍，多管齐下为农村社区组织提供全方位的帮扶，促进农村社区社会服务氛围发展。

一是培育为农服务社会组织力量。通过联动团委、妇联、科协及周边高校、花协、农业龙头企业等资源，培育和孵化当地的为农服务社会组织及社会团体，通过打造优质、有影响力的助农服务项目，鼓励社会资源参与公益创投，打造有品牌效应的社会组织。二是围绕村民需求，开展恒常服务。通过"与农互爱"村民兴趣坊计划、"1+1+X"乡风文明改善计划，及留守青少年、长者及妇女服务等多个服务计划，联络村委、农村团体、村民及村里其他组织资源，开展"棋中有你——对弈赛""舞出新天地之妇女成长活动""温暖传递——手工香包制作活动""乡间美食汇之芥菜煲"以及义诊、健康讲座等活动提升村民生活幸福感。三是以导赏服务宣传白云名优农产品。该中心通过导赏服务接访机关、企事业单位、合作社和社会组织，并开展助农服务咨询活动，介绍中心为农服务功能、供销社发展历程以及白云区名优农产品和农副产品等。

二、南岗村农村综合服务中心

1. 基本情况

南岗村农村综合服务中心主要面向江高镇南岗村开展服务。南岗村位于江高镇南面，南临流溪河，广清高速公路贯穿南北。全村面积 5.5 平方公里，耕地面积 167 公顷，辖有三元岗、南岗 2 个自然村，13 个经济合作社。南岗村主要种植蔬菜，其中，西生菜、水葱、生姜最为出名，是南岗村农产品一大品牌。2015 年 9 月，白云区供销社以江高镇南岗村为试点，通过与当地村委资源对接，成立了白云区首家农村综合服务中心。中心面积约 800 平方米，内设社工办公室、广州市富民瓜果专业合作社办公室、广州市富民瓜果专业合作社洽谈室、为党员活动室、农作物监测室等多个场室。

2. 主要服务

南岗村农村综合服务中心的基础服务主要是为农村社区的村民群体提供日常生活服务服务。一是始终实施"阳光学堂"青少年学习成长计划。依托"阳光学堂"这一平台，为南岗村青少年提供学业辅导、兴趣培养、潜能激发等学习、成长类服务。二是于2019年开始进行的"健康直通车"医养服务，每年至少组织2次健康义诊、3次健康知识讲座，并进行节日探访慰问、对接村民与医院签约家庭医生，进行一对一家庭医生服务等特色工作，定期上门为南岗村民提供免费义诊活动，打通南岗村医养服务"最后一公里"。三是助农销售服务。通过线上直播、直销和线下社区直供等活动，通过农产品加工挖掘农产品价值，帮助农户销售蔬果。

"城市农夫"农产品溯源计划是南岗村农村综合服务中心的特色服务，计划以"社区支持农业"的理念，倡导绿色、自然、健康的生活方式。一方面通过农耕种植，打造以农夫耕种体验及蔬菜共享菜园的特色服务，构建城乡对接平台，满足农户农作日益增长的生产需求，增加农民收入。另一方面链接南岗村庄稼医院开展每月一次的庄稼医生下田农作物诊治服务，同时链接区农业局、区技术推广中心、华南农业大学、华南理工大学、森度微生物科技有限公司等企业、部门，为农户提供农业社会化服务，帮助南岗村农户增产增量。

三、雄伟村农村综合服务中心

1. 基本情况

2018 年 12 月，雄伟村农村综合服务中心成立。该中心服务范围涵盖省级连片示范村的雄伟、寮采、龙岗和米岗四个自然村，总面积 18.61 平方公里，共有 46 个经济社，服务总人数约 2.2 万人。主要种植水果如阳桃、番石榴、龙眼、黄皮、火龙果等。中心设置在雄伟村，现有建筑约 720 平方米，内设洽谈室、童趣园、社工办公室、经济合作社社长办公室、党建室、图书室、活动大厅、会议室、青年之家等 9 个功能场室。

2. 主要服务

中心主要结合当地农民生产生活需求提供综合性、多元化服务。一是开展以"农业、农村、农民"为主的基础服务。农业方面组织生计小组，提供需求收集、农业咨询、参观交流、技术推广、农技培训等服务；农村服务方面组织任务小组，包括村落群众组织节庆活动、二十四节气科普、乡风文明倡导、乡村文明公约等活动；农民服务方面针对农村妇女、青少年、长者分别设计展能、成长、健康关怀服务，服务的重点是为困难群体提供精准扶贫、慈善资源对接等。二是打造以文化旅游、农耕体验为主的特色服务。中心联动高校设计当地美丽乡村连片旅游路线，挖掘和整合社区内外资源，链接城区社工站与村级服务点，结合城乡互动计划，打造新型农村文化旅游产业和农耕体验，发展"休闲农业＋生态旅游""乡村旅游＋乡村美食"产业。

四、夏良村农村综合服务中心

1. 基本情况

夏良村农村综合服务中心于 2018 年 10 月成立。中心现有服务场室三层，室内场地面积约 160 平方米，设有农业科普室、小组活动室、党员活动室、美食厨房、多功能活动室、办公室等场地，面向夏良村提供服务。目前，夏良村自有耕种地外租约 500 亩，外租用地中主要分为三块，除了常见的叶菜、瓜类种植外，还有成规模的草莓园、葡萄园、钓鱼场等经营。辖区农资经营单位 11 家，其中一家为庄稼医院，主要经营化肥、农药、种子、咨询经营等服务。目前该中心常驻工作人员 3 名，以"乡村振兴服务三农"为目标导向，自 2018 年 12 月开放以来，以社区活动、小组及个案走访方式开展综合活动共 242 场次，服务约 15 000 人次，其中夏良村本地村民 7 000 多人，来穗人员 50 000 多人。

2. 主要服务

中心坚持为农务农，不断创新服务方式和服务内容，加快构建服务农民生产生活的生力军和综合平台。一是关注农村需求，开展驻村恒常服务、美丽乡村建设及城乡融合服务。针对夏良村妇女、青少年、长者分别设计展能、成长、健康关怀服务，如妇女技能提升、参观交流、儿童夏令营、长者义剪等服务，服务的重点是为困难群体提供精准扶贫、慈善资源对接；

根据夏良村城郊融合和来穗人员群体庞大的特点，结合夏良村传统文化，开展了认识夏良文化、美化村居环境、倡导乡风文明、建立文明公约、开展垃圾分类等活动，营造共建共治共享的良好氛围。

二是打造"初心田园"党建共建特色服务项目。链接公益性和经营性的社会化服务力量，利用中心旁闲置的公共草地，以创新党建共建项目为主体，围绕美丽乡村建设和当地村民实际需求，精心打造集党建引领、环境美化、科学教育、农作体验等功能于一体的社区田园，为当地村民提供党史党策宣传、自然科学教育、垃圾分类宣教、生态菜园种植等各项综合服务，带动村居面貌改善、乡风文明提升、科普教育落地。

五、黄榜岭村农村综合服务中心

1. 基本情况

黄榜岭村面积为 2 平方公里，农田面积 1 500 亩，农作物品种有生菜、白菜、菜心、葱、蒜、龙眼、黄皮、大蕉等，辖内 9 个经济合作社，总人口近 4 000 人。日常驻村长者、儿童居多，文化水平偏低，普遍为小学、中学文凭，外来人口约有 100 人左右，主要为租村民农田种菜。2019 年 12 月，黄榜岭村农村综合服务中心成立。中心现有建筑约 510 平方米，内设侨胞驿站、美食教学室、社工办公室、休闲活动室、多功能活动室、青年之家、妇女之家、儿童之家等 8 个功能场室。

2. 主要服务

中心利用黄榜岭村侨乡的特点和优势，引入公共服务资源，打造综合性、服务性、便民性的新型农村综合服务中心。一是开展农民生产服务。通过庄稼医生"坐诊、出诊"，免费向农民提供病虫害防治咨询，推进科学、合理用药，将农化服务带到田间地头，为农民发展生产保驾护航；开设"农技课堂"，开展科技助农服务，邀请省农科院农业专家、校外实践教学指导老师等组成农化服务队，实地开展农技种植课堂培训、病虫害防治咨询与田间种植指导，提升本地农民种植技术水平，增强农产品种植质量安全意识；随时掌握了解农户因受到疫情的影响农产品是否滞销情况，以便对接资源帮助农民解决农产品销售难的问题，以及通过实地走访、下田间指导帮助农民做好春耕复工复产等工作。

二是开展打造侨乡文化基地的特色服务。依托侨胞驿站，建立侨胞议事厅，带动在外的侨民关注本村的发展、支持本村的建设，鼓励侨民资源反哺。充分利用侨乡文化，打造文化基地，通过特色建筑、口述历史等方式吸引公众对黄榜岭村的关注，传承乡村传统文化、发扬华侨文化精神，助力黄榜岭村美丽乡村建设，提升村民、侨民的社区归属感，让侨胞家庭记得住乡愁。

六、竹三村农村综合服务中心

1. 基本情况

流溪河把竹三村分隔为南、北两部分，本地村民约 4 300 人，外来人口约 300 人，辖内 16 个生产社组成 8 个小村庄。农业生产中农民种植的农副产品的品种主要是水稻、韭菜花、荔枝。竹三村是传统农业村庄，现保留着传统的文化，比如手打鱼丸老艺人和醒狮、洪拳传统队伍、竹三青春活力舞蹈队；有着丰富的能人资源，包括了退休书法教师、手打鱼肉丸制作人、醒狮队负责人、撑船捕鱼的村民、生态种植的村民。2017 年 10 月，竹三村农村综合服务中心正式对外开放，2018 年 7 月在市、区两级供销社的支持下，派驻专职社工开展专业社会工作服务。中心现有服务场室两层，包括了社工办公室、活动室和图书室。自成立以来竹三村农村综合服务中心共开展综合活动和小组 357 场次，服务 21 017 人次，志愿服务参与达 1 650 人次，累计服务总人次达 22 667 人次。

2. 主要服务

经过不断的服务探索，该中心面向竹三村"三留守"人员提供社会工作服务，为长者、青少年、妇女提供恒常探访、节庆关怀、传统节日共庆活动等基础服务，传达来自社会各界的关爱。依据竹三村存留的传统文化，中心推行"文化之乡的推广与传承"计划的特色服务，满足社区居民乡土文化的精神需要。一是竹三村"三宝"文化发展计划。中心每周六依托华荔学堂，为青少年儿童提供安全学习、党史学习、自然教育、文化科普等服务，帮助青少年儿童提高认知能力，丰富课余生活，并通过华荔公园微改造、与当地醒狮队合作培育醒狮文化传承团体。结合城市家庭的市场需求开发竹三村农耕与文化体验线路，打造具有农耕景观、手工美食制作、乡村民俗文化、自然文化教育等形式多样、特色鲜明的乡村家庭体验产品，一方面倡导当地村民关注村庄的共性问题及需求，以村民优势视角积极参与和整合当地资源，另一方面以促进城乡互动为目标，感受白云流溪河边村庄的自然耕种特点及文化传承的价值，让参与者在体验过程中感受本土文化内涵。

二是"小蘑菇，大产业"竹三村菇友社培育助农项目。中心将根据结合当地服务需求，开展农资供应、农技知识宣传等农业技能培训指导，加快推进竹三村菇友社培育助农项目，推动专业合作生产社成立，促进菇菌产业发展，不断完善"供销社1+N"综合服务平台体系的内容，为竹三村村民提供一站式贴心、多元化、全方位的综合性助农服务。

第四节　白云供销社工服务
乡村振兴的发展历程

任何事物都有前因后果，供销社工模式的发展与它的过去紧密相关。了解其过去，就能理解它的今天，就可以预测它的本质和发展趋势，看问题会比别人透彻、清楚。

（一）试点阶段（2015-2017年）

2015年9月，白云区供销联社以江高镇南岗村为试点，成立了白云区首家村级社区综合服务中心（以下简称"南岗中心"），南岗中心成立后分别组建了广东技术师范大学晴空义教队和广东白云学院青年志愿者服务队，并于 2015 年 11 月开设成立阳光学堂，以"社工＋志愿者"的形式，面向村民提供青少年、家庭服务等专业化城乡综合服务。南岗中心依托"阳光学堂"，每周六上午 9：00-11：30，开设语文、数学、英语等辅导课程。为村里的青少年提供学业辅导、兴趣培养、素质提升等内容的社会工作服务。随着服务的推进，除"阳光学堂"服务项目外，南岗中心还定期开展内容丰富的兴趣小组、社区发展小组、妇女健康讲座、亲子活动、技能培训等活动，满足当地村民多元化、个性化的需求。2016 年，南岗中心被评为全省供销系统五星级服务社。2017 年 9 月，南岗中心被列入广州市社区服务综合体试点。

（二）全面铺开阶段（2018-2019 年）

作为新时期供销社服务"三农"的重要载体，南岗村级社区综合服务中心在推动白云区农业全面升级、农村全面进步、农民全面发展中，发挥着日益重要的作用。为继续巩固服务三农成效，2018 年 12 月，白云区供销总公司通过以招投标的方式由下属社工机构广州市白云恒福社会工作服务社负责运营管理村级社区综合服务中心项目，截至 2019 年 11 月 30 日，分别在白云区的雄伟村、连片村、南岗村、竹三村、夏良村、五龙岗村、黄榜岭村开设有农村社区综合服务中心，主要结合当地农民生产生活需求，提供农资供应、农技培训指导，留守儿童、家庭、老年人等社工服务，以及政务、金融、气象服务等综合性、多元化服务。结合白云区实施乡村振兴战略建设美丽都市三年行动计划，在市、区供销社及供销总公司的指导下，围绕"农业、农民、农村"三个方面设计服务策略，链接多方资源，搭建服务"三农"平台，根据各村特点打造特色服务，形成"1+N"平台建设格局。

（三）形成阶段（2020-2021年）

为继续巩固三农服务成效，在白云区供销系统的统筹下，截至2021年10月30日，已在白云区建成6个农村社区综合服务中心，供销社工开始执行"打造特色品牌项目"计划，结合各个村庄的实际情况和发展需求，全面推进"一村一策"特色服务，走出了一条供销社指导、供销社工负责、组织共建、村民参与的新路子。在此过程中，生计、生产、生态、生活的服务成效凸显，可复制、可推广的"供销社工+"模式逐渐形成。

在生计方面，南岗村和雄伟连片村分别开始"城市农夫"农产品溯源计划和美丽乡村农耕农旅体验计划，动员村民以志愿者、农产品加工小组和服务型合作社的形式，参与到生计发展中来，为提高乡村经济效益贡献力量，实现乡村内源式发展；在生产方面，着力推进农业社会化服务，利用"1+N"平台，推进农技指导、农机作业、统防统治等生产服务，促进农业标准化生产，带动农业增效农民增收；在生态方面，夏良村盘活闲置空间，打造"初心田园"公共平台，通过共享微型"绿色公园"计划和城边村宜居美化行动，带动村居社区面貌改善、人居环境提升、科普教育落地；在生活方面，促进经济、政治、文化、生态、社会"五位一体"全面发展。例如，竹三村致力于传承传统文化，组建乡村文化保育队伍，执行"情满竹三"城乡互动计划，满足居民精神文化需求，促进城乡互动。

白云供销社工服务项目围绕农民生计、生产、生态、生活四个方面开展服务，回应了农村社区新时代"三农"发展需求，完善农村社会公共服务资源配套。经过供销社工入驻社区提供专业化、社会化服务的六年时间探索，项目逐步形成了"供销社工 + 生计 + 生产 + 生态宜居 + 美好生活"的模式，包括了"供销社工 + 可持续生计"模式、"供销社工 + 助农生产"模式、"供销社工 + 生态宜居"模式、"供销社工 + 美好生活"模式，走出一条适合白云农村特点、适应农民需求的综合便民服务体系建设的新路子。

第一章 供销社工模式的内容、成效和打造经验

社会工作模式是社会工作理论和实践之间的中介环节，是具有一般性、简单性、重复性、结构性、稳定性、可操作性特征的概念化设计与经验总结。模式是否与现象的本质相合，则必须在认识过程中逐渐检验和修改，以便逐渐得到正确的认识。本书中的供销社工模式指的是白云供销社工服务乡村振兴模式。

第一节 供销社工模式的具体内容

供销社工模式是白云恒福在乡村振兴实践中展现的创新模式。这种模式实质上是白云区供销合作社紧扣服务三农的本业的体制机制创新，通过社会工作把供销合作社系统打造成为与农民联结更紧密、为农服务功能更完备、市场化运行更高效的

合作经济组织体系、服务农民生产生活的生力军和综合平台。其主要内容主要有以下几点。

一、供销社工＋生计发展模式

供销社工12345生计发展模式，即"一品两线三方法四路径五服务"，具体内容如下：

"一品"即挖掘乡村特色农产品。农产品即村民种植的各种蔬菜和水果，如生姜、西生菜、火龙果、阳桃、黄皮等。在以农业生产为主的村庄，其生计发展策略必然是以农产品为载体，通过提高农产品的质量和产量、促进农产品的销售，达到增收致富的目的。供销社工通过实地调研、科学评估，精准识别村民发展生计的需求，以农产品的生产、供应、销售为切入点，发挥农产品带动服基础功能。

"两线"即发展"农产品＋线上、线下"两种宣传销售策略。在线上方面，通过助农直播和短视频做好农产品的销售、推广；在线下方面，又可分为"农产品＋市场力量""农产品＋社会力量"和"农产品＋社区力量"这三种销售方式。采取不同形式链接多方资源，以扩宽农产品销售渠道，增强农户抗风险能力，共同助力生计发展。

"三方法"即运用社会工作三大方法：挖掘精准帮扶个案、组建志愿服务小组、成立社区生计组织。供销社工运用社会工作的价值理念和专业方法，对村内生计发展困难群众进行精准帮扶，发动村民成为志愿者服务社区，建立服务型合作经济组织发展社区生计，对村民进行赋权增能，增强村民参与意识，激发乡村内生动力，促进村庄生计可持续发展。

"四路径"即坚持供销统筹、社工负责、组织共建、村民参与这四大路径。在白云区供销社的牵头下，供销社工以助农服务中心为阵地，以乡村特色自然资源为切入点，链接村外社会资本、联动乡村服务组织、激发村民内在动力，推动多元主体共建，推动社区生计发展，形成社区自治、互助氛围。

"五服务"即开展党建服务、长者服务、儿童服务、生产服务、乡村节庆这五项社区服务。供销社工坚持党建引领，以生计服务为切入点，同时开展公益类生活服务，促进村民之间的融合和社区互助氛围的营造，推动城乡服务均等化，助力乡村振兴。

二、供销社工＋助农生产模式

具有供销社背景的社会工作者（供销社工）在村级社区综合服务中心进驻村子六年时间，在农业生产的实务探索方面积累了不少经验，逐步构建出了"114"：供销社工＋助农生产模式，即"一支助农队伍，一个主轴服务，四个主要参与主体"的助农生产模式，能够带动农业提质增效，帮助农民增产增收。

"一支助农队伍"即由供销社工组成的一支助农队伍。供销社工是区别于民政系统，具有供销社背景的社会工作者，是农村社会服务项目中用心培育的一支助农服务队伍。供销社服务体系下的社工具有自身的优势和独特空间。一方面，社工不需要被禁锢在传统的民政兜底服务脉络中，能够根据村庄具体情况更加灵活地提供服务；另一方面，供销社体系也为"社工下乡"提供了极大的便利和支持。因此，供销社以项目为支撑、以服务为手段、以成效为标准，务实创新，发动供销社工的角色功能作用为农村社区开展社会化、专业性的农业生产服务。供销社工融入了供销社为农服务、发展农业、建设农村的底色，联动高校、村"两委"、社工机构、农民合作社、龙头企业、涉农组织等，以科学的社会工作专业理论和方法为手段在生产、流通、销售等领域提供农业生产服务，为农民解困。

"一个主轴服务"即以开展农业社会化服务为主。供销社工在供销社的推动下，发挥资源链接、协调各方的功能，借助供销社本身的资源渠道和"三农"服务体系、恒福社会工作服务社的多项社工服务项目资源、区供销社领办的农民专业合作社提供必要的支援和帮助，整合社区内部资源，大力协助推进农业生产社会化服务，为农业生产提供完善农资服务保障体系的产前、探索农业标准化生产服务的产中服务、建设农产品流通体系的产后"一条龙"服务。同时供销社工不断丰富对农民生产过程的服务，通过社区资产、社区内外资源积极探索，因地制宜积极发展延伸农业全产业链的创新服务。

"四个主要参与主体"即白云区供销社、白云恒福社会工作服务社、农民专业合作社、农户。农村服务项目由供销社推动，广州市白云恒福社会工作服务社负责运营管理和执行，供销社工则通过驻村的方式提供专业农业生产服务，农户作为服务对象参与到服务中。在服务过程中，供销社作为"三农"服务的主导者，通过购买服务的方式为供销社工提供专项资金支持，用于农村社区基础建设、平台搭建、服务供给等；也有为供销社工提供专业的督导培训服务。白云恒福社会工作服务社作为服务承接机构，有责任有必要为供销社工提供支援，为其打开链接机构内部项目的资金、人力、物力等资源通道，也应为供销社工提供专业督导培训的职责。农民专业合作社作为供销社领办的社区组织具有公信力，也是一种互助性的经济组织，为供销社工提供支援更有利于与农民的关系建立，促进服务活动的开展。

三、供销社工 + 生态宜居模式

该模式是供销社工在白云区夏良村服务乡村生态宜居社区建设取得显著成效后，通过分析其服务运行逻辑，总结服务经验而提炼出来的供销社工促进乡村生态宜居社区建设的"123"服务模式，即"一核双向三服务"模式。

"一核"即供销社工这一核心枢纽。供销社工是由供销合作社购买社会工作服务的形式驻点乡村为"三农"提供综合性的社会工作专业服务。在乡村生态宜居社区建设中，多元化的资本助力是必不可少的，供销社工一方面以供销合作社为资源载体，建立"1+N"服务平台，即"供销合作社 +N 股社会力量"，包括农业农村、气象、团委、妇联等多个职能部门，以及公益组织、行业协会、金融机构、高校科研等组织、单位和企业在内，供销社工通过搭建"供销合作社＋N"这一资源流动平台，为乡村生态宜居社区建设汇聚多股社会力量。另一方面，供销社工以村委为联结，挖掘并动员乡村内部资源，包括乡村的人才资源、空间资源、经费资源、组织资源以及文化资源等，形成"村委＋N"的资源动员方式盘活乡村社区内部资源投入建设。同时，供销亦通过联动村委和社区骨干协同进行外部资源链接，推动内外资源自主交流以促进乡村内外资源双向互动、双向积累。

"双向"是指生态"软环境"建设和生态"硬环境"建设这两大方向，是"供销社工＋生态宜居"模式的两个抓手。生态"软环境"建设方向，是指生态人文环境建设方向，包括村民生态环保意识和生态环保能力建设、村民主体意识建设、乡村健康和谐、绿色低碳生活氛围的营造等。生态"硬环境"建设方向是指乡村生活类基础设施建设，包括硬件设施绿化，乡村角落、村民庭院绿化美化。

"三服务"是指开展"乡村生态文化培育、乡村人居环境改善和乡村生态农业发展"三大服务。坚持发挥文化的引领作用，供销社工从自然教育、农耕文化传承、资源再生和垃圾分类宣传，以及生态文明、生态宜居乡村建设政策宣传四个服务内容着手开展小组和社区活动，以社区教育的方式在乡村中培养和推广生态文化；坚持人居环境改善的硬条件，生态宜居离不开村民居住的硬环境改善，供销社工以特色项目——"初心田园"共建项目（乡村微型生态田园）为载体，逐步推动乡村从社区公共活动空间的建设完善，推动社区角落、村民的庭院环境绿化美化，以点连线、以线扩面的方式推动乡村社区人居硬件环境的整体绿化改善。坚持以绿色发展为准则，生态宜居乡村是动态的，需要以可持续发展的经济为支撑，供销社工立足于乡村农业基础，链接供销合作社资源发展"都市农业"牵引乡村农业发展走向绿色生态可循环。

四、供销社工＋美好生活模式

"供销社工＋美好生活"服务模式，即供销社推动、供销社工主导、校社合作、村"两委"共建、村民参与的"五位一体"服务模式。

"供销社推动"即白云区农村服务项目是在白云区供销社的大力推动下开展的。白云区农村服务项目的开展不是在村民中自发形成和引入的，而是在白云区供销社的大力推动下完成的。白云区供销社围绕"农业、农民、农村"三个方面设计服务策略，链接多方资源，搭建服务"三农"平台，根据各村特色打造特色服务，形成"1+N"平台建设格局。

"供销社工主导"即在开展服务的过程中以供销社工为主导，形成"供销社、供销社工、村民志愿者、高校、社区工作者"多元主体联动的服务体系。项目在每个村级综合服务中心都配备3名专业社工，专业社工的驻村引领，及时发现村民的需求和社区公共问题，积极发掘社区骨干，发动村民志愿者，培育志愿服务队伍，动员村民参与社区志愿服务，实现邻里互助。另外，驻村社工进驻各村之后，尤其注重跟村委建立良好的协作关系，社工和村委会本着"为村民服务的心"的共同目标，在价值观、思想上和社会经验上互相借鉴，形成服务乡村的合力。社工借助高校的力量为乡村振兴提供智力支撑。

"校社合作"即以项目的形式与高校合作，让高校为乡村振兴提供智力支持。在党建引领下，引入高校资源，打通校村渠道，是供销社融合村委、高校共同打造多元综合服务体的一个重要举措，目的是依托供销社服务资源，通过学校、村委党组织联建，实现资源共享、服务共推、工作互促，把合作引向深入、引向全面，充分链接和整合各方资源，共同助力乡村振兴战略实施，推动白云区都市美丽乡村建设发展。

"村'两委'共建"即在村"两委"的协助下，共同服务群众，服务社区。供销社工为农服务的顺利开展，离不开村"两委"的帮助与支持，与村"两委"建立良好的合作关系是开展服务的基础。供销社工进驻农村社区之初由于对村内情况缺乏了解，大量的前期调研工作费时耗力，导致服务推进缓慢。村"两委"则掌握着整个村的详细信息，供销社工通过与村"两委"积极沟通，明确为农民服务的共同目标，与其建立良好的关系，从而拿到村庄和村民基本信息。在此基础上，后续服务的开展也能得到村"两委"的协助。

"村民参与"即发动村民积极参与社区建设，激发社区内生动力。农村社区的建设和可持续发展需每一个人的参与，也需得到每一位社区居民的参与和支持。村民参与贯穿于整个服务过程中，驻村社工通过线下的活动宣传、政策介绍或线上的信息普及等方式宣传中心驻村理念与重要性，激活村民的社区意识，挖掘居民的潜能，充分发挥他们的能力和禀赋倡导，提升居民的参与能力，倡导其参与为农服务。

第二节　供销社工模式的成效

成效即对服务策划、执行能力的评价。研究模式的成效，在社会服务过程中总结经验，发现自身存在的问题，有利于更好改善服务、提升服务水平。据不完全统计，从2020年1月到2021年10月，白云供销社工共开展了50余次助农增收活动，金额将近25万元，在帮助村民拓宽农产品销售渠道、促进增产增收、提高抗风险能力和家庭幸福感方面，取得了显著成效。

一、促进社区生计发展，助力乡村经济振兴作用明显

丰富农产品供应形式和途径，增强抗风险能力。自然资本的优化主要体现在农产品供应形式和销售途径的优化两个方面。以江高镇助农服务中心为例：在农产品供应形式的优化方

面，江高镇助农服务中心依托南岗村现有的蔬菜瓜果制作农副产品，包括木瓜酸、姜酸、青瓜酸和白菜干等。在农产品销售途径的优化方面，在供销社工介入之前：农产品销售途径以到江高蔬菜批发市场、江南蔬菜批发市场以及私人上门收购等方式为主，农民整体收入偏低。供销社工介入之后，充分利用白云农趣、白云助农等网络销售平台扩宽南岗农产品的销售渠道；在城市社工站、社区等区域设置助农驿站定期展卖农产品，现已有永平街安华汇、金沙街梦多多商场、嘉禾社工站、均禾社工站、京溪社工站、永平社工站作为稳定的社区展销平台，开展社区直供的助农疏困活动。

培育人力资本，提高参与的意识和技能。白云区供销社工致力于从提高农户的知识和技能、增强农户的意识和能力两方面，提高人力资本存量，帮助农户发展生计。供销社工通过链接社会资本，采取开设农技社区学堂和组织村民外出参观学习的方式，对村民进行农业知识和技能的培训，帮助其掌握现代科学种植技术，提高作物的质量和产量。供销社工以赋权增能为己任，在人力资本培育方面，他们不仅仅关注农户种植能力的提升，更关注其参与意识和行动能力的发展。通过参与供销社工开展的服务如线上直播、制作萝卜酸等，妇女的积极性和主动性都得到了提升，增强了对社区的责任感和主人翁精神。

多方链接资源，提高为农服务的速度和效率。借助于白云区供销社的关系网和白云恒福的城乡社工站组织架构，白云区供销社工在资源链接方面具有独特优势。一方面，供销社凭借多年为农服务的经验和声望，与一些农业龙头企业等建立起了良好的合作与信任关系。随着乡村振兴战略的推进和社会责任感的增强，这些农业企业非常乐意购买需要帮扶的农户的农产品，为乡村振兴和农民增收致富贡献力量；另一方面，白云恒福承接农村服务项目，在城市也有社工站点，当服务村的农产品陷入滞销困境时，便可以与城市社工站合作，扩宽销售渠道。因此，白云区供销社工在链接资源方面，凭借牢固的信任关系，能够减少与农产品购买方的沟通、对接成本，从而快速解决农产品销售问题，提高为农服务的速度和效率。

二、关注"三农"需求，加快实现了农业强、农村美、农民富

在区供销社的引领和推动下，供销社工自进驻农村开展农业生产服务以来，以需求为基、发展为本，积极探索、改革创新，不断拓展服务领域，不断解决农村社区在城镇化进程中的农业生产发展问题，打通为农服务"最后一公里"，更好地解决了乡村治理的难题，乡村经济也在逐步振兴，从而达到"产业兴旺""生活富裕"的目的，为乡村振兴注入新动能。

不断丰富农业社会化服务，实现了农业强。供销社工自入驻以来，立足地域实际，发挥自身所长，在供销社的引领下以发展农业社会化服务为总抓手，以农资供应服务、农业技术推广和农产品流通服务为着力点，走出了一条具有白云区特色的

小农户发展大农业的新路子。借力供销合作社产业主体众多的优势，推进农村社会工作的资产、人员、体制、历史、组织、先发等优势，加快推进经营体系再造，培育农民专业合作社、家庭农场等新型农业经营主体，延长产业链条，促进不同产业、不同经营主体间的融合对接，畅通农业的产、加、销各环节，形成生产、加工、销售、服务一体化的经营服务新格局，推动农业产业升级、结构优化、质量提升。

不断拓展服务领域，实现了农村美。在生活上实现人美。供销社工以村民需求为导向，提供"三留守"群体服务，着眼解决农民的操心事、烦心事、揪心事，塑造农村社区和谐互助的氛围，实现人美。南岗村供销社工通过供销社"1+N"平台建设服务链接村委会、江高镇社区医院、江高镇卫计办以及各部门、单位、基金会等进行上门探访、慰问服务，为南岗村困境家庭，长者、老党员提供生活物资、医用物资、学习物资等100多份，价值1万多元。一定程度上缓解村民生活、医疗上的各种困难。雄伟连片区供销社工组织节假日探访2次、志愿者探访2次、果农和合单位探访5次，村委探访4次，探访人次达60人次。在生态上实现环境美。供销社工在服务中始终贯彻生态环保的概念，通过开展垃圾分类及环保宣传活动，让社区内的村民提高环保意识，保护自己的家园。在打造亲农共建实践基地时，也始终融农耕文化、五感体验、生态环保、研学教育、社会贡献等元素于一体。在发展高附加值的特色农业上实现农业美。一是推广"合作社＋基地＋农户"农业产业化模式，大力发展以寮采淮山、雄伟阳桃、米岗火龙果、龙岗黄皮的"一村一品"产业。二是因地制宜挖掘"休闲农业＋生态旅游"特色农业。借助城乡互融平台，建立农耕体验基地，实行云溪湾农耕农旅体验计划、家庭农产发展计划等，开展"一村一品"水果的自由采摘、特色美食品尝等一系列的亲子种植和采摘体验、科普活动。或将以种植为契机的南岗"农趣园"、夏良都市农业公园的现代农业生产新品牌的建设。三是因地制宜挖掘"乡村美食＋乡村旅游"的特色农业产业。目前，供销社工与粤菜师傅对接，已开发出阳桃的十大菜系并呈现于当地农庄以及家庭农场的餐饮服务。可以说，供销社工依托"粤菜师傅"工程，建立"粤菜师傅＋农业"联盟，大力推动"粤菜师傅＋旅游"，推动养殖业、种植业、餐饮业、旅游业的有机结合，促进农餐对接和产供销一体化发展，集聚游客人气，带动乡村美食旅游发展。

开拓农产品销售的新渠道，实现了农民富。"绿水青山就是金山银山"。农村社区的资源除了人力和土地外，发展特色农业带来的收入是农民致富的途径之一。而开拓农产品销售的新渠道，也是农民致富的不二法门。供销社工发展"双线"销售模式，充分利用信息技术，鼓励特色农业电商发展，创建特色农产品线上营销平台，实现线上线下互动，不断拓宽营销渠道，提升特色农产品市场知名度。

一方面，对接党建共建单位企业团购、云供平台，倡议广大社工、社会各界爱心企业（团体）、事业单位、爱心人士踊跃参与认领、认购等开展滞销水果社区直供行动，并先后在永平街、京溪街、均禾街社工站和区府大院设立助农驿站，送给疫情防控一线的志愿者和工作人员；另一方面，并通过多种线上途径发布公益助农信息，推出优惠套餐，开展网上直播销售、公众号推广、供销社工变身"推销员"利用朋友圈、同学群、交流群广发消息等方式，以线上线下相结合的方式，大力发动共建单位、行业协会、广大市民参与到助农销售当中。

三、改善了乡村社区的人居环境，推动了生态宜居乡村建设

在乡村生态宜居社区建设方面，供销社工充分借助供销合作社承载的各类资源，以拓展社区教育内容、丰富社区活动为服务的主要目标，以共商、共建、共治、共管为营造方式，结合乡村村本土特色，协同村"两委"动员村民共同参与乡村人居环境的改善活动，助推乡村环境绿化美化。

发展互动体验式生态教育，营造了健康宜居的社区人文环境。供销社工立足乡村传统文化特色，依托供销合作社资源发展生态农旅、打造社区生态田园，发挥乡村生态资源优势，开展了自然教育、农技培训、农耕体验、垃圾分类集及生态环保宣传等服务活动，促进了村民之间的互动交流，增强了个体与社区之间的联系，并通过"理论学习＋即时性实操体验"的

社区教育形式，厚积了村民的生态环保知识和技能。以"夏良中心"为例，从 2019 年 8 月至 2021 年 4 月，供销社工开展了堆土、浇灌、种植、维护、科普等共建共享"初心田园"（生态田园）系列活动共 200 余场次，累计服务约 12 000 人次，极大地拓宽了生态环保理念在乡村社区中的宣传范围，同时有力地促进了村民之间的互动交流，为夏良村营造了舒适宜居的人文环境。

共建乡村微型"生态田园"，绿化美化了社区硬件设施环境。供销社工立足于乡村基本情况和特色文化资源，打造了兼具自然科普及农耕体验功能的社区农园："初心田园""农趣园"以及"三兄弟田"，发挥积极辐射带动效应助推乡村硬件设施完善升级。如夏良村集党史政策宣传教育、科普自然教育、美化环境、农耕体验等功能于一体的"初心田园"，在供销社工的精心营造下成为全市首个共建乡村式社区花园精品，不仅改善了角落的空间环境，还带动了夏良村中心公园的升级改造，提高了夏良村党建主题公园的建设效率，加快了乡村社区公共空间建设完善的步伐，深入助推了村庄清洁和绿化行动，改善了夏良村硬件设施环境，促进了乡村生态宜居社区建设。

四、满足了农民在政治、经济、社会、文化、生态等方面的需求

供销社工进驻村庄之后，为满足村民在政治、经济、社

会、文化、生态等方面的需求，开展了一系列的服务。为困境家庭提供政策支持、生活支持与经济支持，通过链接有关部门以及提供政策咨询为有经济困难的家庭申请社会救助提供强有力的支持。同时为有生计能力的困境家庭提点子、想办法、聚资源，提高其能力，并为其提供平台，促使其通过自身能力实现增收，摆脱困境。

供销社工定期组织与联系专业医疗工作者对社区长者的进行体检，保障农村留守老年人身体健康。与此同时，供销社工联合发艺培训学校，学校每个月 26 号派学员为社区儿童、长者提供义剪服务，方便了村民的日常生活。

通过组织开展阳光学堂等活动，为儿童获得教育知识提供平台与渠道。依托"初心田园"，开展一系列农作物相关知识科普及自然教育活动，促进儿童获得教育知识的全面性与多样性；通过赋权社区，居民自治的形式促使居民自行决定社区资源，通过赋权个人，搭建村民议事平台，鼓励村民民主协商解决社区公共问题，推动知情、参与、表决、选举等多项权利的保障。

供销社工还关注农村生态环境方面的问题，通过对社区公共空间的改造，完善农村基础娱乐设施建设，宣传垃圾分类等措施，从而增强村民爱护环境的意识，与村民共同打造更加舒适的居住条件和更优美的生活环境。

第三节 供销社工模式的打造经验

学习成功的模式，复制模式，能够减少风险性、复杂性、不确定性倍增的问题，缩短了社会服务探索的距离。供销社工坚守社会工作本色，运用社会工作方法开展服务，取得了显著成效，积累了丰富的模式打造经验。

一、要争取村委配合，与村民建立良好关系

供销社工作为供销社工为农服务的生力军，由白云区供销社"发包"派遣，通过乡镇、村的层层"引介"，最终进村。但村庄是被动接受供销社工的，无论村民还是村干部，都不清楚供销社工的具体工作，所以他们多采取观望态度，并未真正接纳他们，而社工也往往会遇到来自村民的警惕或冷漠。因此，供销社工进村开展服务，首先要得到村委的配合及村民的支持。供销社工"进场"之初，由供销社层面的相关负责人跟村委进行沟通，明确供销社工和村委的共同目标——更好地服务村民，建设村庄，得到了村委对供销社工工作的配合，在后续的服务开展过程中，供销社工也积极主动与村委联络，维护与村委的合作关系，保证了服务的正常有序开展。为了得到村民的支持与理解，供销社工运用了多种途径来达到目标，例如利用热心、乐于助人、愿意为村庄的发展出力，在村庄有较高声望，群众基础较好，有知识、有文化的"关键人物"的支持与帮助，因为这些"关键人物"一般都是在当地具有一定影响

力、得到村民信服的人。除此之外，供销社工在进村的初期阶段，还可以通过开展大型社区活动来"造势"。在前期走访阶段，供销社工通过发掘村民才艺和当地文化特色，鼓励村民参演节目；通过就地取材，使村庄文化和村民成为主角，以大家喜闻乐见的方式，满足其文化娱乐需求，充分调动村民的主动性，打响了社工进村的"第一枪"……以上这些措施，都为服务的顺利展开奠定了基础，因此，该模式的运用基本要点之一就是要得到村委的配合及村民的支持。

二、协助乡村建设"人才资源库"，吸引外部专业人才，培育本土优秀人才

人才是"三农"发展的基础，只有做好人才建设才能为"三农"发展输入源源不断的动力。随着新时代"三农"事业的发展，乡村建设的人才引入和人才培养范围要跳出传统农业产业的局限，不能停留在单一的农业发展方面的人才，而是要开拓领域、延伸专业，吸纳和培育多领域、多产业的人才队伍注入"三农"建设。在乡村"人才资源库"建设方面要能充分挖掘乡村内外资源，依托服务组织的资源优势联动高校、企事业单位的专家人才服务乡村，用专业知识指导乡村建设，例如供销社工运用专业的资源链接方法，架起了高校教师、专业学生志愿者与乡村的桥梁，以专家学者参与规划并指导建设，以高校专业志愿者团队辅助并奉献力量，不断壮大"三农"发展的人才队伍。与此同时，需要在输入社会力量的基础上进一步发挥其主动

性参与乡村内生动力的培养和建设，例如参与培育有文化、懂技术、会经营的新型职业农民，助力乡村输出有效的内源性动力。

有了外部助力还远远不够，还要使村子自己能"动起来"，需要改变村民"等、靠、要"的旧思想，提升村民的能力。村民自身的主动性和积极性要能被激发和汇聚，能够形成乡村内部知识库，自发建设乡村，自主引入外部主体参与建设，由此实现乡村的长效性发展。

三、要有充足的资金保障，为开展服务提供资金支持

充足的资金是开展服务的前提和基础，供销社工＋生计＋生产＋生态宜居＋幸福生活是促进乡村经济、政治、文化、社会、生态"五位一体"全面发展的服务模式，更加需要充足的资金作为保障。若资金不足，则可能导致服务难以持续开展，难以保证服务的质量，无法使发展成果惠及所有村民。因此，除了依靠政府购买服务获得资金外，社会工作者也要积极拓宽筹资渠道，链接市场、社会资源，争取更多的资金支持。此外，要把钱真正用到项目上，实实在在地为村民服务，把服务做到老百姓的心坎上。

四、加强政策分析，做好顶层设计与政策、服务内容和顶层设计相符合

供销社的宗旨是全心全意服务"三农"。提高物资保障供

给固然是一种服务，但维护农村社区的和谐稳定，满足农民群众的精神文化生活的需要更是一种服务，而且是一种更高层次的服务。早在 2009 年，国务院在《关于加快供销合作社改革发展的若干意见》的文件中提出，要按照政府引导、多方参与、整合资源、市场运作原则，支持供销合作社参与建设主体多元、功能完备、便民实用的农村社区综合服务中心。

农村社会服务项目设立村级综合服务中心是白云区供销社深入贯彻落实乡村振兴战略，根据《中共中央国务院关于深化供销合作社综合改革的决定》《白云区实施乡村振兴战略建设美丽都市乡村三年行动计划》《白云区供销合作联社 2018 年服务"三农"工作方案》的要求，与时俱进，遵照国务院的要求，基于农民群众生活实际需要，做好顶层设计，引领供销社持续推进农村社会服务项目，进一步拓展服务领域，创新服务方式，在继续搞好传统经营基础上，积极开展体娱乐、养老幼教、劳动就业等服务，不断扩大供销社的影响，增强供销社为农服务的能力。重点围绕生产、生活、生计、生态等提供专业化服务，努力把供销合作社打造成为农民生产生活服务的生力军和综合平台，加强与农民利益联结、满足村民日益增长的对美好生活的需要。

五、建立完善的资源流动平台，引入多元主体共同参与

信息资源的匮乏是乡村地区发展缓慢的一个主要影响因

素，搭建城乡资源流通平台，促进城乡资源双向流动是实现乡村振兴，促进"三农"发展的必要环节。"三农"服务是一项复杂而长期的工程，囊括了乡村地区发展的方方面面，关注农村、农业、农民的生计、生产、生态以及生活问题，需要农业农村、气象、团委、妇联、科协、邮政等多个职能部门以及高校、企业单位等的通力合作，如果没有多元化的外部资源汇入，单靠内部力量建设就会变得"心有余而力不足"，缺乏建设活力，久而久之就会陷入僵局，甚至回归原态。因此需要有强大的资源汇集渠道，为引入社会力量，动员多元主体共同助力"三农"发展提供载体。

六、建立村民组织，强化农民主体意识，激发社区内生动力，助力乡村振兴

在农村社会服务项目的过程中，供销社工的重要目标是想方设法调动农民的参与热情度和参与积极性，激发农村社区的内生动力，由此促成社区发展的"造血"效应。供销社工坚守"助人自助"和"赋权增能"的理念，以专业理念和方法服务村民，通过挖掘和培育乡村能人、组建村民组织，提升组员的参与意识和参与能力，激发社区内生动力，构建农村社区自治网络。

雄伟供销社工与社区组织如专业合作社、家庭农场等合作，挖掘本土乡村组织的力量和乡村能人，成立服务型的云溪湾经济合作组织。致力于提升组织内成员的参与意识和能力，

开展村民座谈会等增强其参与村庄公共事务的自信心和自我效能感,进而营造社区自治氛围,推动乡村全面振兴。夏良供销社工主要以"初心田园"建设为契机,挖掘和培育热心公益服务、积极参与社区活动、具有生态环保理念及行动的社区骨干,组建了多支志愿服务队。以对外交流和内部培训互动式交流学习进行能力提升培训;发起相应的社区活动并鼓励组织尝试自主活动,为志愿服务队提供更多服务实践的机会,以此增强组织的实践行动能力,引导组织主动进行社区服务,逐渐提升社区的自我服务能力,激发社区内生动力。黄榜岭供销社工则是开展传统文化传承和保育类活动。传承乡村传统文化、发扬华侨文化精神,提升村民、侨民的社区归属感,强化村民的主体意识,激发社区内生动力,助力黄榜岭村美丽乡村建设。

七、系统科学评估,选择村庄和开展服务

精心选择村庄是开展服务、打造模式的重要条件,既要考虑村庄所面临问题和需求的迫切程度,又要考虑当地村委的支持程度。若村庄自身发展良好,没有明显的问题和需求,则社工的介入难以在短期内体现出成效;若村委不支持,社工在开展服务时便可能遇到层层阻碍甚至难以在该村建立服务站点。白云区供销社工所选择的村庄中,南岗村和雄伟村村民都面临拓宽农产品销售渠道、实现增产增收的需求,同时具有一定的特色资源;而当地也都有合作社,便于为农服务的进一步开展,村委也都十分支持在当地开展服务。

当确定服务村庄之后，就需要对该村所面临的问题、资源等进行全面、系统的评估，以便制定切合实际的服务计划。有效的社会工作实践，首要的工作就是对服务对象（个人、家庭、团体或社区）的需求进行科学评估，明确服务对象自身优势和资本。社会工作者在"入场"即驻扎在村庄之时，首先要与村委建立良好的合作关系，获得介入的合法性；在村委和村内合作社的协助下，了解村庄总体情况，并对村庄过往及当前生计发展情况、现有农业生产资源进行科学、系统的评估。

八、发掘村庄特色，因地制宜为村庄量身打造特色品牌

自 2015 年 9 月起，白云区供销社相继在江高镇、钟落潭镇、太和镇、人和镇，设立村级社区综合服务中心，主要结合当地农民生产生活需求，提供农资供应、农技培训指导，留守儿童、妇女、老年人等社工服务，以及政务、金融、气象服务等综合性、多元化服务。其中最能体现供销社服务"三农"成效的就是"一村一策"特色服务，即在基础服务之上，依托村级社区综合服务中心，开展以供销社指导、村落发展需要、村民参与、具有农业特色的"三农"项目，依据当地村情、村况、村貌，因地制宜打造突出本村特点的品牌服务项目，多角度全方位呈现供销社农村服务的亮点与创新性。

第二章 供销社工＋生计发展模式

无论从历史还是从现实的角度出发，我国始终是一个农业大国，农业农村农民问题是关系国计民生的根本性问题。步入新时代以来，我国社会主要矛盾已经转化为"人民对美好生活的向往与不平衡不充分的发展之间的矛盾"，而我国发展最大的不平衡是城乡发展不平衡，最大的不充分是农村发展不充分。尽管我国解决了绝对贫困问题，在决胜全面建成小康社会的征程中，农业农村发生了历史性的变化，但时至今日，城乡发展仍远未达到平衡，部分村庄的生计问题仍然突出，如何帮助村民增收致富并在此基础上增强村民主体性，进而促进乡村全面振兴和实现农业农村现代化，是我国当前和今后要面临的问题之一。

白云恒福推动社会服务和专业力量下沉乡村，在多年的服务中，探索出了一条服务农村生计发展的12345生计发展模式，通过梳理其可复制、可推广的经验做法，擦亮白云区供销社工品牌，同时为社会工作介入农村生计服务提供借鉴。

第一节　供销社工 + 生计发展
模式的构建及成效

模式是指某种事物的标准形式或使人们可以参照的标准样式，是对有经验的实践者所拥有的知识或经验的提炼、总结和重用，是解决某一系列类似问题的方法论，也即把解决某类问题的方法总结归纳到理论高度。供销社工 12345 生计发展模式，具体为"一品两线三方法四服务五路径"，是对供销社工多年生计服务的提炼和总结。实践证明，该模式在助农增收、增强村民主体性、构建和谐社区关系等方面，取得了显著成效，具有强烈的可复制性。

一、概念界定

（一）生计

在科学研究过程中，生计（livelihood）概念的厘清是一个不断持续的过程。由于研究视角的不一致，不同的学者对生计概念的理解存在差异，因此给出的定义也不完全相同。生计在词典中的解释是"一种生活的手段（方式）"，这种解释远远超过了收入的概念，因为生计把关注点转向达到一种生活所需要的手段，而不仅仅是以获得的收入或者达到的消费来衡量的一个净产出。一个被普遍接受的生计概念是：一种生计"包括能力（capacities）、资产（assets）以及一种生活方式所需要的活动（activities）"。这个生计定义的一个重要特点是它直接关注人们在追求能够提高生存所需的收入水平的过程中，人们所拥有的资产和他们的选择之间的联系。[①]（苏芳，徐中民，尚海洋，2009）

（二）可持续生计

2000年由英国国际发展署（the UK's Department for International Development，DFID）建立的可持续生计框架，已经被国内许多组织和学者所采纳。英国国际发展署对可持续生计予以这样的评论："生计包含了人们为了谋生所需要的能力、资产（包括物质和社会资源）以及所从事的活动。只有当一种生计能够应对、并在压力和打击下得到恢复，能够在当前和未来保持乃至加强其能力和资产，同时又不损坏自然资源基础，这种生计才是可持续性的。"基于可持续生计的理念在于激发贫困人口的内生发展动能，提高贫困人口的发展能力，所以贫困农户的生计资本的提升和生计策略的优化是该框架的核心。（何仁伟等，2017）[②]

在可持续生计分析框架中，"可持续"主要包含两个方面：一方面，注重发挥村民的主体性，促进他们参与到整个生计发展过程中，提高其应对生计风险的信心和能力，激发乡村内生动力。即便供销社工项目退出，当地村民也拥有独立解决

[①]　苏芳，徐中民，尚海洋：《可持续生计分析研究综述》，《地球科学进展》，2009年第1期。

[②]　何仁伟等：《可持续生计视角下中国农村贫困治理研究综述》，《中国人口·资源与环境》，2017年第11期。

生计问题的能力；另一方面，发展生计不能破坏自然环境，要尊重自然、爱护自然，减少化肥、农药的使用，做到环境方面的可持续发展。

通过对白云区供销社工生计服务的总结，"可持续"这一概念有了更为丰富的内涵，亦可以总结为两个方面：一方面，生计发展体现为农产品的生产、供应、销售这三个环节，良好的生计策略能产生良好的生计结果，即"卖得好"，"卖得好"由能促进村民更加积极的生产和供应，实现良性循环。另一方面，村民生计发展是一个持续的过程，只有诚信经营，才能把消费者的"爱心助农"购买心理转化为信赖产品购买心理，从而促使消费者重复购买即形成"回头客"，此为经营上的可持续。

二、理论基础

本文以可持续生计框架为指导，呈现和分析白云区供销社工生计发展的过程，进而总结出生计服务模式。目前，可持续生计框架主要有三个，分别为：英国国际发展署提出的"可持续生计框架"、美国援外合作组织提出的"农户生计安全框架"和联合国开发计划署提出的"可持续生计途径"，其侧重点各有差异。其中，英国国际发展署提出的"可持续生计框架"得到了最为广泛的应用和采纳，成为农户生计分析的经典范式①（汤青，2015），本文也是基于此框架来分析和讨论，该框架的组成部分如图 1 所示。

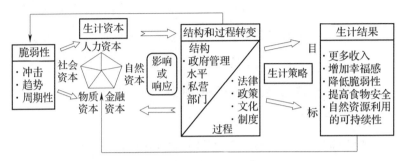

图 1　可持续生计分析框架

英国国际发展署提出的"可持续生计框架"把农户看作是在一个脆弱性的环境中谋生，他们拥有一定的生计资本，而生计资本的获得要通过社会、机构和组织环境来决定。同时，这种环境也影响着农户的生计策略（配置与使用资本的方式），以满足他们的生计目标。②（汤青，2015）可持续生计框架综合考虑农户个体视角和外部环境视角，解释了影响生计的多维度因素，阐明了在政策与制度背景下，处于脆弱性环境中的农户如何利用自身的生计资本实现不同的生计策略进而导致不同的生计结果，为分析农户面临生计需求的原因和进行相应帮扶

①　汤青：《可持续生计的研究现状及未来重点趋向》，《地球科学进展》，2015 年第 7 期。
②　汤青：《可持续生计的研究现状及未来重点趋向》，《地球科学进展》，2015 年第 7 期。

提供了新的思路。[①]（罗丞，王粤，2020）

可持续生计框架起源并应用于扶贫领域，虽然我国现已摆脱绝对贫困，但仍有一部分村庄面临生计发展的现实需求，因此，可持续生计框架所提供的分析思路，依然可以用于部分村庄的生计发展研究。

（一）可持续生计框架的内容

1. 生计资本

生计资本是可持续生计框架的核心内容，包括人力资本、社会资本、自然资本、物质资本和金融资本这五个部分，农户通过使用某种资本或多种资本组合来优化生计策略，实现积极的、可持续的生计结果[②]（何仁伟等，2017），从而达到增收致富的目的。

人力资本是实现生计目标的基本要素，取决于劳动力的数量和质量，具体表现为劳动者的受教育程度、所掌握的技能和健康状况，人力资本的内在价值在于它能更好地利用其他四种生计资本，从而取得积极的生计结果，因此它是最为基础的生计资本[③]（苏芳，徐中民，尚海洋，2009）；社会资本是指帮助人们实现增收致富目标所需要的社会资源，是各种帮扶资源的

---

① 罗丞，王粤：《摆脱农村贫困：可持续生计分析框架的解释与政策选择》，《人文杂志》，2020 年第 4 期。

② 何仁伟等：《可持续生计视角下中国农村贫困治理研究综述》，《中国人口·资源与环境》，2017 年第 11 期。

③ 苏芳，徐中民，尚海洋：《可持续生计分析研究综述》，《地球科学进展》，2009 年第 1 期。

传送带和黏结剂，包括社会网络状况、社会组织参与以及社会合作关系三个方面[1]（罗丞，王粤，2020）；自然资本是农户生计所依赖的自然资源和生态环境，一个地方自然资源基础的贫富决定了人们面临的风险和不确定性，与脆弱性背景联系最为密切[2]（苏芳，徐中民，尚海洋，2009）；物质资本是维持人们生计活动所需要的基础设施、生产工具等（罗丞，王粤，2020），包括公路交通、清洁能源、信息通讯、农具设施等[3]（蔡小慎，王雪岚，王淑君，2021），能够提高农户的生产力；金融资本是农户实现生计目标的资金资源，包括用于消费和生产的储蓄、现金和养老金等。

任何一类资本的脆弱性都会导致农户在一定程度上陷入生计困境。因此在制定生计策略时，要实行生计多样化，综合利用各种生计资本，以增强农户抗风险的能力，减少脆弱性。（何仁伟等，2017）[4]

2. 脆弱性背景

脆弱性指人们所面临的风险性环境，包括外部冲击、社会主要趋势以及周期性因素等外部环境因素的影响，是农户无法

---

[1] 罗丞，王粤：《摆脱农村贫困：可持续生计分析框架的解释与政策选择》，《人文杂志》，2020 年第 4 期。

[2] 苏芳，徐中民，尚海洋：《可持续生计分析研究综述》，《地球科学进展》，2009 年第 1 期。

[3] 蔡小慎，王雪岚，王淑君：《可持续生计视角下我国就业扶贫模式及接续推进乡村振兴对策》，《学习与实践》，2021 年第 5 期。

[4] 何仁伟等：《可持续生计视角下中国农村贫困治理研究综述》，《中国人口·资源与环境》，2017 年第 11 期。

控制的要素。外部冲击包括自然灾害的冲击、人身健康的冲击以及家庭事件冲击等。社会趋势包含人口与资源变化趋势、政策与经济趋势等,对于人们生计策略的选择有着重要的影响。周期性因素更具有规律性,包括生产、就业机会等因素的周期性变化。[①](罗丞,王粤,2020)该方面的研究包括脆弱性环境给农户生计带来的风险、农户应对风险的能力,以及对生计风险的适应性。

3. 结构和制度的改变

在可持续生计分析框架中,"政策、机构和过程"是指影响人们生计的制度、组织、政策以及相关法律规范等。[②](汤青,2015)在以政府为代表的公共部门和以商业组织、社会组织等为补充的私人部门的组织结构下,政策、文化等因素为公共部门执行机构提供了行动的框架,时刻影响着公共部门和私营部门的运行方式。结构和过程的转变不仅决定了贫困人口获取资本的机会,还影响着其抵御脆弱性环境的能力,以及其能在多大程度上将生计资本转化为生计结果,采取何种生计策略使生计资本得到更有效的利用,最终达到可持续生计目的。[③](罗丞,王粤,2020)

---

① 罗丞,王粤:《摆脱农村贫困:可持续生计分析框架的解释与政策选择》,《人文杂志》,2020 年第 4 期。

② 汤青:《可持续生计的研究现状及未来重点趋向》,《地球科学进展》,2015 年第 7 期。

③ 罗丞,王粤:《摆脱农村贫困:可持续生计分析框架的解释与政策选择》,《人文杂志》,2020 年第 4 期。

4. 生计策略

生计策略是指为了实现生计目标，农户对自身生计资产进行组合和使用的系列生计活动，在不同的资产状况下，生计活动呈现多样性，并且相互结合起来呈现出不同的生计策略。农户生计策略是动态的，并随着外界环境条件的变化而调整，改变着对资产利用的配置和经营活动种类、比例的构成。因此，在考虑制定农户生计策略时，需要考虑脆弱性背景以及制度和组织外部环境的影响。

5. 生计结果

生计结果是生计策略的成果和产出，它包括五部分：更多的收入、福利的提升、降低脆弱性、提高食物安全和更可持续地利用自然资源。作为可持续性生计框架的组成部分，这个概念可以使我们调查、观察贫困农户所寻求的生计成果或目标。

（二）可持续生计框架下供销社工的实践

在可持续生计分析框架中，生计资本共包含：自然资本、人力资本、社会资本、物质资本、金融资本这五大部分，通过重组生计资本，优化生计策略，从而实现积极的生计结果。白云区供销社工对生计资本的利用主要集中在自然资本、社会资本和人力资本三个方面：以自然资本为基础，链接社会资本与赋能人力资本并行，促进农户生计可持续发展。以下是生计资本利用框架图：

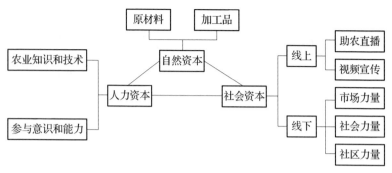

图 2　生计资本组合状况

1. 因地制宜，挖掘村庄自然资本

无论是本文运用的可持续生计框架，还是社会工作常用的资产为本的生计发展模式，二者都强调要挖掘村庄的资产，以优势视角去看待村庄。在以农业生产为主的村庄，农产品就是该村庄的自然资本。白云区供销社工所服务的南岗村和雄伟连片村，都是以农业生产为主，南岗村生产蔬菜如生姜、西生菜等，雄伟连片村生产水果如阳桃、番石榴、火龙果等。白云区供销社工因地制宜，挖掘两个村庄的特色自然资本，相应服务主要体现在农产品的供应上。

（1）原材料供应。原材料供应指的是对农产品不做任何加工，直接把新鲜的蔬果销售给城市居民，满足其日常生活需求。原材料供应的好处：不涉及烦琐的加工、包装等环节，在一定程度上减少农户的时间成本。原材料供应的弊端：新鲜蔬果在运输过程中容易磕碰损坏，对质量产生影响；同时，新鲜蔬果保质期较短，长时间储存容易导致水分流失影响口感以及腐烂变质，当农产品滞销时，会给农户带来一定的经济损失。

（2）加工品供应。为了应对滞销风险和磕碰风险，创新农产品供应形式，白云区供销社工发动村民尤其是妇女参与到农产品的初级加工中来，把新鲜的农产品加工成白菜干、萝卜酸、咸柠檬等，既给消费者带来不同的味蕾体验，又能消除以原材料作为供应形式的弊端。但初级加工品也有一定的弊端，即加工过程中需要消耗人力资源或者机器资源，成本增加会导致农产品价格增加，从而在一定程度上影响消费者的购买欲望。

原材料和加工品这两种供应形式各有利弊，需要供销社工结合实际情况，销售不同形式的农产品。同时，可以对销售过程进行创新，激发消费者的购买欲望。

2. 多方联动，链接内外社会资本

社会资本主要指在生计发展过程中，能够为农产品销售提供帮助的社会资源。白云区供销社工通过线上、线下相结合的方式，多元链接社会资源促进农产品销售，帮助农户发展生计，在激烈的市场竞争中提高农户应对风险的能力。结合村庄实际情况，以助农直播、社区团购、休闲农业等形式发动市场力量、社会力量和个人力量参与到助农促销的行动中去，为农户生计发展提供强有力支持。除村庄外部的社会资本外，白云区供销社工还与乡村组织如专业合作社、家庭农场等合作，挖掘本土乡村组织的力量，形成推动村庄生计发展的共同体，既能激发乡村内生动力，又能形成多元主体联动助力乡村经济发展的新格局。

3.赋权增能，培育村庄人力资本

乡村振兴，离不开对村民主体性的激发，只有增强村民参与的积极性和主动性，才能真正做到乡村振兴。发展生计服务也是如此，只有挖掘农户潜能，提高农户参与的意识和能力，才能使生计服务可持续。白云区供销社工运用社会工作三大方法：设置精准帮扶个案、成立志愿服务小组、发动社区教育和成立社区生计组织，来对村民进行增能，提高其自我效能感。供销社工对人力资本即农户的培育主要体现在两个方面：一是农业种植技术的增能，链接农业技术协会等农业资源，做好社区教育，让农户掌握现代科学种植的方法，促进农产品的增产增收；二是农户参与意识和能力的提高，此为白云区供销社工的关注重点。通过成立社区层面的经济合作组织，给农户提供深入参与自身生计发展的平台，在日常交流中运用鼓励、尊重、倾听等技巧，增强农户参与的信心，让农户参与生计发展的具体实践中，提高其参与的能力。

三、模式内容

供销社工12345生计发展模式，即"一品两线三方法四路径五服务"，模式图如图3所示。该模式既是对白云区供销社工以往服务的总结，又可以为社会工作服务农村生计发展提供一定经验，进而促进农民增收致富和农业现代化，缩小城乡差距，助力乡村振兴。

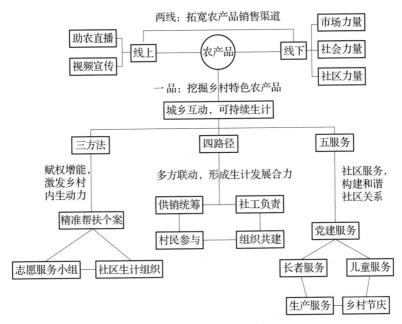

图 3 供销社工 12345 生计发展模式

（一）一品：挖掘乡村特色农产品

"一品"即挖掘乡村特色农产品。农产品即村民种植的各种蔬菜和水果，如生姜、西生菜、火龙果、阳桃、黄皮等。在以农业生产为主的村庄，其生计发展策略必然是以农产品为载体，通过提高农产品的质量和产量、促进农产品的销售，达到增收致富的目的。供销社工通过实地调研、科学评估，精准识别村民发展生计的需求，以农产品的生产、供应、销售为切入点，发挥农产品带动服基础功能。

（二）两线：发展"农产品＋线上、线下"两种销售策略

"两线"即发展"农产品＋线上、线下"两种宣传销售策略。在线上方面，通过助农直播和短视频做好农产品的销售、推广；在线下方面，又可分为"农产品＋市场力量""农产品＋社会力量"和"农产品＋社区力量"这三种销售方式。采取不同形式链接多方资源，以扩宽农产品销售渠道，增强农户抗风险能力，共同助力生计发展。

1. 农产品＋线上

借助互联网平台，在疫情防控常态化下，以直播的形式销售农产品并带领消费者参观田园，是助农销售的可行路径。同时，在社交平台发布农产品生产、加工的短视频，能够在一定程度上吸引消费者，提高购买率。

2. 农产品＋线下

发挥供销社工资源链接优势，结合农产品销售的紧迫程度，链接市场、社会和社区等方面的资源，提高农产品销售效率；同时与这些资源保持良好的沟通合作关系，促进其助农行为的常态化。

（三）三方法：运用个案、小组、社区的社会工作三大方法

"三方法"即运用社会工作三大方法：挖掘精准帮扶个案、组建志愿服务小组、成立社区生计组织。供销社工运用社会工作的价值理念和专业方法，对村内生计发展困难群众进行

精准帮扶，发动村民成为志愿者服务社区，建立服务型合作经济组织发展社区生计，对村民进行赋权增能，增强村民参与意识，激发乡村内生动力，促进村庄生计可持续发展。

1. 设置精准帮扶个案

把陷入农产品滞销困境的村民列为精准帮扶个案，集中驻村社工、供销系统和社会力量为个案服务对象拓宽销售渠道，满足农产品销售需求，化解生计危机。同时，运用社会工作的尊重、鼓励、共情等价值理念，有意识地引导服务对象积极面对生活，调整农产品生产策略，提高其应对生计风险的能力和抗逆力。

2. 组建志愿服务小组

探索乡村力量，邀请长者、儿童、妇女服务社区，结合不同群体的特长，发挥其内在潜能，为生计发展和乡村整体发展做出贡献，激发乡村的活力和自治力；完善志愿者表彰机制，促进村民持续参与乡村志愿服务。

3. 发展社区生计组织

发展社区层面的服务型合作经济组织，为社区生计发展和村民持续参与提供契机和平台，提升组员的参与及合作意识，营造和谐互助的氛围，构建乡村生计发展共同体；以生计发展为切入点，通过集思广益和村民参与推动乡村经济、政治、文化、社会、生态"五位一体"全面发展。

（四）四路径：供销统筹、社工负责、组织共建、村民参与

"四路径"即坚持供销统筹、社工负责、组织共建、村民参与这四大路径。在白云区供销社的牵头下，供销社工以助农服务中心为阵地，以乡村特色、自然资源为切入点，链接村外社会资本、联动乡村服务组织、激发村民内在动力，推动多元主体共建，推动社区生计发展，形成社区自治、互助氛围。

1. 供销统筹

在农村专业服务过程中，白云区供销社起到了统筹作用，主要体现为资金扶持和资源链接两个方面。在资金扶持方面，2020-2022年，供销社每年投入不少于300万元用于农村项目，为供销社工开展服务提供了充足的资金保障。在资源链接方面，借助供销社"1+N"综合助农服务平台，多方链接资源，主要包括：政府单位、群团组织、社会组织、高校、志愿组织及合作社、庄稼医院等，为助农方案的落地提供资源助力。

2. 社工负责

社会工作者是具体的服务提供者，以国家大政方针、白云区具体规划以及白云区供销社文件为指导，结合各村实际情况，开展专业服务。供销社工通过挖掘村庄自然资本、链接社会资本和培育人力资本的方式，助力农产品的销售、村民的增能和社区支持网络的建构，从而提升村民的收入和家庭幸福感。

3. 组织共建

乡村内有丰富的组织资源，应与其建立互惠合作关系，共同促进社区发展。南岗村和雄伟连片村的组织资源主要有：红岗艺术公社、家庭农场及专业合作社，在供销社工的推动下，各方资源形成强大的合力，优势互补，创新生计发展的形式和内容，满足农户的生计需求和美好生活需求。

4. 村民参与

村民是乡村发展的主体，乡村振兴离不开村民的参与，激发服务对象的内生动力也是社会工作者的价值追求。在生计发展过程中，供销社工不仅仅向村民输送服务，更加注重村民潜能的激发，注重发挥"造血"功能，实现乡村内源式发展。

（五）五服务：党建服务、长者服务、儿童服务、生产服务、乡村节庆

"五服务"即开展党建服务、长者服务、儿童服务、生产服务、乡村节庆这五项社区服务。供销社工坚持党建引领，以生计服务为切入点，同时开展公益类生活服务，促进村民之间的融合和社区互助氛围的营造，推动城乡服务均等化，助力乡村振兴。

1. 党建服务

白云恒福是白云区供销联社下属的"两新组织"，通过党建工作与业务工作深度融合的形式参与社会治理与社区建设，始终坚持把党史学习与助农工作有机结合，扎实开展"我为群众办实事"实践活动，切实帮助区内农户解决"烦心事、揪心事"，推动党史学习教育走深走实、见行见效。

2. 长者服务

为增强长者幸福感和获得感，提高服务水平，白云区供销社工定期向村庄长者提供公益类生活服务，如义诊、义剪、探

访、送清凉等，发动青少年成为志愿者加入到敬老服务中来，为长者提供关爱和温暖，营造敬老、爱老的社区氛围，构建和谐社区关系。

3. 儿童服务

为丰富青少年日常生活，白云区供销社工通过链接社会资源，举办各种兴趣小组，如非洲鼓小组、环保绘画小组和夏令营等，促进青少年的沟通交流，构建相互支持的社交网络。

4. 生产服务

借助供销社的资源支持和专业指导，供销社工为村民提供农资供应、农技培训指导、市场信息方面的服务，提高农产品的质量和产量。此外，供销社工还帮助村民进行农产品加工、网络营销等工作，促进城乡共融，积极回应城市居民对农副产品质量的关切。

5. 乡村节庆

在传统节日如端午节、中秋节、春节等节日期间，开展相应的社区活动，促进村民之间的互动交流，构建和谐友好的社区关系。同时，在节日期间为困境群体送去温暖和慰问，给他们带来精神抚慰，提升幸福感和获得感。

四、模式成效

（一）增加个体农户收入，提升家庭幸福感

据不完全统计，从 2020 年 1 月到 2021 年 10 月，供销社工共开展了 50 余次助农增收活动，金额将近 25 万元，在帮助

村民拓宽农产品销售渠道、促进增产增收、提高抗风险能力和家庭幸福感方面，取得了显著成效。（下附2021年上半年供销社工助农服务数据）

1.签订农业气象险，减少恶劣天气对农户的影响

普通种植户往往都是靠天吃饭，自然灾害会对农作物的生长及收成产生严重影响。例如，当发生洪涝灾害时，大片农作物被淹没，农户要承担巨大的经济损失。基于此，供销社工积极对接中国人保财险公司，加强农业气象保险的宣讲，并与村内合作社签订了气象指数保险协议，服务惠及200人左右，有效增强农户抵御天气风险的能力。通过扩大农业保险覆盖范围，建立巨灾风险分散机制，强化其风险分担功能，增强农户在脆弱性环境中谋生的能力。

2.扩宽销售渠道，应对市场变动风险

在供销社工介入之前，白云区南岗村和雄伟连片村的村民主要依靠传统的销售方式（如拿到农贸市场销售、企业收购等），渠道较为单一。互联网时代，网上购物带给人们极大的便利的同时，也大大挤占了线下农贸市场的生存空间，传统农户面临滞销风险。白云区供销社工的介入大大改变了这种情况，供销社工通过链接农业龙头企业、公益组织和城市社区居民，以线上直播、助农驿站、休闲农业等方式拓宽了农户的销路，帮助农户解决滞销困境，在一定程度上应对市场竞争风险。

3.延长农产品保质期，减少腐烂变质风险

在白云区供销社工介入之前，农户常常以原材料的形式销

售农产品，即把新鲜的农产品拿到市场去卖。但由于新鲜蔬果保质期较短，很容易流失水分和腐烂变质，一旦无法及时销售出去，就会给农户带来损失。在供销社工介入之后，以发动村民成立生计小组的形式对农产品进行初级加工，把原材料制作成菜干，如白菜干、咸柠檬等，延长保质期，并改善农产品的外包装，提高抗风险能力。以江高镇助农服务中心为例，2020年至2021年上半年，共组织村内25人次的农民参与菜酸等农副产品的制作10次，累计销售1 500瓶的菜酸和170包白菜干，销售金额17 550元。

表1 2021年1-12月农村服务部助农农产品服务数据汇总

序号	日期	活动名称	站点	助农产品	单位	数量	价值（元）
1	2021.1.4	白云区政府	南岗中心	蔬菜	斤	250	1 000
2	2021.1.5	江高镇社区医院订购礼品包	南岗中心	蔬菜	斤	1 500	9 000
3	2021.2.25	金沙街社工服务站	南岗中心	蔬菜	斤	200	500
4	2021.3.5	探索菌菇新世界——爱心助农活动	新和中心	赤松茸	斤	150	2 250
5	2021.3.13	均禾街社工站	南岗中心	蔬菜	斤	152	760
6	2021.3.15	春耕节开幕仪式	夏良中心	薄荷艾草膏	瓶	40	100
7	2021.4.5	私人单位	南岗中心	番薯藤	斤	10 000	40 000

序号	日期	活动名称	站点	助农产品	单位	数量	价值（元）
8	2021.4.29	团购	南岗中心	蔬菜（通菜、节瓜、丝瓜）	斤	50	168
9	2021.5.22	活动团购	南岗中心	蔬菜包（玉米、番薯叶、茄子、豆角）	斤	500	2 000
10	2021.6.8	嘉禾社工站、均和社工站	南岗中心	蔬菜（茄子、番薯、青瓜、番薯叶）	斤	1 000	4 000
11	2021.6.9	京溪社工站、金沙社工站	南岗中心	蔬菜（玉米、青瓜、茄子、番薯叶）	斤	1 000	4 000
12	2021.6.14－6.18	供销直供	雄伟中心	荔枝	斤	700	11 200
13	2021.6.26	助农服务迎周年直播体验办实事——区助农服务平台对外开放1周年暨白云区美丽乡村直播体验活动	新和、雄伟、南岗	黄皮	斤	4 910	44 190
						20 452	119 168

个人发展能够有效促进社区的发展。在可持续生计框架下，白云区供销社工通过培育人力资本和链接社会资本的方式，促进了个体农户的生计发展，也在一定程度上促进了整个社区的发展。随着个人与社区生计的逐步发展，乡村经济也在

逐步振兴，从而达到"产业兴旺""生活富裕"的目的。

（二）增强村民主体性，激发乡村内生动力

在增强村民主体性方面，白云区供销社工主要通过个案、小组和社区这社会工作的三大方法来对村民进行增能。以雄伟连片村为例，供销社工通过设置精准帮扶个案、成立志愿服务小组、组建社区合作经济组织等方法，在帮助村民解决农产品滞销问题的同时，也致力于增强村民社区参与的意识和能力，实现乡村内源式发展。（以下数据为不完全统计）

挖掘精准帮扶个案 4 个，销售蔬果 6 833 斤，折合人民币 19 612.1 元。服务对象都面临农产品滞销这一共性问题，供销社工除了帮助这些村民链接社会资源促进农产品的销售外，还有意识地运用社会工作的价值理念如尊重、共情、鼓励等，有效提高了服务对象应对困难生活的自信心和自我效能感，同时愿意尽自己所能回馈社区。

发展出 6 支志愿服务队伍，人数达 80 人，其中，志愿者骨干 20 人。2021 年上半年共开展 6 场志愿服务活动，惠及 220 余人。供销社工通过日常沟通和激励机制，促进志愿服务常态化发展且队伍不断壮大，激发志愿者潜能，投身三农服务工作。此外，通过"粤菜师傅"培训班，供销社工挖掘出 10 人成为社区志愿者，引导其参与实践农旅路线服务团，其中有 5 人加入云溪湾合作小组特色服务，为雄伟连片村生计发展贡献力量。

成功孵化出 1 个服务型合作经济组织，即"云溪湾合作小

组"，成员 14 人。云溪湾合作小组成立于 2021 年 6 月，截至 2021 年 10 月，共参与了 6 次活动、16 次会议，服务 463 人次。通过成立社区层面的合作经济组织，给村民提供了社区参与及合作互助的平台，营造了社区生计发展互助氛围，提高了个人抵抗生计风险的能力。

（三）构建和谐社区关系，增强社区活力和凝聚力

为了顺利推进生计发展服务、加强与村民的信任关系，白云区供销社工在服务村庄生计的同时，也会开展一些恒常服务来增强与村民的沟通交流。据不完全统计，2020 年 1 月至 2021 年 10 月，雄伟连片村每月开展两次义剪活动，每次服务约 50 人，现已服务约 2 200 人次；通过放映电影、开放图书馆等形式丰富村民日常生活，现已服务约 800 人次；2021 年上半年，开展 4 个小组，探访不同群体 13 次，有效促进了村民之间的交流，同时挖掘出更多社区资产，促成多方合作，互助共赢。

通过促进农户生计发展和开展社区文娱活动，逐渐将村民组织起来，加强村民之间的沟通交流，构建非正式支持网络及和谐的社区关系，增强社区的活力与互助氛围。供销社工与村民建立起了良好的信任关系、有效加强了与村民的利益联结，在一步步的实践中，也提高了供销社工为农服务的能力和水平。

第二节　供销社工＋生计发展
模式的服务重点

在多年的生计服务中，白云区供销社工探索出了供销社工12345生计发展模式，主要内容有：链接社会资本促进农产品的销售、培育人力资本对村民进行增能、生计服务带动社区全面发展。通过总结梳理白云区供销社工的生计服务重点，形成可复制、可推广的方法论，为乡村振兴和农业农村现代化贡献供销社工力量。

一、农产品销售：链接社会资本，拓宽农产品销售渠道

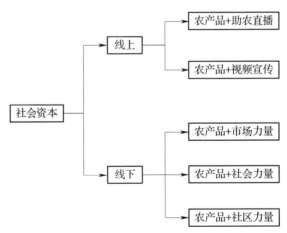

图4　社会资本利用情况

如上图所示，白云区供销社工对社会资本的链接主要有线上和线下两种形式。线上主要是通过直播，在线向消费者宣传

讲解村庄农产品，同时通过录制短视频，加强对农产品的常态化宣传。线下资本又可分为市场力量、社会力量和社区力量，发动多元主体参与到助农服务中来，以达到城乡互动、可持续生计的目的。

（一）线上：借助互联网平台，做好直播销售和视频宣传两大推广策略

1.农产品 + 助农直播

直播助农作为乡村振兴和网络扶贫深度融合发展的新兴产物，引领农村电商模式不断创新。随着直播助农日渐成为热潮，白云区供销社工也开始了对直播助农的尝试，并取得了良好的成效。2021 年 6 月，白云区供销社工以白云区助农服务平台对外开放一周年为契机，举办"助农服务迎周年·直播体验办实事"活动，分别在白云区助农服务综合平台、南岗村、龙岗村设立直播点，向大家介绍白云区新和花卉产业区绿植盆栽和帮扶产品，与主播一起游览南岗村蔬菜瓜果营造的美丽田园风光，到龙岗村黄皮果园现场品尝当季的龙岗黄皮。直播共吸引近 2 030 人在线围观，卖出 3 250 斤各类名优农副产品，有效帮助各农户增收，同时起到一定的品牌宣传作用。

（1）足不出户云参观，视觉盛宴促消费

线上直播不仅是疫情防控新态势下的创新之举，也能够让消费者足不出户就享受到良好的视觉体验，从而拉动消费，促进农户增收。本次直播的三个分会场，分别带领大家观看现代

花卉美景、南岗蔬菜基地和龙岗黄皮种植园，结合主播的讲解，观众仿佛置身于一片花海之中，仿佛身边被蔬菜和水果环绕……"边看风景边下单"，白云区供销社工组织的直播超越了"图片＋文字"的宣传模式，为消费者带来身临其境的感觉，具有更加生动的宣传效果，对一些消费者来说，观看农产品的生产过程就像是乡村旅游的体验。视觉体验之下，消费者对各类农产品有了清晰的了解，他们看到的不仅仅是现成的摆到镜头前的产品，更看到了背后的种植过程，能够让消费者买得放心、吃得安心。

（2）促进村民参与，导赏员和新型农民齐上线

白云区供销社工注重村内人力资本的培育，激发村民的主体意识。前期成立导赏员培训小组，让他们在掌握村庄历史文化、自然资源的基础上，能够熟练生动地向大家讲出来，对其进行增能，激发乡村内生动力。让导赏员参与到直播中来，不仅能够提升他们的参与感，也能增强其对村庄的归属感和自豪感。在南岗村直播分会场中，新型农民向大家详细介绍了各类蔬菜的功效与作用，发动新型农民参与其中，以其专业的农业知识和"农民伯伯"的亲和力，能够增强消费者的信任感，从而促进农产品的销售。长期来看，农产品销售还需靠农民自己，因此，白云区供销社工注重培养本村农民，自己直播，为自己代言。

（3）瓜果蔬菜可溯源，产品质量有保证

随着经济水平的提高，消费者对食品安全也提出了更高要

求，绿色、健康的农产品受到消费者的青睐。因此，白云区供销社工在直播过程中，也向大家介绍南岗村蔬菜基地蔬果的溯源方式，帮助大家了解食品安全的检验方法，保证疫情期间优质蔬果的供应。消费者通过农产品溯源码了解农产品生产、成长、运输、加工过程中的相关信息，从而提高农产品购买率。实现农产品可溯源，是白云区供销社工站在消费者角度、从消费者需求出发的体现。只有精准把握消费者需求，供销社工才能更好地为农服务，助力农户增产增收。

对于白云区供销社工来说，直播销售农产品不仅仅是助农的一种形式，更是培育村庄人力资本、加强与向消费者信任链接的一个载体。专业的直播人员虽然口才更好，但当地的村民如导赏员和新型农民却对本村有着更为深刻的了解，同时也更具有亲和力。因此，发动本村村民参与直播，不仅能够激发村民主体意识，也有助于加强与消费者的情感链接，让农户们卖得舒心、消费者买得放心。

2.农产品＋视频宣传

除直播外，短视频也日渐成为推广农产品的一大途径。将农产品的内涵故事、生长过程、生态环境、文化风俗等等，以更直观的形式展现给消费者，形成新的消费场景，将农业特色产品和当地的风土人情进行宣传，能够促进农产品的销售。为宣传农产品，探索乡村妇女力量，白云区供销社工也开始了录制视频宣传农产品的尝试。

2020年初，新冠疫情席卷全国，给人们的人身安全、经济安全带来严重冲击，不少农户种植的农产品也陷入了滞销困境。受疫情影响，传统的线下产品交易受到影响，除通过直播销售农产品外，白云区供销社工还借助社交平台，录制农产品的加工制作视频，放到抖音等平台，加强对本村农产品的宣传。2020年10月，经供销社工走访，发现南岗村有5 000斤白菜因疫情影响陷入滞销困境。为帮助农户解决滞销难题，同时提升村内妇女的生存能力，供销社工决定联合白云区富民瓜果合作社，发动村内妇女形成生计小组，将5 000斤白菜制作成白菜干。同时把整个过程录制成视频，放到抖音平台，推广南岗村有机蔬菜。

（1）农产品初加工，增强抗风险能力

可持续生计框架下，白菜是可以利用的自然资本，但新鲜白菜的保存时间较短，很容易腐烂变质。在疫情影响下的脆弱性环境中，销售新鲜白菜不仅无法帮助农户抵抗市场风险，甚至还会让农户遭受因腐烂变质引起的损失。因此，对新鲜白菜进行初级加工，将其制作成白菜干，可以延长保质期，减少农户损失，提高农户的抗风险能力。同理，其他的瓜果蔬菜也可以通过初级加工，制作成萝卜干、咸柠檬等，对农户来讲，能够提高他们的抗风险能力，减少运输成本；对消费者来讲，也能够带来新的味蕾体验。

（2）促进妇女参与，激发内生动力

可持续生计框架下，农村留守妇女是可以挖掘的人力资本。随着城镇化进程的加快，留守老人、留守妇女、留守儿童成为农村的主要人口，而留守妇女凭借年龄、体力、阅历等优势，成为留守家庭生计发展的主力军。社会工作强调"优势视角"和"赋权增能"，发动妇女成立生计小组，不仅仅是为了帮助她们解决滞销问题，更是为了激发妇女潜能，增强她们的参与意识，促进技能提升。让妇女参与直播，对妇女进行直播销售等技能培训，也是社会工作"助人自助"理念的体现。57岁的洁姨说道："非常有意思！也非常感谢你们社工！不仅帮我们把卖不出去的白菜都卖出去了，还让我学会了直播带货这项新技能。"

（3）录制宣传视频，加强宣传推广

"新鲜采摘——清洗干净至无沙——煮至七成熟过冷水——自然晾晒五到七天直至脱水干透——收获成品——封装抽真空打包！"一棵棵白菜变成白菜干的制作过程，从南岗村的田间地头搬到了农村留守妇女的直播间，从沾满泥土到热气腾腾。驻村社工与南岗村留守妇女共同拍摄视频，放到抖音平台，介绍晒制菜干的过程和技巧，使南岗村和南岗有机蔬菜得到了社会的认可，为加强南岗有机蔬菜宣传、打造南岗品牌开辟了新路径。

江高镇助农服务中心发动村内妇女力量，使其通过学习直播技巧和传统菜干制作手艺经验，提升了妇女的销售能力和自信心。在此后的服务中，南岗村供销社工也会把注重农产品销售和挖掘妇女潜力相结合，推动妇女参与意识和能力的提升，促进村庄生计可持续发展。

在此次助农活动中，江高镇助农服务中心共积累到三大经验：第一，农产品初加工、创新供应形式。不仅能延长农产品保质期，提高农户抗风险能力，还能以创新口味，满足消费者多样化的视频需求；第二，促进妇女参与，激发内生动力。只有让妇女成为自身生计发展的主导者，在参与的过程中提升其解决生计问题的信心和能力，才能实现有效应对生计风险；第三，借助社交平台，加强宣传推广。要善于运用抖音、微信公众号等新媒体平台，录制农产品生产、加工的视频，丰富农产品宣传的内容和路径，吸引消费者的兴趣，让短视频成为农产品宣传推广的助推器。

（二）线下：依托市场、社会、社区三支力量，吸引多元主体助农增收

1.农产品＋市场力量

快80岁的访叔是太和镇穗丰村的低保户，访叔家里种了上千斤的优质生姜，但因为年老体弱，无法把生姜运输到农贸市场去销售，同时又缺乏其他销售渠道，因此面临滞销困境。太和镇隶属于白云区，当地没有常驻的驻村社工，为了帮助访叔解决生姜滞销问题，太和镇政府找到了白云区供销系统。在了解到访叔的情况后，白云区供销系统内的党员和供销社工决定发挥供销社和白云恒福双方的资源优势，帮助访叔链接市场资源，解决销售难题。

（1）对接农业龙头企业，解决生姜滞销难题

生姜为厨房里的调料类食材，相对其他水果和蔬菜来说，

居民对生姜的需求量较小，以爱心团购的形式起到的助农效果相对有限。因此，供销社工结合实际情况，决定链接市场资源，乐禾农业食品集团作为当地的农业龙头企业，在了解到访叔的情况之后，愿意承担起社会责任，主动上门收购访叔及其兄弟种植的生姜，帮助其解决滞销难题。乐禾农业食品集团2019年收购了访叔600斤左右的生姜，2020年收购了访叔及其兄弟800多斤的生姜，一次性大批量收购生姜，快速解决了访叔的面临的滞销难题，使访叔免受经济损失。

（2）党员引领资源联动，协助长者春耕播种

在解决访叔的生姜销售需求之后，通过深度访谈，白云区供销联社党组和供销社工了解到，访叔还面临播种困难的问题：农时已到，但访叔年近80，腿脚不便，生姜迟迟未播种。因此，区供销联社党组与太和镇党委共同商议，结合白云区首届春耕节系列活动，将为访叔"送人送技助春耕"纳入"我为群众办实事"志愿服务项目，发动供销系统、太和镇、穗丰村共40名党员参与志愿服务，帮助访叔除草、垅地、播种、疏渠，助力其不误农时做好春耕。同时，联合省农技推广中心、市农资协会为访叔送上优良姜种及复合肥料，组织农技专家开展现场技术指导。此外，为降低农作物滞销风险，为访叔解除后顾之忧，区联社为访叔链接领办的恒昌板蓝根专业合作社，给访叔种植板蓝根提供专业指导，促成板蓝根长势良好。

（3）精准帮扶持续服务，提高群众幸福感获得感

从2019年初到2020年初，服务访叔已经持续了两年。

服务访叔没有止步于生姜助销，而是深入挖掘访叔需求，及时链接资源协助访叔播种和对其进行农业指导，提高农产品的产量和质量，解决访叔生计问题，从而提高访叔的幸福感和获得感。

在此次的精准帮扶中，农业龙头企业作为市场力量为访叔的生姜销售贡献了重要力量。相比于爱心助农的小规模购买，农业龙头企业的大规模收购能够有效且快速地解决农户滞销困境，农产品不会因长时间储存而腐烂变质，使农户免受经济损失。在持续推进乡村振兴的进程中，各方资源都想为乡村贡献自己的一份力量，作为紧密联系村民的社会工作者，应精准匹配资源、有效整合资源、最大化利用资源，为农户增收和乡村振兴提供强大且持续的资源助力。

2. 农产品＋社会力量

在福利多元主义视角下，政府、市场、社会等都是可以发动的社会资本。为拓宽销售渠道，白云区供销社工不仅链接市场资源，还联合社会力量参与助农服务。助农"蔬"困保障计划正是江高镇助农服务中心联合社会力量、与公益慈善单位合作的又一尝试，针对南岗村农产品滞销情况，统一采购农产品，并把这些农产品以"爱心蔬菜包"的形式，发放给永平街、京溪街、嘉禾街、均禾街社区内的困境家庭居民，实现农村滞销户、城市困境家庭的"双帮扶"。

供销社工在农产品的销售中，一头连着生产者（农户），一头连着消费者（社会力量），起到了中介作用。通过链接社会资源，发动其认购南岗村的果蔬，能够拓宽农产品销售渠道，缓解农产品滞销困境。为了让社区的困境家庭收到最新鲜的蔬菜，江高镇助农服务中心的社工一早就到田里，与农民一起采摘，一起搬运到中心打包，立即安排货车运到对接的社工站。

"我们有电动车，骑车会快一点，我们拿多一点跑多几户，今日内一定会把50份爱心蔬菜包送到服务对象家里。"嘉禾社工站社工说道。收到从南岗村拉来的爱心蔬菜包之后，城市社工站立即联合志愿者，将一份份蔬菜包送到困境家庭中。服务对象笑逐颜开地说："最近疫情反复，蔬菜包真的很及时，我可以几天不出门买菜了，谢谢社工，谢谢党和社会对我们的关心和关爱。"

在解决农户农产品滞销问题的过程中，白云区供销社工积极发挥慈善会的影响力、感召力及其联动作用，通过慈善会对接民政系统，对接更多公益慈善个人和单位，在使民政了解民情的同时，带领着南岗村农产品"走出去"，让更多人认识南岗的无公害绿色蔬菜，认识南岗的农民，有力动员和整合了社会力量，帮扶南岗村农户在疫情期间解决农产品滞销问题，协助蔬菜订购与销售共4万多斤，折合人民币12万元，也由此让农户认识到慈善的社会力量，拓展了农户在农产品销售方面的新思路。同时也使得销售者、消费者、"中间商"、使用者，在一定程度上消除了利益关系而达成了公益协定，农产品的售出不再单纯为了收益，而是为了实现助农和帮困的公益效益，实现双帮扶的良性循环，拉紧了城乡之间的纽带，也在一定程度上赋予农产品销售新的意义。

链接社会慈善资源，开拓农产品销售的新渠道是助农服务的新思路、新路径，在江高镇助农服务中心的努力下逐渐发展成一种可持续的农产品销售途径，也探索出了白云区供销社工助农增收的新路径，即化利益相关为双帮扶，将传统的以营利为目的的销售在慈善的驱动下转变为稳定的"双帮扶"、相协助的形式，本着"助人自助"的理念，通过资源链接，搭建农户与城市居民之间的交流平台，为农产品"走出去"打下了又一基础。另一方面是拓宽了农户的销售思维，引导农户走出农村社区，认识慈善，看到社会力量，同时也更能意识到自身的价值，在维持生计的同时能帮助其他群体，体现出更大的自我价值，在一定程度上也激发了农户的生产积极性以及社会参与性，为农业发展、社区参与氛围的营造起到了一定的促进作用。

3. 农产品＋社区力量

钟落潭镇的水果一直颇为有名，番石榴、阳桃、黄皮、火龙果等十分畅销。往年，成熟的水果不仅可以拿到农贸市场销售，还可以开放果园，让游客前来采摘。但因疫情影响，一批批果农的水果都陷入了滞销困境。"因为没人会冒着疫情的风险来买。"陈叔无奈地说道。陈叔和妻子高婆是村内无人不知的"阳桃夫妻"，他们经营着一家果园，其中，阳桃是钟落潭镇雄伟村"一村一品"项目果品之一。阳桃果树以 10 年为一个周期，2020 年这批恰好大丰收，年产量达 2 万斤，不料受到疫情影响，滞销将近 1.5 万斤。为帮助"阳桃夫妻"销售阳桃，钟落潭镇助农服务中心联合城市社工站，号召辖区居民进行团购，本次爱心助农活动共销售出 800 斤左右阳桃，有效帮助"阳桃夫妻"解决了滞销难题，他们脸上也洋溢着口罩都遮不住的笑容。最后，供销社结合防疫工作，组织党员、社工、村民志愿者采摘 1 万多斤的阳桃，运输到各防疫医院和隔离防护点，慰问前线的防护人员。

（1）联合城市社工站，填写水果需求问卷

对于农户蔬果销售问题，很多农村社工都会想方设法链接资源，通过扩大宣传，吸引居民个人或单位团体进行购买。但与之相比，钟落潭镇助农服务中心有着相对优势。因为钟落潭镇助农服务中心是白云区供销总公司成立的农村站点之一，由白云恒福承接运营。白云恒福除了承接农村设置服务站点之外，在城市也有多家服务站点。此次的阳桃助销，便是白云供销总公司下属的农村站点依托白云恒福城市社工站点的资源，与城市居民相对接，以线上填写问卷的形式了解居民需求，确定阳桃需求量，再与"阳桃夫妻"对接，达到"城乡互动，公平贸易"的目的。

（2）建立临时助农驿站，专车配送保新鲜

当确定居民需求量之后，城市社工站的社工成立专门的小组，把有团购需求的居民拉到同一个群里，便于沟通。同时，在城市社工站建立起临时"助农驿站"，作为临时的对接平台，一边对接"阳桃夫妻"打包好的阳桃，一边对接下单的居民；若把阳桃配送到每户居民家中，则会增加运输成本，导致居民购买的单价增加。因此，为了降低成本，白云区供销社工预定专门的运输车辆，把包装好的阳桃运送到城市社工站的临时"助农驿站"，再通知居民在相应时间及时来取。在当天送达保证阳桃新鲜度的同时，也能降低运输成本。

（3）品质和速度并存，亲友、志愿者齐动员

保证质量、诚信经营，这是白云区供销社工和"阳桃夫妻"共同看重的问题，也是"爱心团购"助农活动能够可持续进行的关键。因此，双方在一开始就对"阳桃"的质量等问题做好约定，诚信经营，不会欺骗消费者，不能让爱心人士寒心。同时，为了保证出货速度，"阳桃夫妻"叫来了亲友，白云区供销社工招募助农志愿者，齐心协力把阳桃采摘、包装好，送到临时"助农驿站"。

（4）团购助农显成效，思路升级再发展

在多方配合之下，白云区供销社工的几次"爱心团购"助农活动都取得了良好成效，同时，在每次的助农活动中，供销社工也在不断调整方案，以便提高为农服务的质量。例如，从填写线上问卷下单到利用微信商城、扩大临时"助农驿站"站点数量等。在白云区供销合作社和白云恒福社会工作服务社的引领下，白云区供销社工将广泛链接资源，实现跨界合作，同时探索如何进一步为果农增能，助推果农销售渠道升级，提高其抗风险能力。

白云区供销社工借助城市社工站，链接城市社区居民资源，有效解决农户的农产品销售问题。凭借诚信经营，保证农产品的质量，能够与城市居民建立良好的信任合作关系，便于长久合作。通过城乡互动、公平贸易的方式，白云区供销社工推动农产品"走出去"，促进农户生计可持续发展。

二、村民增能：赋能人力资本，激发乡村内生动力

（一）个案：挖掘精准帮扶个案，救助服务带动能力发展

个案工作是专业社会工作者遵循基本的价值理念，运用科学的专业知识和技巧，以个别化的方式为感到困难的个人或家庭提供物质和心理方面的支持和服务，以帮助个人或家庭减轻压力、解决问题、挖掘生命潜能，不断提高个人和社会的福利水平。白云区供销社工视角下的个案服务对象，是诸多陷入生计困境的个人或家庭，仅凭自己的力量，他们无法拓宽销售渠道、应对农产品滞销风险，面对疫情或天气带来的滞销风险，他们时常感到无助，需要外部力量介入，以促进农产品的销售和自我效能感的提升。设立"精准帮扶个案"机制，被列为精准帮扶对象的农户，白云区供销社工会集中力量优先解决他们的生计问题，形成驻村社工——总部社工——社会力量联动机制，共同为精准帮扶个案出谋划策，助力农产品的销售。同时，在服务过程中，白云区供销社工有意识地引导服务对象积

极看待所面临的问题，激发服务对象的抗逆力，提升自我效能感，引导其反哺社区。

2020年以来，据不完全统计，南岗村和雄伟连片村挖掘了8个精准帮扶个案，他们都面临农产品滞销这一共同问题。为拓宽农产品销售渠道，白云区供销社工集中力量、链接资源，主要通过社区团购的形式，把农产品销往城市社区，借助城市爱心居民的力量促进农产品的销售。同时，供销社工运用社会工作的价值理念如尊重、共情、鼓励、接纳等，激发服务对象的自我意识，有效增强了其面对困难生活的自信心和自我效能感。

（二）小组：成立志愿服务小组，激发"三留守"群体潜能

小组工作是社会工作的基本方法之一，经由社会工作者的策划与指导，通过小组活动过程及组员之间的互动和经验分享，帮助小组组员改善其社会功能，促进其转变和成长，以达到预防和解决有关社会问题的目标。在小组中，能够重塑小组组员的平等意识和共同体归属感，提供小组组员自我改变及"被肯定"的社会场景，创造相互帮助、共同成长的学习机会，打造增能的社会支持网络。白云区供销社工小组工作的重心在于发动村民力量，鼓励"三留守"群体（留守老人、留守儿童、留守妇女）以小组的形式参与到村庄生计发展中来，激发其内在潜能，实现内源式发展。

雄伟连片村借助丰富的自然资源，主要发展休闲农业和乡

村旅游，通过成立导赏员小组，发动村内长者和青少年参与到服务社区生计的活动中来。导赏员小组主要是为了当城市居民来雄伟连片区游玩时，能够有本地村民扮演导游角色，带领城市家庭了解雄伟连片区的风土人情和自然景观。长者拥有丰富的阅历和亲和力，对村庄的了解非常深入，能够带给城市家庭良好的游玩体验；前来游玩的多为城市亲子家庭或青少年群体，发动本村青少年加入导赏员小组，能够与城市青少年进行良好互动。南岗村则通过探索乡村妇女力量，成立农产品加工小组，把新鲜的蔬果加工成菜干、菜酸，如白菜干、萝卜酸等。妇女的手艺成为了农产品增收的重要途径，不仅丰富了农产品的供应形式，还促进了家庭的增收，这在一定程度上提高了妇女的自信心和自我效能感，收入的增加又推动妇女更加积极主动地参与到生计小组中来，形成良性循环。

（三）社区：加强社区教育，建立合作经济组织，带动社区生计发展

社区社会工作是社会工作的一个专业方法，主要强调综合运用实践模式（如地区发展模式、社会策划模式、社区照顾模式），通过科学的工作过程，采用系列专业技巧，处理社区问题和推动社区发展。白云区供销社工通过开展一系列社区活动和建立社区组织，加强村民之间的沟通交流，推动村民参与生计发展实务，构建村庄生计发展共同体。在劳动者受教育程度无法改变的情况下，白云区供销社工便从所掌握的技能和参与意识这两方面入手，通过链接相关农业资源对农户进行培训，

培育人力资本，使其更好地利用其他几种生计资本，从而促进增收致富，取得积极的生计结果。

1. 加强社区教育与培训，增强农业种植技能和美食制作技能

（1）开展科学种植技能培训，提高农户农技水平

科学种植技能相关服务主要有：①开设农技社区学堂。定期举办各种种植科普、蔬果种植选种、病虫害防治、如何正确使用有机肥等讲座和活动，帮助农户随着土壤环境和季节变化，科学安排农业耕种计划，提升农作物每亩的单产量和农作物质量。截止到 2021 年上半年，江高镇助农服务中心一共开展了 22 次的农技培训，覆盖农民 1 244 人次；②组织农民外出参观学习。组织农民代表外出参观学习交流，包括参加农业博览会、农业科技展览、到访市农资协会交流等共计 6 次，惠及农民 90 人。通过借鉴他人发展农业生产的先进经验，再结合本村实际情况加以改革创新，以扩宽农户种植思维，提高农作物的质量和产量；③开展政策宣传和宣讲活动。利用村内宣传栏粘贴相关的助农政策，走访田间地头向农户宣传助农政策。邀请专家定期组织政策宣讲会，现场帮助农民答疑解惑。针对恶劣天气增加农业保险项目，为农民做农业气象等保险的宣讲。同时，对接政府落实助农优惠购肥政策，开展"助农复耕，肥料助力"活动，通过合作社传递和落实政策。2021 年 3 月针对寒潮引起的农作物霜冻的损失，与人保签订了新的保险协议，以减少恶劣天气对农民收入的影响。

（2）开展"粤菜师傅"培训，提高村民美食制作能力，助力乡村旅游发展

"粤菜师傅"工程始于2018年，通过邀请知名粤菜师傅对乡村旅游经营者进行公益培训，达到增进厨师手艺、传承岭南美食文化、丰富游客味蕾体验、促进乡村经济发展的目的。特色是特色是乡村旅游发展的生命之所在，越有特色其竞争力和发展潜力就越强。挖掘一村一品特色农产品，邀请粤菜师傅名厨通过运用这些特色农产品研制当地特色菜式，进而打造品牌，保持其"人无我有、人有我优、人优我特"的地位。"粤菜师傅"培训班采取理论讲解和实践操作相结合的方式，上午由知名粤菜厨师讲解每道菜的做法和工艺，下午则由学员亲自动手操作，当有不熟练的步骤时，粤菜厨师会及时给予帮助和指导，直到学员能按讲解做出美味的菜肴。2021年10月，"粤菜师傅"技能培训班在雄伟连片村顺利举行，这也是供销社工第二次推进"粤菜师傅"项目，本次服务惠及60名学员，在增进厨师手艺、传承岭南美食文化、丰富游客味蕾体验等方面取得良好成效。未来，供销社工也会持续推进"粤菜师傅"计划，促进农户就业创业，带动村民增收致富，助力乡村经济振兴。

2. 成立服务型合作社，为村民提供深度参与的平台

增强社区和个人的发展能力，实现社区和个人的良性互助，是发展可持续生计的基础，因此，应在实践层面搭建起以赋权为主要目标的组织平台。在雄伟连片村村民参与意识和主

体意识得到一定程度的增强之后，白云区供销社工便开始准备组建生计发展自组织事宜。结合雄伟连片村优势资源及发展规划，最终决定组建"云溪湾合作小组"，辅助雄伟连片区三条农旅路线的发展，服务于休闲农业，提升雄伟连片村经济效益。

（1）发展背景

云溪湾，指钟落潭镇北部的省级新农村示范片（包含寮采村、龙岗村、米岗村、雄伟村四个主体村），因居白云之北，地处流溪河畔而得名。雄伟村社区综合服务中心是白云区供销社主办建设的为农服务阵地，以服务"三农"为宗旨，为村民提供农业生产、公益生活类等服务。为积极配合省级新农村示范片——云溪湾景区建设，白云区供销社工结合各村特色资源，组织村民探索云溪湾生态游精品线路，共开发出三条精品农旅路线：古道乡情探索之旅、自然教育求知之旅、乡村社区艺术创新之旅，透过城乡互动组织，推动城市居民到乡村进行服务体验，带动本地农旅产业发展，提升地区经济收益。为了更好服务云溪湾景区建设，激发村民内生动力，白云区供销社工开始了成立"云溪湾合作小组"的探索。

（2）理论基础

在可持续生计框架中，生计资本是核心内容，生计资本包括自然资本、人力资本、社会资本、物质资本和金融资本这五部分。人力资本是实现生计目标的基本要素，取决于劳动力的数量和质量[1]（罗丞，王粤，2020），具体表现为劳动者的受教育程度、所掌握的技能和健康状况，人力资本的内在价值在于它能更好地利用其他四种生计资本，从而取得积极的生计结果，因此它是最为基础的生计资本。[2]（苏芳，徐中民，尚海洋，2009）为了培育雄伟连片村人力资本，提高其技能水平和更好地发挥内在价值，白云区供销社工决定对云溪湾合作经济组织中的成员进行培训，提升组员服务云溪湾景区建设的理论水平和实践能力。从而更好利用其他四种生计资本，取得积极的生计结果，提升雄伟连片区经济效益。

（3）实施路径

白云区供销社工以"探索乡村内在力量，提升小组凝聚力、行动力"为主线，通过培训赋能和实战演练等方式，使组员的服务能力得到提升和锻炼。具体步骤有：第一，招募成员，建立信任关系；第二，头脑风暴，确定经营方向。第三，开展培训，小组赋权增能；第四，付诸实践，盘活社区资源；第五，参访学习，借鉴先进经验。

①招募成员，建立信任关系。首先，钟落潭镇助农服务中心对村民介入合作经济组织的意愿进行了调研，发现村民尤其是30–40岁的村民对成立合作经济组织的意愿最为强烈。接

① 罗丞，王粤：《摆脱农村贫困：可持续生计分析框架的解释与政策选择》，《人文杂志》，2020年第4期。
② 苏芳，徐中民，尚海洋：《可持续生计分析研究综述》，《地球科学进展》，2009年第1期。

着在雄伟连片村张贴成员招募公告，正式公开招募成员，并开展云溪湾合作小组骨干成员招募座谈会，目的是向村民宣传云溪湾合作小组的愿景及招募意向成员，鼓励村民形成"共同体"，为村庄的整体发展贡献力量，激发村民主体意识。同时邀请本村家庭农场负责人及合作社负责人作为顾问，解答村民的疑惑，并为小组的发展运营提供经验借鉴。在面试环节，邀请镇文化站、总公司代表参与面试考核，并将通过面试的组员正式公示。

②头脑风暴，确定经营方向。通过沟通交流，云溪湾合作小组确定了六个利益创收点。第一，运营组：运营自己"云溪湾文化"公众号及打造以"慧姐"或"梁社工"个人抖音号，可通过招商，接广告、接活动、接赞助、销售自身品牌农产品来产生效益。第二，亲子教育培训类：可自行创办特殊儿童或亲子冬夏令营、艺术教育类、民宿类等形式，已按场次收取费用来产生效益。第三，中老年聚会类：以公益性为主，申请公益基金，用于社区的敬老爱老活动，宣扬中华传统美德；发挥长者价值，联合儿童活动邀请长者做导师等。第四，宝妈交流类：通过社群营销，为云溪湾做品牌代言人为云溪湾创造效益。如通过相应的活动来产生效益或联系人才就业中心的培训课程，自我增值与提升。第五，政务、税务、商业合作类：拓展政务人员及企业的礼品供应，同时也可以举办类似交流类，牵手云溪湾，解决企业员工的终身大事也可宣传乡村文化，同时也解决销售问题，通过分成来创造效益。第六，直播类：打

造自身直播团队，自我品牌宣传同时可承接活动来创造效益。

③开展培训，小组赋权增能。当云溪湾合作小组组建完成后，白云区供销社工便着重于提升小组凝聚力，同时对组员进行农业经营等方面的培训。融合"正面文化"理念来提升合作小组的认同感和凝聚力，链接有资质的正面文化培训师透过小组活动来促进小组凝聚力的提升。通过半天的正面文化营，使到小组成员相互认识，确立小组契约、制定线上线下沟通机制，促进小组运行制度化体系化。组员寻找到小组内的共同文化的认同至少三样，并强化其文化认同。组员间取有合适的代号、方便交流（例如 X 姐、X 妹）。提出完成该阶段后小组成员民主推选第一届小组长、财务专员，民主协商组长、财务专员的试用期、任期、连任期和权责。同时也要注意到凝聚力不是一两次活动的事，它贯穿于整个活动和小组发展的过程中。

④付诸实践，盘活社区资源。当组员之间的凝聚力和专业能力得到一定程度提升，便组织他们参与相关活动。通过小组成员的实地调研和盘点，建立社区资源库，促进社区资源的活化。以雄伟连片村丰粮盈通合作社丰收直播活动为契机，让小组成员参与到直播的筹备工作中去。通过开展线上和线下会议，商讨具体分工和黄皮定价等事宜；参观米岗村龙眼干手工作坊，讨论咸柠檬汽水包装推销方案，拜访红岗艺术工社乡贤……通过一次次的参与和实践，云溪湾合作小组的成员在盘活社区资源的同时，也增强了对社区的归属感、提高了自身能力。

⑤参访学习，借鉴先进经验。云溪湾合作小组除了在本村进行实践、参与到具体的生计发展服务中外，还将有计划地外出参观学习，借鉴其他合作经济组织的发展经验，以取长补短，提高自身的服务能力。前往从化新围村参观学习，促进组员对乡村发展以及农旅服务认识。通过参观了解，加深组员对自身发展和小组定位、学习可借鉴的先进经验、改进目前小组内存在的不足、确定小组今后的发展方向。

（4）项目特色

①供销力量下沉乡村。供销系统是为农服务的经济合作组织，白云区供销社系统通过购买白云恒福社会工作服务社的服务，创新服务思维，加强与农户的利益联结。供销系统的经济服务体系、三农服务方法和资源与社会工作的价值理念相结合，所提供的服务更能满足农户需求。

②挖掘乡村妇女力量。可持续生计框架下，农村留守妇女是可以挖掘的人力资本。随着城镇化进程的加快，留守老人、留守妇女、留守儿童成为了农村的主要人口，而留守妇女凭借年龄、体力、阅历等优势，成为留守家庭生计发展的主力军。社会工作强调"优势视角"和"赋权增能"，挖掘乡村妇女力量，不仅能增强妇女个人的自我效能感，也能激发她们的主人翁精神，实现内源式发展。

③实行民主议事机制。为便利成员沟通，促进成员自治，供销社工还推动建立民主议事机制，鼓励成员积极发言，实行民主集中制。通过一次次的沟通讨论，增强成员的参与意识和

主人翁精神，激发成员主体性。同时，民主议事机制也有利于成员独立解决问题，透过组内洽谈，增强独立解决问题的能力，减轻对供销社工的依赖，使组织在供销社工退出后也能有效持续运转。

（5）项目成效

①在村民个人层面：提升自我效能感，增强参与积极性和主动性。供销社工通过云溪湾合作小组把不同的村民个体组织起来，发掘村民优势，相信村民有解决问题的能力和改变的潜能，不断增强小组成员的自信心。在一次次的沟通实践中，组员的想法得到肯定，提升了自我效能感，参与小组事务的积极性和主动性也随之增强。供销社工与组员形成合力，共同为村庄生计发展出谋划策。

②在社区发展层面：形成互助网络，促进社区生计整体发展。云溪湾合作小组的建立，给村民参与社区生计服务提供平台，实行了由以往个体农户救助服务到整个社区生计发展服务的转变。同时，云溪湾合作小组通过与村内其他组织如红岗艺术公社、祥记合作社的合作共建，充分盘活村庄优势资产，发动各方主体参与到社区生计建设中来，多元主体形成合力，共同促进生计发展。

③在乡村经济层面：回应市场需求，提升经济效益。借助供销社的资源支持和专业指导，合作小组成员不再满足于提供关于生产技术、市场信息方面的服务，而是逐渐开始提供一些综合性服务，例如生产资料的采购、农产品加工、销售，农产

品网络营销，民宿打包宣传等。合作小组在城乡共融的过程中，积极回应城市居民对农副产品质量的关切，一定程度上提升了城市居民对乡野生活与农产品的高质量需求。带动本地农旅产业发展，提升地区经济收益。

三、社区发展：加强社区营造，构建和谐社区关系

（一）以生计发展为切入点，带动美丽乡村建设

积极介入生计是供销社工促进乡村振兴的重要切入点，在生计发展过程中，供销社工还遵循"经济嵌入社会、生态"的逻辑，推动经济、社会、生态和政治、文化协同发展。举例而言，云溪湾农旅路线的打造不仅能够促进雄伟连片村经济效益提升，也能推动雄伟连片村生态、文化、政治的发展。

在政治方面主要体现为村民对村庄公共事务的参与，以云溪湾合作小组为平台，村民积极参与农旅路线、生计发展相关事宜的讨论，能够激发参与意识和主人翁精神，推动乡村自治；在生态方面，农旅路线的发展需要良好的生态环境做支撑，脏、乱、差的环境难以带给游客舒适的游玩体验，因此，为了发展农旅路线，就必须做好环境整治工作，进而推动雄伟连片村整体生态环境的改善；在文化方面，借助大宗祠、古村落，发展文创旅游的同时，也能促进雄伟连片村传统文化的传承，推动乡风文明建设。

（二）完善基础设施，满足休闲需求

相比城市，农村还面临基础设施和公共服务落后的问题，白云区供销社工以生计服务为主线，兼顾公益类生活服务，打造公共空间，盘活农村闲置的资源，满足村民的休闲娱乐和人际交往需求。以南岗村为例，供销社工结合南岗村农业生产为主的特点，打造"农趣园"，集党建引领、科普教育、农作体验、文化传承、促进城乡融合发展于一体，促进资源整合，实现多元参与，带动乡村环境提升和良好家风建设，展现美丽乡村文明风貌，以乡风文明建设助推乡村振兴。南岗农趣园的打造，将成为联结南岗村居民的情感纽带，开展社区活动的载体。

第三节　供销社工＋生计发展
模式的理念、特色及策略

作为一套完善的生计发展方法论，供销社工 12345 生计发展模式有四大发展理念、三大服务特色和两种实施策略。本部分将主要对该模式的理念、特色及策略进行详细介绍，以期呈现该模式的深层逻辑。同时，总结供销社工在其中发挥的角色，突出其在不同时期所发挥的不同作用。

一、供销社工＋生计发展模式的发展理念

（一）"农户需求为基，能力发展为本"理念

在社会工作视角下，服务对象的现实问题是任务目标，是服务的起点；而服务对象能力的提升与发展是过程目标，是服务的最终指向。白云区供销社工以农户的生计发展需求为切入点，通过线上直播、助农驿站、休闲农业等方式帮助农户销售农产品达到增收致富的目的，满足农户最紧迫最现实的需求。在此过程中，通过链接资源对农户开展农化农技培训，提高其农业生产能力；并组建生计小组、成立合作经济组织，发动乡村力量尤其是妇女力量，使她们真正参与到生计发展的各个过程，从被动的协助者转变为主动的参与者甚至是领导者，不断激发农户的潜能。白云区供销社工在服务乡村振兴中，不仅注重乡村经济振兴，更关注人的振兴，只有真正激发村民主体意识，才能提高乡村的活力与凝聚力。

（二）"多方联动，共建共赢"理念

白云区供销社工不仅仅链接村庄外部的社会资本，助力农产品的销售和科学种植技术的培训，还致力于通过整合村庄内部组织资源，谋划新的经济创收点，提升乡村经济组织的能力。例如，供销社工通过与雄伟连片村家庭农场共建，帮助实现雄伟连片区经济的发展。在家庭农场原有功能区域布局的基础上，新增加一部分设施、共同开发新的课程以及合作新的种植项目，丰富家庭农场的经营内容，以带给消费者不同的游玩

体验，增强项目的参与性和趣味性，提高市场竞争力，在促进家庭农场经济发展的同时，也能促进整个雄伟连片村经济效益的提升。此外，雄伟连片村也有其他组织如红岗艺术公社、祥记合作社等，供销社工应发动其参与到社区生计发展服务中来，多方联动，促进村庄经济效益的提升。

（三）"消费者引进来，农产品走出去"理念

白云区供销社工服务农村生计的基础策略是促进农产品的销售。通过发展休闲农业和乡村旅游，设计丰富多彩的体验项目，把消费者"引进来"；通过线上直播、助农驿站等形式，让农产品的销量"走出去"。

1. 消费者引进来

随着居民收入增加和旅游需求变化，农村的乡土性、生态性、特色性、文化承载性等对城市居民越来越有吸引力，休闲农业和乡村旅游已成为城市居民休闲娱乐的重要方式，促进农业强、农村美、农民富、市民乐的作用越来越大。白云区供销社工通过营造精品农旅路线，吸引城市的单位或家庭前来游玩体验，并设置水果采摘、零食加工等环节，促进农产品的销售，提升村庄经济效益。

2. 农产品走出去

白云区供销社工服务生计的主要路径是促进各类农产品的销售，通过链接多元化的资源如农业龙头企业、公益单位、爱心居民等，助力所服务村庄农产品的销售。同时，要根据农产品的属性来选择合适的购买方。只有精准掌握购买方需求，才

能节省时间成本，提高农产品销售效率。具体而言，水果如阳桃、番石榴等可以以社区团购的形式，发动城市居民下单购买。但如果是生姜这种厨房调味品，则选择农业龙头企业更为合适。因为农业龙头企业对各类蔬菜的需求量都比较大，也有能力一次性购买几百斤生姜。但城市居民对生姜的需求度及购买量没有那么大，因此，发动爱心团购则可能会造成销售速度缓慢，增加时间成本，加剧腐烂变质风险。

（四）"五位一体，协同发展"理念

乡村振兴战略的总要求为"产业兴旺、生活富裕、乡风文明、生态宜居、治理有效"，因此，供销社工的生计服务，也遵循经济、政治、文化、社会、生态这"五位一体"协同发展的逻辑：以生计服务为切入点，推动乡村经济发展，在此过程中，通过促进村民参与、联合组织共建等形式推动人才振兴、文化振兴、生态振兴和组织振兴，实现乡村内源式、可持续发展。

二、供销社工＋生计发展模式的服务特色

供销社工 12345 生计发展模式是由白云区供销社工在多年的实践探索中提炼出来的，依托于经济组织（白云区供销合作社）和社会组织（白云恒福社会工作服务社）两大主体。供销社工是白云区供销系统内社会工作者的代称，与民政领域的社会工作相比，供销社工的服务重点关注农户生产销售的农业经济类服务，兼顾农民的公益生活服务，其最大的特色就是背

靠白云区供销社。

中国供销合作社是为农服务的综合性合作经济组织，发展生产、供销、信用"三位一体"综合合作，在农业社会化服务、农村现代流通、农民生产生活与专业合作方面发挥重要作用。中国供销合作社是党和政府密切联系农民群众的桥梁纽带和做好农业、农村、农民工作的重要载体，在加快推进农业农村现代化、促进农民增收致富、促进乡村振兴中更好地发挥作用。

供销社工 12345 生计发展模式依托于经济组织（白云区供销合作社）和社会组织（白云恒福社会工作服务社）两大主体，与民政领域社会工作服务生计模式相比，具有以下三大特色。

（一）多元化的社会资本链接

借助于白云区供销社的关系网和白云恒福的城乡社工站组织架构，白云区供销社工在资源链接方面具有独特优势。一方面，供销社凭借多年为农服务的经验和声望，与一些农业龙头企业等建立起了良好的合作与信任关系。随着乡村振兴战略的推进和社会责任感的增强，这些农业企业非常乐意购买需要帮扶的农户的农产品，为乡村振兴和农民增收致富贡献力量；另一方面，白云恒福不仅在农村设有综合服务中心，在城市也有社工站点，当农村站点的农产品陷入滞销困境时，便可以与城市社工站合作，扩宽销售渠道。因此，白云区供销社工在链接资源方面，凭借牢固的信任关系，能够减少与农产品购买方的沟通、对接成本，从而快速解决农产品销售问题，提高务农服务的速度和效率。

（二）多角度的人力资本赋能

传统的农村社会工作主要采取建立生计互助小组的形式服务农村生计，发动村民尤其是妇女力量，在解决销售问题的同时增强其主体意识，激发乡村内生动力。其赋权增能主要侧重于农产品初级加工技能的培训和自我意识的觉醒，但白云区供销社工在供销社的指引下，注重从农业生产方面入手，提高农产品的质量和产量，从而获得竞争优势和品牌优势。（即传统的驻村社工的侧重点在农产品的销售上，但如果质量和产量不行，生计结果也不会好；而供销社具有农业生产经验，因此还教农民如何种植出高质量和高产量的农产品。）例如，对于太和镇穗丰村低保户访叔的生姜滞销问题，不仅帮助访叔链接农业龙头企业，帮助其解决了六百多斤的销售问题，还联合省农技推广中心、市农资协会为访叔送上优良姜种及复合肥料，组织农技专家开展现场技术指导。提高生姜的质量和产量，助力解决销售问题。

（三）多方位的人员组织架构

在农村服务方面，白云区供销社工形成了"农村部＋督导＋驻村社工＋高校实习生"的组织架构。农村部作为领导者，起着统筹规划的作用；每个督导对接一个或多个村级助农服务中心，指导驻村社工日常工作，提高驻村社工服务水平和专业能力，进而提升为农服务的质量；招收社会工作专业硕士作为实习生，为村级站点注入新鲜血液，为助农工作开阔思路。多元主体相结合，共同为农户生计发展、乡村经济振兴出谋划策、贡献力量。

三、供销社工＋生计发展模式的实施策略

（一）战略规划：加强政策分析，做好顶层设计

为深入贯彻乡村振兴战略，同时根据《中共中央国务院关于深化供销合作社综合改革的决定》《白云区实施乡村振兴战略建设美丽都市乡村三年行动计划》《白云区供销合作联社2018年服务"三农"工作方案》的要求，白云区供销社工持续推进农村服务项目，以加强与农民利益联结、满足村民日益增长的美好生活需要。白云区供销社工通过对乡村振兴战略和白云区美丽都市乡村计划的学习和解读，做好顶层设计，制定出符合乡村发展实际的服务计划，促进乡村生计可持续发展。

（二）具体服务：社会策划模式显成效，地区发展模式促参与

在具体的服务中，白云区供销社工采取社会策划模式和地区发展模式相结合的方式，促进农户生计发展。前期，采取社会策划模式，供销社工扮演"专家"角色，在收集村庄资料之后，对村庄进行分析和诊断，制定执行符合村庄实际情况的生计发展方案，同时与相关机构、团体等保持良好关系以利于方案的推动。能够兼顾服务效率和质量，帮助农户较好解决农产品销售问题。后期，供销社工则采取地区发展模式，注重农户

参与意识和能力的培养，通过建立社区的自主能力来实现社区的重新整合，帮助农户学会自助、自决，培养互助合作精神，增强农户对村庄的认同感和归属感。

1.建立信任关系，把握村民需求

社会工作者作为外来人员进入农村社区，只有与村委、村民建立良好的信任关系，获得村民的接纳与认同，才能逐步开展服务。

（1）与村委、合作社等建立合作关系，争取服务支持

村委是村子的权力中心，负责处理村庄大小事务，在群众中有较大的影响力。与村委建立起信任关系，能够为社会工作者的后续服务提供支持。而生计服务不同于社会工作平常所做的服务，还要与合作社建立好关系。在白云区供销社工所服务的两个以农业生产为主的村庄，各自都组建了合作社，与合作社建立起合作关系，能够快速帮助社会工作者了解社员（即农户）的生产经营情况。对于陷入困境需要精准帮扶的农户，社会工作者也能及时发现，链接资源去帮助。在借助村委、合作社的力量为服务提供支持的同时，供销社工也能为合作社创新发展思维、链接社会资本，促进社员农产品的销售，服务乡村生计发展，形成良好的互惠关系。

（2）与村民建立信任关系，便于服务开展

社会工作者的服务是建立在与服务对象形成良好的信任关系的基础之上的，只有与服务对象建立起良好的信任关系，才能有序开展相关服务。白云区供销社工从村民恒常需求着手，

开展一系列的服务活动，在日常沟通交流中建立和发展信任关系。供销社工以助农服务中心为平台，开展各项服务：为长者提供义诊、义剪服务，为青少年提供兴趣小组如非洲鼓、夏令营等服务，在田间地头为村民送清凉（糖水、西瓜、龟苓膏等），关心村民日常生活，致力于把服务做到老百姓的心坎上。

2. 重组生计资本，促进产品销售

英国国际发展署的可持续生计框架是国际、国内最通用的用来分析生计困境原因和进行生计发展治理的理论。以可持续生计框架为指导，全面分析村民所面临的风险性环境和所拥有的生计资本，并结合实际情况对生计资本进行重组，以达到优化生计策略、稳定生计结果的目的。白云区供销社工通过链接社会资本和培育人力资本，以达到发展生计和对村民赋权增能的目的。

在与村民建立良好的信任关系之后，白云区供销社工尤其注重链接社会资本，发动市场力量、社会力量和个人力量参与到助农行动中去，促进农产品的销售，解决滞销问题，促进农户生计发展。在多年的实践探索中，白云区供销社工总结出了供销社工12345生计发展模式：在农产品的供应方面，提供原材料和初级加工品两种形式；在农产品销售方面，综合采取线上直播、助农驿站和休闲农业等方式，解决生计问题。

3. 完善服务模式，农户赋权增能

随着服务的推进，供销社工在帮助农户销售农产品方面取得一定成效，在农户心中有了一定影响力，逐渐建立起良好的信任关系。供销社工便着手促进农户的参与，通过社区教育和倡导等方式，激发农户主动参与生计发展的活动中去。结合村庄资源和生计发展方向，成立相应的经济合作小组，把农户组织起来，增强农户独立解决问题的能力，激发乡村内生动力。

四、供销社工在生计服务中的角色作用

（一）前期：社工主导，扮演领导者角色

在服务前期，供销社工作为外来人员无法在短时间内与村民建立良好的信任关系，这在一定程度上会影响生计服务的进展。同时，虽然供销社工以赋权增能为己任，致力于提高村民的参与意识和能力，但这是一个长期且难以被量化的过程，短期内难以取得显著成效。因此，在介入前期，供销社工主要扮演领导者角色，以"专家"身份与村民相处，当遇到生计发展问题时，村民由于文化水平限制或不好意思发言等原因，通常都是由供销社工主导，提一些针对性的意见。但如果供销社工长期扮演领导者角色，虽然会提高解决问题的效率，但也会在一定程度上加深村民对供销社工的依赖，不利于村民独立解决问题能力的提升。因此，当供销社工与村民建立一定的信任关系且服务能够有序开展之后，供销社工便有意识地挖掘村民潜力和能力，通过社区教育和倡导等方式，激发村民参与的意识和能力，增强村民的自信心和自我效能感。

（二）中期：多方共建，扮演整合者角色

在服务中期，供销社工与村委、村民和村内组织建立了良好的信任关系，在沟通交流、开展服务方面都比较顺畅。此时供销社工有意识地"让权"，更多地扮演资源整合者角色。社会资本是丰富且零散的，需要供销社工进行分类整合。将各种资源串联起来，保证资源的高效率利用，也能保障更多的村民学习者有足够的生计发展资源，这有利于社区生计的可持续性和高质量发展。白云区供销社工立足社区生计发展需求，不仅链接外部的社会资本，助力村庄农产品的销售问题，还挖掘村庄内部资本，与村内合作社、家庭农产、红岗艺术公社等进行共建，发挥村庄原有组织的作用，共同为社区生计发展出谋划策。通过运用社会工作的价值理念，白云区供销社工鼓励各个组织之间进行互动交流，实行民主协商议事，鼓励各个主体发表自己的意见，营造良好的自治氛围。

（三）后期：社工辅助，扮演陪同者角色

"助人自助"和"赋权增能"是白云区供销社工的坚守和追求，但要真正激发村民的内生动力、构建村庄自治网络，还有很长的一段路要走。白云区供销社工现已在雄伟连片村孵化了一个服务型合作经济组织（云溪湾合作小组），在提升雄伟连片村经济效益的同时，致力于提升组织内成员的参与意识和能力，增强其参与村庄公共事务的自信心和自我效能感，进而营造村庄自治氛围，推动乡村全面振兴。"乡村能人"的深度

参与和持续服务，是云溪湾合作小组的建立和发展的基础。但仅有"乡村能人"的参与是不够的，还要推动整个社区村民的参与，提高其参与的意识和能力，使该服务型经济合作组织即便在供销社工退出后，也能有序运转，这才是真正的可持续发展。陪同者角色虽然是比较理想化的状态，但并非无法实现，这就需要供销社工沉淀在农村，以专业理念和方法服务村民，激发村庄内生动力。

第四节　供销社工＋生计发展模式的讨论

供销社工12345生计发展模式取得了显著成效，有力解决扩宽了农产品的销售渠道，帮助村民增收致富，促进乡村经济发展。通过总结提炼该模式的适用经验，为社会工作服务农村生计发展提供借鉴，为实现乡村经济振兴和农业农村现代化贡献供销社工力量。当然我们也要看到，供销社工＋生计发展模式也面临一定的挑战，要通过提高劳动力的数量和质量、培育乡村人才，增强村民参与的积极性和主动性，增强社会工作者为农服务的能力，才能真正激发乡村活力和内生动力，促进乡村经济、政治、文化、社会、生态五位一体全面发展。

一、供销社工 + 生计发展模式的适用经验

（一）服务前提：明确村民需求，挖掘社区资本

有效的社会工作实践，首要的工作就是对服务对象（个人、家庭、团体或社区）的需求进行科学评估，明确服务对象自身优势和资本。[①]（徐选国，2014）社会工作者在"入场"即驻扎在村庄之时，首先要与村委建立良好的合作关系，获得介入的合法性；在村委和村内合作社的协助下，了解村庄总体情况，并对村庄过往及当前生计发展情况、现有农业生产资源进行科学、系统的评估。

举例而言，白云区供销社工对南岗村生计发展需求和生计资本状况评估如下：第一，农户学习现代化农技的需求。出现这个情况的主要原因有：（1）90% 以上的农户由 60 岁以上长者组成，科学种植意识较弱，依靠以往累积经验进行种植，未能为运用科学技术种植主动创造条件，仍是按照以往的种植方式，不利于产品提质提量，使得价格或产量无法提升；（2）种植村民以长者为主，在运用科学技术的能力有所不足；（3）农户长期生活在村里对外交流少，获得学习资源的机会少，农技提升渠道狭窄。第二，农户拓宽销售渠道的需求。出现这个情况的主要原因有：（1）南岗村种植的农民有 320 户，其中加入富民瓜果专业合作社的有 292 户，合作社和农民的销售渠道

---

① 徐选国：《社会工作介入农村社区生计发展的理论创新与经验反思——以社会治理创新为分析视角》，《中国农业大学学报》，2014 年第 4 期。

单一，农产品销售途径以到江高蔬菜批发市场、江南蔬菜批发市场以及私人上门收购等方式为主，农民整体收入偏低；（2）南岗村较为传统的销售方式，没有充分利用现代化的网络销售渠道；（3）以销售新鲜农产品为主，缺乏农产品创新制作、加工农副产品等创新思维，难以应对农产品滞销的问题以及受恶劣天气影响而滞销的问题。第三，农户获取更多农业信息的需求。出现这个情况的主要原因有：（1）农户对政策不够了解，缺乏政策宣传解读，政策资源传递渠道；（2）农户的受教育水平普遍不高，自身获取农业资讯的渠道单一。第四，城乡互动的需求。出现这个情况的主要原因有：（1）缺乏相关的"中间者"或者相关的传递通道，导致农户与消费者相对分离，割裂了农产品生产与需求；（2）城市居民有参与农耕体验、农产品溯源的需求，同时也有在城市社区采购到新鲜无公害蔬菜的需求。城市社工站社工选取了白云5个社区发放了200份的需求调研，190份的问卷表示愿意参与农耕体验及就近社区采购新鲜蔬菜。

社会工作者只有全面收集资料，多角度分析资料，在明确上述诸多方面的问题、需求的基础上，才能为进一步有针对性的介入提供科学依据。

（二）组织载体：成立合作经济组织，为社区生计发展助力

在前期工作的基础上，社会工作者逐渐与农户、村委、合作社等建立良好的信任关系。一开始，由于许多村民文化水平

较低，对本村形势和资源等优势认识不足，也较少参与本村集体事务，对全村整体生计发展缺乏集体商议和谋划意识。鉴于此，社工采取有效策略，进行社区倡导，引导其分析本村现有资本和资源优势，以激发农户转变和提升自身认识，激发其参与的意识和能力，进行社区建设。

举例而言，白云区供销社工在深入分析雄伟连片村所具有的优势资源之后，召集村民开展座谈会，商讨组建服务型合作经济组织"云溪湾合作小组"事宜。白云区供销社工在推动社区生计发展过程中，积极发挥社会工作在服务过程中的专业优势，通过宣传与社区倡导，鼓励村民自愿报名，通过筛选，确定了14名村民加入云溪湾合作小组。通过对组员进行农旅经营和凝聚力培训，鼓励组员参与到生计发展的而具体实践中来，如：拜访红岗艺术工社乡贤，与乡贤探讨农旅路线设计及工社装饰事宜；策划讨论咸柠檬汽水包装推销方案，并挑选制作材料，预备抖音宣传视频制作；提出合作小组发展方向是整合米岗村民宿资源，打包对外，开发美丽乡村特色美食进行对外展销与线上预定……在白云区供销社工的引领下，云溪湾合作小组参与的意识和能力不断提升，现已成为雄伟连片村生计发展项目顺利开展的重要载体。

在服务村庄生计发展过程中，只有将农户组织起来，形成一个个互助团体，通过发挥团队协作的优势，才能促进整个社区生计的改善。社会工作者应通过成立相应的生计发展自组织，建立合理的规章制度，借助小组的集体力量，共同探讨关于种植和农旅的发展思路，从而增强生计发展小组的凝聚力和互助合作的能力。

（三）外力推动：链接多方资源，实现多元联动

社会工作的专业行动优势，彰显其在推动多元主体之间积极互动、整合多元资源服务社区发展等方面。[①]（徐选国，2014）社会工作者在推动村庄生计发展方面，应致力于推动多主体之间的共同参与，通过整合不同主体所拥有的资源，共同服务于该村社区重建和生计发展目标。

举例而言，白云区供销社工的资源链接和整合服务主要体现在以下几个方面：第一，链接市场资源。市场资源如农业龙头企业在解决农产品销售问题方面具有独特优势：相比于爱心居民的小规模购买，农业龙头企业的大规模收购能够有效且快速地解决农户滞销困境，农产品不会因长时间储存而腐烂变质，使农户免受经济损失，能够为农产品销售贡献重要力量；第二，链接社会资源。社会组织如妇联、工会等单位具有一定的慈善公益性质，他们购买农产品送给城市困难家庭，能够实现农户、困难家庭的双帮扶；第三，链接社区资源。社区团购是助力农产品销售的另一重要途径，与城市社工站合作，当城市居民完成下单之后，通过货拉拉把农产品拉到城市社区，让村民前往城市社工站领取；第四，挖掘村内组织资源。若村庄拥有组织资源如合作社、家庭农场等，社会工作者可以与其建

---

① 徐选国：《社会工作介入农村社区生计发展的理论创新与经验反思——以社会治理创新为分析视角》，《中国农业大学学报》，2014 年第 4 期。

立良好的合作关系，形成经济发展共同体，共同促进村庄生计发展。若村庄当前没有内部组织，社会工作者可以发动社区领袖参与，成立相应的自组织，服务村庄生计发展，激发乡村内生动力。

在持续推进乡村振兴的进程中，各方资源都想为乡村贡献自己的一份力量，作为紧密联系村民的社会工作者，应精准匹配资源、有效整合资源、最大化利用资源，为农户增收和乡村振兴提供强大且持续的资源助力。

（四）最终指向：激发居民潜力，加强社区自治

要实现生计可持续发展，需要发挥村民自身的内在作用；同时，实现"助人自助"也是社会工作的根本宗旨和核心价值观。因此，强调对社区居民潜力的激发，培养其抗逆力，加强村民生计发展能力建设，培养居民社区自治意识和能力，就成为社工在项目实施中的主要关注点。[①]（徐选国，2014）

举例而言，白云区供销社工的生计发展能力建设主要体现在以下三个方面：第一，从农业生产方面入手，通过链接资源和社区教育等方式，对农户进行现代科学种植技术培训，以提高农产品的质量和产量，从而获得竞争优势和品牌优势。例如，对于太和镇穗丰村低保户访叔的生姜滞销问题，白云区供销社工不仅帮助访叔链接农业龙头企业，帮助其解决生姜的销售问题，还联合省农技推广中心、市农资协会为访叔送上优良

[①] 徐选国：《社会工作介入农村社区生计发展的理论创新与经验反思——以社会治理创新为分析视角》，《中国农业大学学报》，2014 年第 4 期。

姜种及复合肥料，组织农技专家开展现场技术指导，提高生姜的质量和产量。第二，成立生计发展小组如云溪湾合作小组、农产品加工小组和导赏员小组。探索乡村力量，推动妇女参与，挖掘成员在种植、加工、销售、导赏等方面的各自优势和潜能。第三，建立精准帮扶个案。对于生计发展需求较为迫切的农户，白云区供销社工除了帮助其解决销售问题外，更主要的，是发挥社会工作的个案工作方法和理念，进行更为深度的交谈与沟通，激发了他们应对自身问题的思路和策略。

社会工作者应通过专业的价值理念和方法，鼓励村民参与，提升村民的自主性和积极性，增进村民参与社区事务的意愿和行动力，营造良好的社区自治氛围，激发乡村内生动力，助力乡村全面振兴。

二、供销社工＋生计发展模式面临的挑战

（一）劳动力数量短缺，质量不高

随着城市化进程的加快，农村青壮年劳动力进城打工，乡村人才追求"走出去"，而"留下来"的多为长者、青少年和妇女，技能水平偏低。农村人口总量减少、劳动力数量减少和老年人口增加，导致人口结构失衡，农村发展缺乏活力，难以适应和满足乡村振兴的迫切需求。农村医疗、教育、卫生、养老等公共服务的短板导致乡村人才流失严重，难以形成乡村人才发展的长效机制。乡村振兴，关键在人，劳动力的缺乏会在一定程度上影响生计服务计划的实施，给社会工作者的服务带

来挑战。

（二）村民主体性不强，自治能力有待提高

乡村振兴离不开农民的积极参与，构建农民主体性就是让农民成为乡村振兴的参与者和受益者，发挥农民在乡村振兴的建设主体和治理主体作用。乡村振兴本该充分发挥农民的经济主体性、政治主体性和文化主体性，但现实情况却存在"基层政府热情高涨、工商企业一哄而上、本土村民左右观望"的局面。

现有农村种植户基本为60岁以上的长者，受文化水平等方面的限制，大部分农户只知道"埋头苦干"，对新鲜事物缺乏理解和接受能力。发展生计的目的是为了提升自己一家的经济收入，缺乏对整个社区发展的合作互助思维。在风险社会中，单打独斗不如合作经济，虽然村内也有合作社，但一般都是合作社的核心人物在领导运营，普通社员还是处于被动参与、听从安排的状态。还有部分村民认为自己参与能力不足：文化水平低，在生计发展项目中发挥不了什么作用，有较低的自我效能感，倾向于否定自己。

通过社区层面的合作经济组织平台，供销社工能够提供一些参与的机会，但参与主体主要是"乡村能人"，大部分普通村民参与不足。因此，赋权增能的覆盖范围有限，影响力难以扩大到整个村庄民众，距离真正增强村民主体性、激发乡村内生动力还有一定的距离。

三、供销社工＋生计发展模式的未来展望

（一）持续加强教育培训，提高劳动力质量

通过社区教育、外出参观等方式加强对现有村民的技能培训，帮助其掌握现代农业种植技术，提高作物的质量和产量。深化农民职业教育培训，培育新型职业农民，通过线上线下培训相结合、理论与实践相结合，引导农民"学中干、干中学"，为壮大高素质农民、乡村人才队伍提供保障。

（二）促进村民深度参与，实现乡村内源式发展

只有增强村民主体意识，激发他们参与发展社区生计的积极性和主动性，才能真正激发乡村内生动力，实现生计可持续发展。在具体的服务中，供销社工通过入户走访和召开座谈会等形式，从村民最关心的增收问题入手，向村民讲述参与社区生计互助的意义和价值：在现代化市场竞争中，单打独斗的小农户在信息获取、资源链接、农产品销售等方面不具有竞争力，只有整个社区形成合力，构建社区互助网络、营造社区互助氛围，才能提高个体应对风险的能力，促进生计可持续发展。

此外，让村民意识到依靠供销社工链接资源促进农产品销售并非长久之计，因为受政策变动和项目周期影响，社会工作者有退出的可能，当社会工作者退出服务无法持续之时，若村民自身没有提高发展生计的能力，则只能退回到原来的生计发展思路中，抗风险能力减弱。

需要注意的是，对村民的教育和倡导不是一次性的，而是要贯穿到生计服务的整个过程，只有不断强化村民参与社区生计发展和提高自身能力的意识，通过定期的指导和沟通加强生计服务的正反馈，才能真正激发村民的主动性和能动性，实现增能赋权的目标。

（三）加强督导培训，提升供销社工服务水平

1.加强学习政策规划，瞄准服务定位

国家政策和地区发展规划对社会工作者具有指引作用，应该在大方向下开展服务。因此，在具体的服务之外，供销社工应该加强对乡村振兴战略、白云区发展规划等方针文件的学习和解读，找准服务切合点，将政策落到实处，精准回应村民需求。以生计发展为切入点，促进乡村产业振兴，为经济发展、农业农村现代化贡献供销社工的力量。

2.聚焦能力提升，培育专业队伍

专业的人才队伍是社会工作服务的重要推动力量。本土社会工作者更加了解本地的风土人情，对于在社会工作专业知识和能力的欠缺，可以采取个别督导和团体督导相结合的方式。白云区供销社工在每个服务站点都配备了专业督导，除此之外，总部社工也相当于督导者的角色，能够指导驻村社工开展具体服务。因此，应利用好现有督导资源，加强对驻村社工的督导培训，灌输社会工作服务理念和专业知识，提高其为农服务的能力和水平。尤其是在赋权增能和推动村民参与方面，应培养驻村社工与村民同行的价值观，让驻村社工意识到村民也

是有能力的个体，要在服务中发掘农户的潜能，逐渐激发其主体性。

（四）强化品牌意识，打造农产品品牌

除了要使农产品的销量"走出去"外，还要使农产品的品牌"走出去"，扩大品牌影响力。供销社工应秉持资产为本的发展理念，挖掘本村特色资源，助力打造一村一品，如龙岗村的黄皮、雄伟村的阳桃等，致力于达到"一提到黄皮就能想到龙岗村""一提到阳桃就能想到雄伟村"的品牌宣传效果，从而加深消费者的印象、助力农产品的销售。打造品牌不仅需要宣传推广，更需要农产品本身的高品质，只有这样，才能给慕名而来的消费者带来名副其实的体验，赢得良好口碑，促进"猎奇"的消费者转化为"回头客"。

参考文献

［1］苏芳，徐中民，尚海洋：《可持续生计分析研究综述》，《地球科学进展》，2009 年第 1 期。

［2］何仁伟等：《可持续生计视角下中国农村贫困治理研究综述》，《中国人口·资源与环境》，2017 年第 11 期。

［3］汤青：《可持续生计的研究现状及未来重点趋向》，《地球科学进展》，2015 年第 7 期。

［4］罗丞，王粤：《摆脱农村贫困：可持续生计分析框架的解释与政策选择》，《人文杂志》，2020 年第 4 期。

［5］蔡小慎，王雪岚，王淑君：《可持续生计视角下我国就业扶贫模式及接续推进乡村振兴对策》，《学习与实践》，2021 年第 5 期。

［6］梁飞玲：《可持续生计框架下社工介入自助经济组织的策略探索——以 M 村腐竹小组为例》，华南理工大学，2020。

［7］徐选国：《社会工作介入农村社区生计发展的理论创新与经验反思——以社会治理创新为分析视角》，《中国农业大学学报》，2014 年第 4 期。

第三章　供销社工＋助农生产模式

　　农业生产与人类生活密切相关。工业、商业和交通运输等其他部门的发展，都是以农业生产的不断发展作为基础的。人类通过农业生产活动与环境、自然资源发生关系，科学地进行农业活动，最终获得最佳的经济、社会、环境效益。随着经济高速发展，传统农业难以适应当今社会的前进步伐，国家逐渐开始关注农业生产改革，实现农业现代化是主要的发展方向。作为国民经济发展的基础要素，农业的现代化不仅能够为人类生存提供更加高品质的食品，而且还能够给经济发展注入新的活力，更是社会安定与和谐的保障，建设现代化农业生产对于缓解我国目前的各种社会经济问题有着重大的意义。[1]

　　白云区供销社（以下简称"区供销社"）深入贯彻党的十九大精神、实施乡村振兴战略的重要举措，按照白云区乡村振兴战略工作部署，联合多方政府部门，在党建引领指导下开展农村社会服务项目，带动农业提质增效，帮助农民增产增

---

[1]《中华人民共和国国民经济和社会发展第十三个五年规划纲要》，新华网，http://www.xinhuanet.com/politics/2016lh/2016-03/17/c_1118366322.htm。

收。同时，将在农业生产方面的服务总结为"114"：供销社工＋助农生产模式。

第一节 供销社工＋助农生产模式的相关概念和理论支撑

模式是指某种事物的标准样式或让人可以效仿学习的标准样式，是再现现实的一种理论性的简约形式，是一种有意向的简化描述。供销社工＋助农生产模式以简化的方式描述农业生产服务的运行、发展的规律性，具有可重复操作性[①]，其含有理论基础、模式内容等基本要素，并对相关概念进行界定。

一、相关概念

（一）农业生产

从抽象意义上说，生产是在特定的技术条件下，通过将人的劳动作用与劳动对象和劳动资料，生产人们所需要的各种物品或服务的过程。在这一过程中，人们会运用整个人类在改造自然和利用自然的过程中积累起来的各种经验、知识和操作技

---

① 陈乃林：《以教育帮扶弱势群体——社区教育发展的一项重要任务》，出自中国成人教育协会、亚太地区成人教育协会、欧洲成人教育协会、德国成人教育协会编写的《学习化社会中的成人教育——2006年国际成人教育研讨会论文集》，2006年，第7页。

巧来改造自然物质。这里的生产具有一般的技术属性，反映了人与自然的相互关系，是作为人类生存的永恒的自然条件而存在的。因而，农业生产就是人类利用土地的自然生产力，是人类有意识地利用动植物生长机能以获得生活所必需的食物和其他物质资料的生产活动。简单理解为，农业是一种行业，农业生产就是农业产业进行的整个生产活动过程。

在供销社工＋助农生产模式中，农户是供销社工的直接服务对象，而这些农户的主要经济来源是以种植业为主。因此，尝试对农业生产下定义。模式中的农业生产是指服务对象农户利用土地的自然生产力，由顺应自然变为自觉地利用自然和改造自然，以生产初级农产品为目的的一系列农作物种植活动，包括了产前、产中、产后阶段的生产活动过程。供销社工在生产活动过程中的干预，旨在帮助农户的农业生产走上区域化、专业化的道路，不断延伸产业链使得农业逐步变为高度发达的商品经济，成为商品化、社会化的农业。

（二）农业社会化服务

一般来说，农业社会化服务是一个十分宽泛的概念。农业社会化服务是指为农、林、牧、副、渔各业发展所提供的服务，其服务的主要内容包括物资供应、保险服务、生产服务、信息服务、技术服务、金融服务，以及农产品的包装、运输、加工、贮藏、销售等方面。国内学者普遍认为农业社会化服务是为农业生产的产前、产中、产后进行服务的。农业产前阶段的服务主要是为了使农业生产者便于决策和做好生产准备，包括种苗供给服务、农业生产资料服务、生产资金服务、农业保险服务；农业生产中阶段服务是为了帮助农业生产者克服过程中的困难，能顺利进行劳作，包括劳动力供给服务、技术和管理服务、农机服务；农业产后阶段服务主要解决产品流通、市场问题，进而把农业生产者和农产品消费者联系起来，包括农产品加工服务、销售服务、运输服务和农业信息服务。也就是说，农业社会化服务是指为农业生产提供产前、产中、产后全过程提供综合配套的服务，包括生产资料供应的服务、生产技术的服务，资金、信息、经营管理的服务，农产品加工和销售服务等。

农业社会化服务在我国发展历史悠久，1984 年中央一号文件彻底废除"一大二公"的人民公社体制，并逐步确立了家庭联产承包为基础、统分结合的双层经营体制。改革开放初期至 80 年代末，是农业社会化服务起步发展的十年，主要依靠公益性农业社会化服务推动。伴随国家机构改革的变化，一些地方出现公益性服务组织"网破线断人散"的现象，而经营性服务组织则趁势而起，一定程度上弥补了公益性服务组织不足的局面。我国加入 WTO 融入世界经济一体化进程后，我国农业的国际竞争不断加剧，农业的社会化服务需求日益迫切，公益性服务组织得以恢复重建，经营性服务组织则逐步发展壮大起来。经过多年的探索，党的十七届三中全会提出：加快构建以公共服务机构为依托、合作经济组织为基础、龙头企业为骨干、其他社会力量为补充，公益性服务和经营性服务相结合、专项服务和综合服务相协调的新型农业社会化服务体系。2020 年，广东省供销合作社系统在中华全国供销合作总社的指导下，结合省情、农情，从解决小农户对接大市场的堵点、痛点入手，积极探索开展公共型农业社会化服务体系建设。[①]区供销社设立农村综合服务中心，引入社会工作的专业力量为农户提供农业社会化服务，着力培育新型农业服务主体，扩展产前产中产服务。

二、理论支撑

（一）资产为本的社区发展模式

John Kretzmann 和 John L. McKnigh 在《社区建设的内在取向：寻找和动员社区资产的一条路径》一书提出了资产为本的社区发展模式（简称 ABCD 模式），并把从前的社区发展模式命名为"社区需求或社区缺失"取向的社区发展模式。他们认为只有以资产为本的社区发展模式才能促使我们摆脱"需求驱动的死胡同"。[②]与传统的社区发展模式不同，资产为本的社区发展模式具有三个显著性特点：资产为本、内在取向、关系驱动，即将重点放在了社区内部拥有的资产。该模式倡导我

---

① 林少俊：《持续推进深化供销合作社综合改革 打造公共型农业社会化服务体系》，《中国合作经济》，2021 年第 21 期。

② Kretzmann, J.P., Mcknight, J.L. Building community from the inside out: a path toward finding and mobilizing a community assets. Evanston, Illinois: The Asset-Based Community Deve-lopment. Institute, School for Education, and Social Policy, Northwestern University, 1993, 23.

们重视社区的潜力或机会，应以社区为本，从社区本身出发，动员社区的资产、优势、能力、关系[①]，以此促进社区发展。但这并不意味着其排斥社区外来的资产资源。

社区外来资源的进驻必然有连带效应。连"外人"都在承认他们是社区发展的优势、发展力量，社区成员也会认识到自己作为社区的一员，自己有权力同时也有能力与责任参与社区发展。而社区成员的行为、想法等会深刻地影响其参与社区建设，他们会通过建立对社区内在关系的信任来寻求社区发展机会。[②]事实上，若一个社区只被看成是"有需求"及"有问题"的，则是一个"空虚"的社区。只有当一个社区被描述为一个资源丰富的社区，居民才有动力将其技能用于社区的建设或解决问题。因此，从"资产为本"的建设角度来看，社区发展应该是通过增加社区资产、提升居民能力，提高社区生活质量的有计划的过程。

通过资产为本的社区发展理论，区供销社指导社会工作人才把每一个农村社区当作一个资源丰富的社区，评估社区资产状况，合理地、有计划地开展有关农业生产服务，达到最佳的服务效果，激发农民的内生动力，鼓励与引导他们走进农村

---

① 文军，黄锐：《论资产为本的社区发展模式及其对中国的启示》，《湖南师范大学社会科学学报》，2008 年第 37 期。

② Alison Mathie（2006），Who is Driving Development? ABCD and Its Potential to Deliver on Social Justice, Does Asset Based Community Development Deliver Social Justice, Seminar Report June by SECC Glasgow, Scotland Supported by the Carnegie UK Trust.

社区共同参与社区事务，积极参与到乡村的农业生产建设中。第一，"社区能力清单"是社区发展的关键资产和社会资源。[①] 供销社工把村社区当作一个资源丰富的社区，走访社区评估社区的问题和需求，关注、发动、运用及联结、评估社区资产，在此基础上制定服务计划，并充当协调者、使能者、资源链接者、倡导者等角色开展服务，推动社区的发展。第二，以内在取向作为社区发展实践优先考虑的工作策略。内在取向强调的是社区居民、小组及团体去界定社区问题及参与推动社区事务的能力。[②] 他们最了解社区的基本情况，知晓社区的优势与强项，只有他们才是解决社区问题及发展自身社区的专家。因此，供销社工积极调动社区资产的参与，发动社区内在力量及资源，推动社区发展。第三，重视社区关系的建立是社区发展的有效途径。供销社工通过联结和发展社区关系网络，通过邻里之间的交谈和议论形成的舆论压力，预防某些不良现象的发生，从而有利于维护社区秩序；通过邻里之间的舆论或者一些正式的公约来约束和维持社区之间的交往，从而对社区起到整

---

① 文军，黄锐：《论资产为本的社区发展模式及其对中国的启示》，《湖南师范大学社会科学学报》，2008 年第 6 期。

② Kretzmann, John P. and John L. McKnight（1993）Building Communities from the Inside Out: A Path Toward Finding and Mobilizing a Community's Assets, The Asset-Based Community Development Institute, Institute for Policy Research, Northwestern University, Evanston, Illinois.

合的作用。①因此，供销社工服务农业生产具有一定的特色和成效，在服务过程中夯实区供销社的本色底色，擦亮供销社工颜色，走出适合白云区农村特点的新路子。

（二）社会互动理论

德国社会学家齐美尔在《社会学》一书中最早提出了"社会互动"。20世纪30年代，美国芝加哥学派逐渐将其系统化。②经过多年的研究，社会互动有了相对普遍的定义。邓攀认为，在不同的社会环境中，个体会根据所处环境的行为准则，不断地进行自我修正；社会互动也是个体学习和成长的主要方式。在社会互动中，个体会意识到自身的行为对社会其他群体所产生的影响，同时，外界的期望也会影响着个体自身的行为方式。③高莉娟在《社会学理论、方法和应用》一书中写道，在一定的社会文化情境中人与人之间，人与环境之间相互作用的表现形式，其内涵是人与人、人与群体、群体与群体等在心理、行为上相互影响、相互作用的动态过程。④社会互动也称社会相互作用或社会交往，它是发生于个体之间、群体之

---

① Kretzmann, John P. and John L. McKnight（1993）Building Communities from the Inside Out: A Path Toward Finding and Mobilizing a Community's Assets, The Asset-Based Community Development Institute, Institute for Policy Research, Northwestern University, Evanston, Illinois.

② 李华琼:《社会互动理论视阈下提升高校教师礼仪水平的途径》,《科教导刊》, 2021 第 21 期。

③ 邓攀:《社会互动理论视域下大学生体育锻炼习惯养成的影响机制》,《田径》, 2021 年第 4 期。

④ 高莉娟:《社会学理论、方法和应用》, 南昌: 江西人民出版社, 2017 年版, 第 66 页。

间、个体与群体之间，是个体对他人采取社会行动和对方作出反应性社会行动的过程，反过来，他人的期望影响着个体的大多数行为。

社会互动理论由美国社会心理学家西鲍特和凯利于1959年提出。[①] 从目前的国内外学者的研究来看，常人方法论、"戏剧理论"、参照群体论、符号互动理论、角色理论、社会交换理论、情境定义理论等都属于社会互动理论的范畴，社会互动并没有一个统一的互动理论。尽管社会互动理论的范畴内出现了很多不同的思想理论，但不难发现这些思想理论也有共同之处，就是他们都关注人与人之间的社会互动和交往，以及在互动中个体对意味符号的运用，通过互动感知对方其行为的态度，从而形成自我意识，确定自身角色，实现社会化。[②]

基于前文的论述，社会互动理论是关注发生于个体之间、群体之间、个体与群体之间的，在心理、行为上相互影响、相互作用的动态过程的理论。因此，本文认为社会互动理论下的重点是供销社工在区供销社的指引和推动下为农户提供农业生产服务过程，人们在社会生活中相互交往，彼此沟通，形成各种社会互动。

[①] 李芹：《社会学概论》，济南：山东人民出版社，2012年版，第114页。
[②] 杜静，王晓芳：《论基于社会 互动理论的教师合作》，《教育研究》，2016年第11期。

第二节 "114"：供销社工＋助农
生产模式的内容

区供销社坚持"以农为本、富民兴社、为农服务"宗旨，通过党群共建带动战略合作、公益志愿、文化建设"三联动"的方式，对接政务资源、利用多元综合服务体，打造供销社"1+N"服务乡村振兴战略新格局。通过融合行业协会、高校、慈善团队等队伍，联合社工人才推动区别于民政系统下的兜底性社会服务的农村社会服务项目执行，设立村级综合服务中心为针对农村社区的农业生产建设的需求，提供专业化、多样化的农业生产建设服务。

广州市白云恒福社会工作服务社（以下简称"恒福服务社"）负责具体运营管理和执行，支持着项目的专业农业生产服务，农民作为直接服务对象参与到服务中。农民专业合作社因其具有覆盖农户广泛、服务方式灵活、服务内容针对性强、区供销社领办背景等独特优势，为供销社工的专业服务提供信任影响力，而供销社工在促使农民专业合作社转型中也起到一定的作用。

因此，将具有区供销社背景的社会工作者（供销社工）在农业生产服务的实践探索方面提炼为"114"：供销社工＋助农生产模式，即"一支助农队伍，一个主轴服务，四个主要参与主体"的助农生产模式，其逻辑框架如下图1所示。

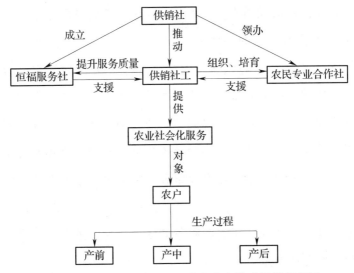

图1 "114"：供销社工＋助农生产模式逻辑框架图

"114"：供销社工＋助农生产模式具有重要意义。一是能够带动农村社区的农业提质增效，帮助农民增产增收。二是为其他农村社区的相关生产生计等社会工作服务，以及在供销社系统下的社会工作行业提供实务参考和借鉴。三是在城镇化步伐加快的社会背景下，该模式是延伸供销社的服务职能，是促进供销社改革的重要典范。四是在乡村振兴的大背景下，逐步走出了一条适合白云区农村特点、适应农业生产需求的新路子，为白云区乃至广东省其他农村社区发展乡村振兴提供了实践借鉴。

一、一支助农队伍：由供销社工组成的一支助农队伍

区供销社是农村社会服务项目的经济主体，供销社工是服

务主体。区供销社与农业、农村、农民有着天然联系，是一个以农民社员为主体的集体所有制性质的合作经济组织，主要履行服务"三农"的职能。而社会工作是秉持利他主义价值观、以科学知识为基础、运用科学的专业方法、帮助有需要的困难群体、解决其生活困境问题，协助个人及其社会环境更好地相互适应的职业活动。供销社工是具有供销社背景的社会工作者，其开展的社会工作专业服务区别于民政系统下的兜底服务。因此，"供销社工"不仅需承担社会工作专业职责，同时要承接区供销社为"三农"服务的使命，为促进乡村建设发展不断贡献专业力量。

区供销社的服务体系为社会工作者的服务工作提供了独特的优势和发展空间。供销社工可以因地制宜，根据农村社区的具体需求更加灵活地提供服务，不仅仅局限在传统的民政兜底服务；更是能够充分利用区供销社背景的身份顺利进入到农村社区。供销社工发挥不同的角色功能，秉承助人自助的社会工作专业宗旨和理念，为农村社区开展社会化、专业性的农业生产服务，助农纾困。

供销社工是区供销社用心发展的一支助农服务的队伍，通过党建引领供销社工参与农业生产服务、建设多元化的供销社工人才队伍、提高供销社工的专业服务水平等培育自身的途径来增强角色功能，促进预期目标的实现。

（一）党建引领供销社工参与农业生产服务

在庆祝中国共产党成立 100 周年大会上，习近平总书记第一次精辟概括了伟大建党精神:"一百年前,中国共产党的先驱们创建了中国共产党,形成了坚持真理、坚守理想,践行初心、担当使命,不怕牺牲、英勇斗争,对党忠诚、不负人民的伟大建党精神,这是中国共产党的精神之源。"我们党能够历经百年依然风华正茂,凭着的是一股革命加拼命的精神。

无论是传统的民政兜底保障抑或是具有供销社背景的社会工作服务,皆是当今时代发展下助力乡村振兴的重要途径。供销社工入驻农村社区开展专业化、社会化的农业生产服务,是助力乡村产业兴旺的重要途径。服务的指导思想离不开党的坚强领导,离不开党的建设领航,离不开区供销社党组战斗堡垒和社工党员先锋模范"两个"作用的发挥。区供销社定期开展组织生活会;组织供销社工集体观看爱国、爱党有关电影;组织社工党员学习习近平全国两会精神、新时代中国特色社会主义思想和党的十九大精神;提供党员前去其他党支部参观学习、交流党建工作的机会、与党员共同开展"我为群众办实事"活动等等,旨在切实增强供销社工的党建意识、乡村振兴意识,培养有爱国情怀、矢志爱农的情怀和矢志为农的操守的社会工作者。

(二)建设多元化的供销社工人才队伍

1. 依托恒福服务社,选调合适人才

恒福服务社是区供销社于 2009 年成立的非营利社会工作组织,是白云区首家注册并获得社会组织 5A 资格的社会工作服务机构。自成立以来,恒福服务社始终秉承"为政府分忧,

为群众解难"的服务宗旨，积极探索与发展相适应的经营管理模式，服务内容涵盖了多元领域，竭诚为每一位员工提供良好的成长环境和发展平台，营造阳光和谐、舒适明快的工作氛围，打造一支高素质的社工人才队伍。供销社工人才队伍的建设与培养，依托恒福服务社这一社会组织公共服务中心大平台，并结合"走出去、引进来"发展战略，让优秀的社工人才学习并汲取其他城市及社工人才的优秀做法，内部社工相互交流与学习。同时，把资深且经验丰富的综合型人才选调在供销系统的下属为农服务公司或者部门，建设多元化的供销社工人才队伍。

2. 与高校合作，增加专业力量

恒福服务社成立多年来，不乏与各类高校合作。组建了一支由华南农业大学、华南理工大学、广州大学、广州医科大学等高校师生为主的 4 000 多人的志愿者队伍，高校社会工作专业的大学生志愿者通过活动的参与与供销社工互相交流。聘请华南农业大学的专业教授为项目督导、签订农村社会工作调研项目合作协议，专业教授为供销社工提供专业的理论知识和实务经验的指导，增加供销社工的专业力量。此外，通过与高校合作，不断增加新生力量，保持专职社工队伍的相对稳定。

3. 增设实习岗位，补充供销社工人才

每个农村综合服务中心配备 3 名社工，但随着农村社会服务项目的需求增大，靠原有的团队情况是远远不够的。面对中心越来越多的工作事务和供销社工专业人才的需要，恒福服务社积极与高校建立合作关系，在中心成立社会工作专业实习基地。基地既为社会工作专业学生提供了实习的工作岗位，也为恒福服务社提供未来的储备人才。恒福服务社与华南理工大学、华南农业大学等高校的社会工作系合作，挑选若干名本科生、研究生到中心开展毕业实习。实习生在实践中与供销社工能够有良好的沟通与交流，深入地了解中心服务，愿意延长实习时间并留任，成为供销社工的补充人才。

（三）提高供销社工的专业服务水平

1. 积极创造学习机会，促进供销社工成长

对具有供销社特色的农村社会服务，项目的专职社工的社会经验不够，更何况项目大多是非专业的社会人才，他们对服务也较为陌生，对社会工作也没有一个系统的概念。区供销社链接社区内外资源为供销社工提供外出培训、参加会议等培训机会，并逐渐向"引进外聘督导，依靠内部人才"的社工发展模式发展，设置了内部督导职业，将具有多年工作经历的社工聘为供销社工督导。培训包括了社会工作者个人的发展、社会工作专业实务、业务能力、项目策划、农业政策等内容，助供销社工队伍的迅速成长，提升服务质量。

2. 鼓励参与职业资格考试，提高专业能力

项目以参加全国社会工作者职业资格考试为契机，积极鼓励供销社工参与职业资格考试，动员全员学习社会工作知识和理念，提高自身的职业水平，不断推进社工专业服务工作的开展。通过以下方式提高供销社工参与考试的积极性：一是做好

考前的准备。鼓励符合条件的员工报名参加考试，动员已取得相关证书的社工为考生提供教材和指导培训；为考生链接考试培训和督导资源等。二是做好考后的激励措施，形成激励机制。目前，项目拥有的 22 人就有 14 人持有社工职业资格证书，中级社工师 4 人，助理社工师 10 人。

3. 实行双督导，提高工作能力

项目依据服务需求实行的双督导机制，拥有外聘督导和内部督导两条线，提高供销社工的工作能力。项目配有督导 11 名，均为广州市社工站主任、主任助理以上级别专业社工、高校教授、培训专家，拥有丰富的社区工作实务经验及整体服务视野。督导内容包括社工基础专业能力提升、服务规划、特色服务开发、区供销社指导思想及整体服务方向督导等。透过督导培训，供销社工可以将在服务过程中遇到的疑惑和问题及时反馈给督导老师，与项目同事、督导老师共同完善服务活动的策划，以此提高供销社工理论学习和运用的能力。

二、一个主轴服务：以农业社会化服务为主

开展农业生产社会化服务是助力农业增效农民增收的重要举措。供销社工积极发挥资源链接、协调各方的功能，以区供销社的服务体系、恒福服务社项目资源、区供销社领办的农民专业合作社为主要的资源渠道，与吸引外来资源整合，大力协助推进农业生产社会化服务，主要包括以下四个方面的服务。

（一）完善农资服务保障体系的产前服务

区供销社与供销社工相互配合，完善农资服务保障体系的产前服务。供销社工通过社区调研和走访，发现社区需求，为区供销社提供产销服务的参考材料。区供销社积极发挥农资供应主渠道作用，统筹安排，精心组织，全力做好农资供应。一是通过农资经营系统，引进安全、高效、性价比高的农药，引进高效化肥、新型肥料以及品质优良的品种；二是通过农资配送中心、乡村农资销售点或庄稼医院，保障农业生产的农资供应；三是采取"配送中心＋农资销售网点"的经营模式，构建专业化的农资供应服务保障体系，满足农业生产需求。

（二）促进农业标准化生产的产中服务

区供销社致力于发展以农业专业性服务组织为主体的新型农技服务体系，实现农业科学化治理，全面提升农产品质量。因此，供销社工积极利用区供销社"1+N"平台，充分发挥区供销社、科研院所、庄稼医院、职业院校、农民专业合作社、农业技术推进中心等在农业技术推广和农民技能培训中的积极作用，将优质的资源引进农村社区，推进农技指导、农机作业、统防统治等生产服务，促进农业标准化生产，带动农业增效农民增收。

（三）建设农产品流通体系的产后服务

农产品流通体系是农产品物流、信息流和流通服务的统一体。区供销社在产地筹建农产品集配中心，在城区建设展示展销中心；引导农业新型经营主体与第三方社会电商平台对接发展农产品电子商务；通过区助农服务平台整合农业农村、气象、邮政、人保、科协、团委、妇联等资源；与农民专业合作社协商统收农产品等，为白云农业提供"产供销"全产业链条的新型社会化服务，形成农产品现代流通体系。供销社工积极参与区供销社的农产品加工服务、销售服务和农业信息服务，与区供销社共同建立了集生产、加工、销售一体化的农产品产业体系，为广大农民提供一站式农产品流通服务，帮助小农户与大市场对接。

（四）积极发展延伸农业全产业链的创新服务

延伸产业链则是将一条既已存在的产业链尽可能地向上下游拓深延展。产业链向上游延伸一般使得产业链进入到基础产业环节和技术研发环节，向下游拓深则进入到市场拓展环节。供销社工积极探索、改革创新，结合农民农业生产过程不断助力创新农业全产业链服务，以小组工作、社区工作等专业方法，组织和举办各类服务活动，对区供销社指导下的农业生产服务进行了创新尝试。比如，提供金融保险、农产品加工、培育社区组织、发展农业产业和特色产业等服务拓深产业链条，将传统农业与农产品加工、休闲旅游、康养度假等二、三产业交叉融合发展，提升农产品附加值，扩大农民增收渠道。

三、四个主要参与主体：三社一户

供销社工＋助农生产模式，"四个主要参与主体"即区供销社、恒福服务社、农民专业合作社、农户，简称"三社一户"。

（一）三社一户

区供销社作为区的事业单位，主要履行服务"三农"、服务社区、完成政府委托职能，落实党和政府扶农惠农的政策，切实做好农村市场流通、农产品收购加工、社区服务、"三防"物资储备等工作。近年来，区供销社深入贯彻党的十九大精神和乡村振兴战略，积极投身社会服务，购买专业社会工作服务，引导和推动供销社工开展农村社会服务项目。

恒福服务社至今已建立起一支由专业社工、人力资源师、心理咨询师、会计师等人员组成的高素质、跨专业、多专长的服务队伍。积极加强与市区民政、劳动、文化、妇联、团委等职能部门和组织的联系，联合有关部门组织相继发展了残障康复服务、为老服务、青少年服务、家庭服务、义工（志愿者）培训与服务、外来务工人员服务等服务项目，不断扩大服务领域和范围，并有效地探索了"党建引领，政府主导，民间运作，社工＋慈善＋志愿者联动"的社区服务发展新模式。

农民专业合作社是在农村家庭承包经营基础上，同类农产品的生产经营者或者同类农业生产经营服务的提供者、利用者，自愿联合、民主管理的互助性经济组织。一方面，农民专业合作社以其成员为主要服务对象，提供农业生产资料的购买，农产品的销售、加工、运输、贮藏以及与农业生产经营有关的技术、信息直至网上交易等服务。这与供销社工的助农生产服务相一致，其能够提供一定的服务资源。另一方面，农民专业合作社的发展存在一定的问题。许多是以"公司＋农户"

方式在运作，真正在合作社平台上良好运营的较少，自生能力不足；农民专业合作社作为一种新型市场主体，很难获得金融部门的支持，融资贷款困难，制约发展；农产品销售困难，附加值低。通过区供销社领办以及供销社工的介入，帮助传统合作社转型发展。

农户是项目服务的直接对象。供销社工利用区供销社的影响力顺利入驻社区为农户提供农业生产服务。在项目执行过程中，区供销社作为"三农"服务的主导者，能够为供销社工提供专项资金支持、专业的督导培训；恒福服务社作为服务承接机构，能够为供销社工提供资金、人力、物力支援和专业督导培训。而农民专业合作社作为区供销社领办的社区组织具有公信力，更有利于与农民的关系建立。

（二）多方主体协同共建

在模式的关系构建下，区供销社、恒福服务社、农民专业合作社、农户也只是服务的四个主要参与主体，该模式并不排斥社会多方力量参与到建设中，特别是助农平台定期联络共建单位。

供销社工整合政府、社区、企业力量和专业服务力量等资源，促进多方主体的参与建设，与社区资产优势互补，有效提升为民服务的质量和效率。因此，也可以理解为，供销社工的农业生产服务是在区供销社、服务组织、社区力量和当地村民群体这四方主体共同协作的。多方主体协同参与如图2所示。

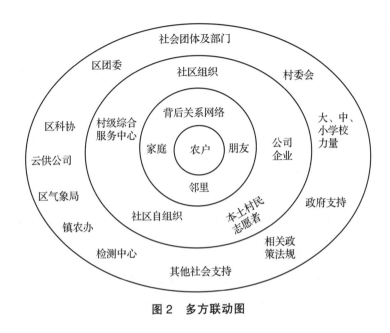

图 2　多方联动图

第三节　供销社工 + 助农生产
模式的探索历程

梳理"114"：供销社工 + 助农生产模式的探索过程可以极大程度地降低供销系统下的农村服务点的服务成本，进一步帮助服务人员理解模式的服务行动逻辑。

供销社工的行动过程主要分为三个探索时期。一是以目标和需求为导向收集社区资料的前期探索阶段；二是活用社区资源，提供"一条龙"农业社会化服务的中期探索阶段；三是优化社区资源，不断延长农业产业链的后期探索阶段。

一、前期探索：供销社工以目标和需求为导向收集社区资料

农村社会服务项目在乡村振兴的大背景下应运而生，农户的农业生产需求显得尤为重要。项目由区供销社牵头，结合供销社服务三农、乡村振兴的职能以及综合改革的要求，指导供销社工以目标和需求为导向进入社区收集社区资料，确定农民生产需求，评估社区资产，更好地为农服务。

（一）供销社工进入社区与农户建立专业关系

供销社工进入社区与农户建立专业关系有三个要点。首先，供销社工需要对自己的身份有明确的定位，需要借助区供销社的背景和服务体系顺利进入社区。其次，供销社工进入社区之初的首要任务是让社区认识自己，取得社区的信任，接受自己对社区的介入。供销社工可以通过活动回应村民需求的方式让社区认识自己。最后，在介入时供销社工要与农户建立良好的专业关系，其中的关键因素是获得社区重要组织与人士的理解和支持，即农村社区的热心村民和乡村能人。

2015 年，南岗村农村综合服务中心成立后，很快就链接了江高镇辖内的广东技术师范大学"晴空义教队"，开设了阳光学堂，对村里小学阶段的孩子进行学习辅导。供销社工根据南岗村的村民情况，优先招募村里的困境儿童作为阳光学堂的成员。阳光学堂是该中心成立之初就确定的项目，回应了村民最

迫切的需求，得到了社区内部重要组织与人士的理解和支持。

（二）开展调研确定农村社区的农业生产需求

农业生产是以种植业为主的农作物生产活动过程，包括延伸农业全产业链条。因此，以种植业为主的农村社区一定存在着农业生产需求。供销社工需要开展调研来确定农村社区的农业生产需求，包括以下几个方面：

1. 增加农业生产劳动力的需求

从事农业生产劳动力人数减少，使得农业生产劳动力弱化。[①] 随着我国经济的快速发展，大量的农村劳动力以外出打工、做买卖、搞运输等形式向非农产业转移。务工户的总人口数明显大于非务工户，而从事农业生产的成员劳动力平均年龄明显偏大，表明有成员外出务工的家庭一般规模较大且劳动力更为年轻。另一方面，农业生产劳动力的弱化还表现在：留在村里的农业劳动力多为老人和妇女。不可否认，老人和妇女体力相对较差，文化水平相对较低。[②] 年轻劳动力的离开会使劳动力出现过度短缺，家庭的农业生产将变得更为粗放，导致农业收入急剧下降。

2. 农户学习现代化农技的需求

南岗村调研发现农户会为了增加农业生产的产量大量施用

---

① 李芸，李文：《新农村建设中农户的农业生产发展需求研究——东中西部粮食产区农户的需求分析》，《农村经济》，2008年第2期。

② 李芸，李文：《新农村建设中农户的农业生产发展需求研究——东中西部粮食产区农户的需求分析》，《农村经济》，2008年第2期。

化肥，造成了农资花销的增加，农民单位土地收入的减少，而且对农业可持续发展造成巨大威胁。出现这个情况的主要原因有：（1）90%以上的农户由60岁以上长者组成，科学种植意识较弱，依靠以往累积经验进行种植，未能为运用科学技术种植主动创造条件，仍是按照以往的种植方式，不利于产品提质提量，使得价格或产量无法提升；（2）种植村民以长者为主，在运用科学技术的能力有所不足；（3）农户长期生活在村里，对外交流少，获得学习资源的机会少，农技提升渠道狭窄。

3. 农户获取更多农业信息的需求

农户对农业信息的需求包括两个方面。

一是农业政策、农业资讯信息的获取。农户对政策不够了解，缺乏政策宣传解读、政策资源传递渠道；农户的受教育水平普遍不高，自身获取农业资讯的渠道单一。

二是农业生产技术信息的获取。农业生产技术是农业发展的第一推动力。农业科技知识的传播和先进实用技术的推广应用基本上是依靠各级农业技术人员进行的。除了农民自身的经验传承，我国农业技术主要通过供销合作社，各级种子站、植保站、动保站、土肥站以及国家农技推广防治机构和农资生产企业来表达。两个农村社区的农民农业生产技术信息获取的途径偏向于"自学成才""经验传授"，也就是说很大一部分是通过个人种植经验和农户间相互交流，而参加农业知识培训和经农资商店或农资经销商获取农业生产技术信息的途径很少。这与农户缺乏跨平台的交流学习不无关系。

4. 农户提高生产效率的需求

于农民而言，首要因素就是价格因素。缺少对农业生产效率的知识，一亩地的净利润一般会很低，成本费用高。所以，为减少支出并提高收获质量，更多的农民还是选择自家小型机械并加上人工进行秋收。另一方面，并没有足够的大型机器供农民使用，农民没有途径去雇用大型机械又或者是雇用还需要排序等待，而对于他们来说"时间就是金钱"，这种等待是消耗不起的。此外，农民观念也制约了农业生产机械化的发展。一些农民认为机械化作业的质量不如人工且价格比较高，因这样不划算而采用人工生产。出现这种现象主要原因：（1）由于农村社区交通不便，大型农业机械很难进入；（2）农户缺乏机械化耕作技能，多以传统方式为主，缺少现代机械理论知识和实践经验；[①]（3）农户的农作物产量低下，产值不高，使用农机进行生产，大大降低了生产收入。

5. 农户扩宽销售渠道的需求

以南岗村农户的需求为例，出现这个情况的主要原因有：（1）2021 年 8 月数据显示，南岗村种植的农民有 320 户，其中加入富民瓜果专业合作社有 292 户，合作社和农民的销售渠道单一，农产品销售途径以到江高蔬菜批发市场、江南蔬菜批发市场以及私人上门收购等方式为主，农民整体收入偏低；（2）南岗村较为传统的销售方式，没有充分利用现代化的网

---

① 张洪运：《社会工作助力水稻优质高产种植对策研究》，《热带农业工程》，2021 年第 45 期。

络销售渠道；（3）以销售新鲜农产品为主，缺乏农产品创新制作、加工农副产品等创新思维，难以应对农产品滞销的问题以及受恶劣天气影响而滞销的问题。2020年1月—2021年1月，南岗村的滞销情况如表1所示。

表1　2020年1月—2021年1月南岗村滞销情况一览表

时间	滞销/损失品种	滞销数量	受损金额（人民币）
2020年3月	水葱	50万斤	125万元
2020年10月	大白菜	0.5万斤	0.75万元
2021年1月	西生菜	78万斤	156万元
合计		128.5万斤	281.75万元

（三）挖掘和盘点农村社区资产

供销社工驻村以来，常向村委会干部、村民介绍社工的角色作用，并了解社区本土资源及农户的基本情况，这一实际行动拉近了社工与村民之间的关系，为后续的服务奠定基础。结合资产为本的社区发展模式，重视发掘村民的潜力，带领乡村能人对农村社区资产进行分类，进行了资产地图绘制。以南岗村和雄伟连片区为例，社区资产除了个人资产、社区社会组织资产、社区团体及部门资产、自然资源及物质资产，社区内有爱心的商铺也是社区资产的一个部分。如图3、图4所示。

社区资产地图绘制后，结合社区农户农业生产需求，供销社工引导、带领乡村能人、困难农户等一起分析了各类社区资产对农业生产的模式探索作用，分析它们对农业生产服务的影响，并一起绘制了社区资产与模式探索的影响表，如表2所示。

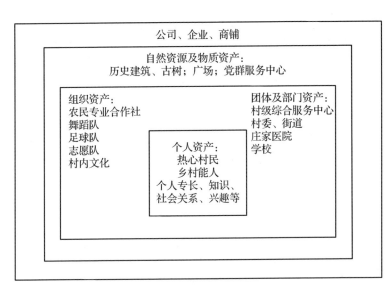

图 3　南岗村的社区资产地图

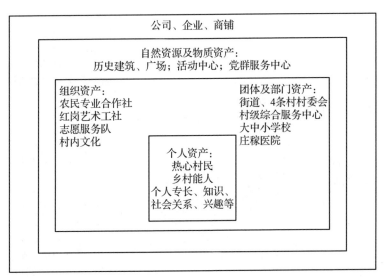

图 4　雄伟片区的社区资产地图

表2 社区资产类别对模式探索的影响

序号	资产类别	资产内容		对模式探索的影响
		南岗村	雄伟连片区	
1	个人资产	1.热心村民、乡村能人 2.个人的才能、关系网络、掌握的知识、兴趣爱好	1.热心村民、乡村能人 2.个人的才能、关系网络、掌握的知识、兴趣爱好	个人资产是供销社工促进乡村现代农业生产建设的模式探索的基础
2	组织资产	1.社区社会组织资产：富民瓜果专业合作社、志愿者服务队、6支舞蹈队、1支足球队 2.文化资产：进士屋、西周祠堂、水月宫；熟人文化	1.社区社会组织资产：农民专业合作社、云溪湾社区自组织、志愿者服务队、红岗艺术工社 2.文化资产：大宗祠、熟人文化、红色文化教育基地	1.社区社会组织资产能提供"顾问"和培训的支持以及起到宣传和带动作用 2.文化资产能够凝聚人心，营造社区互助、积极参与社区事务的氛围
3	团体及部门资产	1.街道办事处、村委会等职能部门 2.学校 3.庄稼医院 4.公司、企业 5.村级综合服务中心	1.街道办事处、4个村的村委会等职能部门 2.大中小学校 3.庄稼医院 4.公司、企业 5.村级综合服务中心	1.街道办事处、村委会等职能部门能提供一下政策、物资等方面的支持 2.学校是很好的宣传场所 3.庄稼医院提供"庄稼医生"，为庄稼"看病" 4.公司、企业能提供资金、技术、物品等支持 5.村级综合服务中心能提供公益性服务，能提供"顾问"和培训的支持以及起到宣传和带动作用

序号	资产类别	资产内容		对模式探索的影响
		南岗村	雄伟连片区	
4	自然资源及物质资产	1. 进士屋、西周祠堂、水月宫等历史建筑 2. 百年木棉，百年古榕等古树 3. 供居民休闲的广场 4. 村党群服务中心	1. 供居民休闲的广场 2. 米岗老人活动中心 3. 村党群服务中心 4. 村内 600 多年的历史建筑大宗祠 5. 国家皮划艇训练中心	能够提供活动场地的支持

二、中期探索：供销社工活用社区资源，提供"一条龙"农业社会化服务

供销社工顺利进入社区后收集了社区内的农户需求、社区资产等资料，为服务的开展做足了准备。村级综合服务中心作为助农服务的核心点和辐射点，中心的供销社工在中期探索阶段最大限度地发挥资源链接者的角色作用。在区供销社构建"一村一策"的思路指导下，供销社工通过"产、供、销"产业链活用社区资源，协助区供销社为农户提供"一条龙"农业社会化服务，以改善农户生产条件和提升抵御风险能力，提高农业可持续发展能力。

（一）供销社工利用自身和独特优势不断提升为农服务的能力

供销社工是服务提供的主要执行者，其自身的发展和为农

服务的专业能力关乎着农业社会化服务的质量。因此，其可利用自身和独特优势不断提升为农服务的能力，将自己培养造就成一支懂农业、爱农村、爱农民的"三农"工作队伍。

除了上一节所述的双督导机制外，项目针对供销社工的个人培训也是提升供销社工为农服务能力的主要途径。2021年度，项目制定了明确的员工培训计划，并安排适合社工需要的专业培训，针对部门社工进行分层分级分类别培训。如图5所示，一是培养村级中心管理人才，增加管理人员对中心运营的

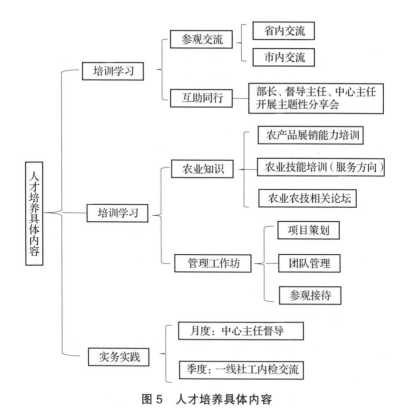

图5　人才培养具体内容

认识和理解，提升管理人员的综合能力，对象为各中心站点的主管、农村部督导主任；二是培养部门员工实务能力、综合素质能力，对象为农村服务部全体员工。项目充分做到培训有需求、培训有计划、培训有记录、培训有总结。

（二）紧跟供销社步伐，提供农资保障、农产品流通服务

近两年来，受到新冠肺炎疫情影响，农资的购买范围和农产品的销售、流通等受到了限制。供销社工紧跟区供销社的步伐，协助区供销社提供农资保障服务和农产品流通服务。

1. 农资供应服务

农资即农用物资，一般是指在农业生产过程中用以改变和影响劳动对象的物质资料和物质条件，如农业运输机械、生产及加工机械、农药、种子、化肥、农膜等等。农资供应服务是区供销社的一大职能，区供销社需要深入调研了解系统农资企业当前农资储备和供销情况，动员市农资协会、系统农资企业和基层农资经营网点，早谋划、早部署，落实农资供应主渠道职责，发挥系统网络优势。庄稼医院是区供销社保障农资供应的主要载体。规范苗欣庄稼医院的进货渠道和价格标码，提供统一招牌、统一货架和人员培训上岗、对外宣传等配套服务，保证农民可以享受到优质放心、品种齐全的农药和化肥。

在提供农资保障之前，供销社工是服务的关键。供销社工走访雄伟连片区农资店、农家店、庄稼医院等为农服务站点，了解他们的农业生产资料、日常生活用品的需求和销售情况，

掌握动态的信息，为区供销社提供产销服务的参考材料；协助区供销社依托现有的农资经营与配送实体，设立化肥农药连锁经营销售点，并将销售点设在南岗村与农田必经之路，实行统一商品配送、统一制度管理，保证放心农资下乡，为农民生产种植提供保障；与区供销社联动区农业局、区技术推广中心、华南农业大学、华南理工大学、森度微生物科技有限公司等企业、部门，为雄伟连片区免费派发与试用肥料，帮助南岗村290户农户农作物增产增量。

2. 农产品流通服务

在农产品的流通过程中，农民专业合作社起到了重要作用。区供销社构建"农业企业＋合作社＋农户"的发展模式，帮助富民瓜果专业合作社与农业企业签订供货协议，依托龙头企业积极发展订单种植，指导农户提前安排种植品种和规模。这加强了农业生产社会化服务的"产销"衔接。供销社工需做到随时掌握了解农户因受到疫情的影响情况，以便对接资源帮助农民解决农产品销售难的问题。

一开始，南岗村的供销社工与华农、华工等高校合作，开展试验田种植，组织富民瓜果合作社、农户进行优良品种蔬菜种植，定期开展蔬菜收购工作，为社员进行统购统销，打造"农皓"品牌。2019年至今销售额约5 000多万元。后来，供销社工在区供销社的指导下发展"双线"销售模式。一方面，对接党建共建单位企业团购、云供平台，倡议广大社工、社会各界爱心企业（团体）、事业单位、爱心人士踊跃参与认领、认购，开展滞销水果社区直供的助农"蔬"困行动；协助区供销社在城市社工站设立临时"助农驿站"，送给疫情防控一线的志愿者和工作人员。另一方面，通过多种线上途径发布公益助农信息，推出优惠套餐；开展网上直播销售、公众号推广；供销社工变身"推销员"利用朋友圈、同学群、交流群广发消息等方式，以线上线下相结合的方式，大力发动共建单位、行业协会、广大市民参与到助农销售当中。

未来可通过农产品加工配送中心把千家万户的农民吸收进来，加工后再配送到商场、超市，这有利于解决产销衔接问题。网上销售寄出的农产品，可根据农产品的保鲜期限，对比物流公司情况选择合适的快递运输，保证农产品能够最大限度地运输到消费者手中。南岗村开展农产品溯源计划，目标是建立质量安全可追溯系统，消费者在收到农产品时能够通过扫二维码跟踪农产品相关信息，了解农产品的安全性。可以的话，为农产品溯源的相关人员配备电子交易卡，将品种、价格等信息存入档案。如果农产品出现安全问题，可以及时采取措施。

（三）结合农民专业合作社和乡村能人，提供农技、农机服务

区供销社通过对接省农业科学院、市农资协会、区农业农村局等部门，开设"农技课堂"；邀请农业专家、老师组成农化服务队，开展实地走访下田间指导农民服务。供销社工依托"农技课堂"，链接农化服务队资源为农民专业合作社开展测

土施肥、微生物有机肥试验田、病虫害检测等为农服务，进行农产品研发、培育、推广等科创研究，强化农业技术支撑；邀请白云区农业技术推进中心老师、富民瓜果合作社等为农民提供农技种植课堂培训、蔬菜种植管理及病虫害防治培训、面源污染综合控制技术研发与应用培训，推进"直通式"农业生产气象服务等服务。

区供销社以发展现代农业和促进农业高质量生产为目标，推动农业机械化发展。供销社工组织农民专业合作社、农户学习微耕机的安全法规和农机常识操作规程、农机保养、维修等知识技术要领；以南岗村富民瓜果专业合作社和江高镇农业农村局为资源渠道，邀请农机专家为南岗村举办"农业生产机械安全操作及保养培训活动"，并且在田间进行实操指导，让农户亲自操作练习；积极链接农村社区外的无人机植保公司资源，对富民瓜果农民专业合作社开展无人机植保试点工作。

表3　2018年以来南岗村开展农技培训一览表

时间	培训名称	场次	培训人数
2018.10	蔬菜病虫害防治技术培训	1	55
2018.11	农业生产机械安全操作及保养培训	1	62
2018.12	有效用肥培训	1	52
2019.3	科学用肥培训	1	60
2019.5	蔬菜病虫害防治技术培训	1	58
2019.6	助农服务之分肥和用肥培训活动	1	61
2019.6	污染综合控制技术研发与应用及重金属风险农田安全利用培训	1	48

时间	培训名称	场次	培训人数
2019.8	蔬菜病虫害防治技术培训活动	1	65
2019.10	新型农民农技培训	8	500
2019.12	蔬菜病虫害防治技术培训活动	1	49
2020.6	蔬菜病虫害防治和有效用肥培训活动	1	66
2020.8	蔬菜病虫害防治培训	1	50
2020.12	重金属风险农田安全利用培训	1	45
2021.3	农业生产机械安全操作及保养培训	2	53
2021.10	优良种子选取培训及派发活动	1	36
合计		23	1 260

（四）充分链接城乡互动项目资源，提供劳动力供给服务

恒福服务社承接的城乡互动项目辐射到村级综合服务中心，结合农民农业生产过程，一系列的亲子活动也是在满足农户农作日益增长的生产需求。供销社工为农户提供劳动力供给服务，包括了产前的种植、产中的农产品维护、产后的采摘或收割服务。一是借助城乡互融平台，供销社工链接恒福服务社的项目服务对象资源，组织亲子群体前往农业公园水稻种植基地开展水稻种植体验及收割活动。二是利用机构资源组织机构党员、社工、志愿者前往黄皮种植基地，帮助果农采摘、分拣、包装，并组织协调运输车辆把新鲜果皮运往城区，送到客户手中。三是在雄伟连片区建立农耕体验基地，实行云溪湾农耕农旅体验计划、家庭农场发展计划，与城市社工站共同举

办拓展小组活动，以雄伟连片区的家庭农场、"一村一品"种植基地为活动场地，开展农田体验式的城乡融入与互动交流计划，包括为番石榴实施果实套袋、水果的自由采摘等。

除此之外，供销社工依然能够在农业生产领域外为农民农业生产提供劳动力供给服务。例如台风天气，农业受气象影响较大，需要对农作物进行保护。供销社工可组织村内志愿服务队、乡村能人、热心村民等，共同为农户提供台风防范的劳动力供给服务。农忙时节，供销社工依然能够通过动员社区资产积极开展无偿性、有偿性的相互帮助，帮助那些劳动力相对缺乏的家庭进行农业生产活动。

（五）利用社区内外的优质资源提供社会化服务

利用银行企业、保险公司等优质资源提供金融保险服务。供销社工熟悉融资贷款政策，向农村社区做宣传，为农民专业合作社提供无抵押低息融资贷款；组织农户到"农技课堂"学习气象培训、参加气象保险宣传讲座，联合保险单位，推广蔬菜种植气象指数保险，投保蔬菜面积 1 605 亩；对接银行、邮政、小贷公司等单位，开展农村金融交流，向农资经营户推广使用建行"裕农通"业务，协调银行共同解决疫情下农民合作社资金短缺的问题；与人寿保险公司财产保险部门合作，配备协保员与供销社工共同为农民提供保险服务。抓住以"助力春耕保生产　提速农业绘新篇"为主题的白云区春耕节这一契机，动员农户积极参与活动，帮助富民瓜果专业合作社与人保财险白云支公司签订气象指数保险协议，帮助银行和农业企业签订银企综合金融服务合作协议，降低农业生产的风险系数，为农村社区的乡村振兴注入金融活水，保障农民农业生产全过程的资金来源和提高保险系数。

利用社区大型超市、农资经营销售网点等优质资源，供销社工深入农户调研农产品销售情况，评估销售需求，为农户推广销售农副产品。利用广州市科学技术协会、白云区科学技术协会等优质资源提供科普信息化服务。以不断满足农民对美好生活向往的需求作为出发点和落脚点，聚焦农业技术进步、农村居民科学素质提高，为农业生产建设提供技术支持，加快农村科普信息化建设，推动农村科普工作转型升级。在村级综合服务中心内建设"乡村科普 E 站"，并按照"五有一统"即有场所、有终端、有网络、有活动、有人员的相关要求进行布点，让"乡村科普 E 站"服务更有针对性，更符合当地农民生产生活需求，使之成为科普信息化在农村的服务窗口和推广阵地。

三、后期探索：供销社工优化社区资源，不断延长农业产业链

供销社工在进入农村社区的前期积极发挥资源链接者的角色作用，盘活了乡村资源，满足了农户最基本的生产生活需求。后期，供销社工转变为使能者、陪伴者，优化社区资源，充分利用农民专业合作社、家庭农场、龙头企业的资源开展服务，促进农业产业链延伸，推进农村一、二、三产业融合发展，带动农业增效、农民增收。

（一）培育农产品加工小组，实施延链措施

农业产业链短是农村社区的普遍现象。区供销社培育农产品加工产业链下游的广告、物流、销售、人员培训等服务业，为农产品加工产业在生产、流通、分配、消费各环节提供服务，延长产业链，实现价值链不断增值，助推农产品产业高质量发展。[①]

本着"资产为本"的社工视角，以组织培育为理念，供销社工组织农村妇女成立农产品加工小组，让妇女的"手艺活"变"摇钱树"。小组融合医养专家团队的技术意见，依托南岗村现有的新鲜的蔬菜瓜果进行粗加工制作成农副产品，包括木瓜酸、姜酸、青瓜酸和白菜干等各类菜酸开胃小吃。这不仅推动南岗村农产品品牌发展，同时提升南岗农村妇女创作技能。为解决加工农产品的销售，供销社工开设农产品电商培训、新型农民培训、直播技巧、农产品包装、农副产品制作等培训班提高妇女的销售能力；充分利用白云农趣、白云助农等网络销售平台扩宽南岗农产品的销售渠道；在城市社工站、社区等区域设置助农驿站定期展卖农副产品；开展社区直供的助农"蔬"困活动；在销售的同时制作农副产品的加工小视频作宣传，并保证加工后农副产品的安全问题。2020 年以来共组织村内 25 人次的农民参与菜酸等农副产品的制作 10 次，累计销售 1 500 瓶的菜酸和 170 包白菜干，销售金额 17 550 万元。

[①] 翟晓岩，赵前前：《延长农业产业链条的有效举措》，《甘肃日报》，2021 年 10 月 12 日第 7 版。

（二）发展订单农业打造农产品品牌，实施补链措施

产业链不全是农村社区农产品产业链竞争力不强的原因之一，要抢抓构建新发展格局的机遇，大力实施增品种、提品质、创品牌等行动，不断完善特色农产品产业链、供应链。[①]区供销社举办农产品"一对一"产销对接会，引导多家农民专业合作社和蔬菜种植基地发展订单农业，携手构建"农业企业＋合作社＋农户"的合作社发展模式。目前已与广东乐禾食品集团、一路鲜农业有限公司、长禾农业有限公司、甘地食品有限公司、康来福集团、惠鲜公司等6家涉农企业签订供货协议。企业提供高质量的种子、先进的种植技术、适当的资金支持、优秀的科研人才和良好的销售平台，对生产出来的蔬菜包销，并明确包销价格，实行订单式农业"一条龙"式服务。依托农业龙头企业积极发展订单种植，打破农产品种植受传统市场需求调节的局限，有利于提升农产品质量，扩大了南岗村"一村一品"蔬菜的品牌影响力，促进了南岗村生产综合效益和增加农民收益。

在发展订单农业的服务上，供销社工发挥多元的社会服务主体角色作用：一是作为链接者，帮助农户对接龙头企业，大力发展农业产业，以产业兴助推乡村振兴；二是作为协调者，协调农业企业、合作社、农户三者之间的合作关系，解决冲突关系和信息不对称的问题；三是作为倡导者，倡导更

---

① 翟晓岩，赵前前：《延长农业产业链条的有效举措》，《甘肃日报》，2021年10月12日第7版。

多的农户参与到发展订单农业的服务中来，帮助农民实现增收。

（三）积极探索特色农业服务，实施强链措施

创新能力不足是农村社区农产品产业链竞争力不强的又一原因，要不断延长产业链，尤其要向价值链的高端延伸，即加快推进一、二、三产业的融合发展，不断做强特色产业链。[①]

供销社工组织5名南岗村资深居民开展"走进南岗，社区导赏员培训"小组活动，设计一条导赏路线，化村民为导游，为乡村旅游服务奠定人力基础；挖掘社区内部村民骨干、乡贤成立云溪湾合作小组，培育云溪湾服务型经济组织，培养社区动力，促进社区特色和社区产业融合；2020年南岗村开始实施的"城市农夫"农产品溯源计划，以"社区支持农业"的理念，通过农耕种植打造以农夫耕种体验及蔬菜共享菜园的特色服务，构建城乡对接平台，满足农户农作日益增长的生产需求；以雄伟村连片区的乡村"一村一品"产业为切入点，即寮采淮山、雄伟阳桃、米岗火龙果、龙岗黄皮，与农民专业合作社合作举办阳桃美食大赛、黄皮摄影比赛等活动，扩大农产品的宣传，促进农产品的创新，推动产业发展；因地制宜开展城乡互动服务，挖掘"休闲农业＋生态旅游""乡村美食＋乡村旅游"的特色农业产业，促进农业产业融合。

[①] 翟晓岩，赵前前：《延长农业产业链条的有效举措》，《甘肃日报》，2021年10月12日第7版。

第四节　供销社工＋助农生产
模式的特色和成效

总结供销社工＋助农生产模式的特色和成效是农业生产服务的逐渐深入的必然要求与结果，也有利于对模式的完善。本节对供销社工＋助农生产模式的服务材料整理和复盘，注重收集服务给农村社区带来的感受及成效反馈，总结模式的特色与成效。

一、供销社工＋助农生产模式的特色

供销社工＋助农生产模式的特色，包括了供销社工在服务中体现的服务提供者、协调者、资源链接者、教育者和使能者等角色多元化的功能作用；项目内部各人才双向交流挂职；联盟汇聚资源，蓄足发展功能；打造新型助农服务平台，实现共建共赢。

（一）供销社工在模式中功能作用多元化

1. 以社工专业方法来强化区供销社的服务底色

近年来，区供销社创新服务，探索土地托管服务模式，并将其作为为农服务的重要抓手，用改革和实干证明了区供销社在新时代仍是农民的"贴心人"、乡村振兴的"护航人"，为农服务能力不断提升。农村社会服务项目直接面向农民开展农业生产服务，切实打通为农服务的"最后一公里"。

供销社工在服务过程中发挥服务提供者的角色作用，灵活运用社会工作专业方法来强化区供销社为农、务农、姓农的"供销老牌子"服务底色。挖掘精准帮扶个案，帮助他们解决本身能力和资源无法解决的问题，并期望他们能够得到自我实现，实现社会化。开展农技培训小组、导赏小组、美食研发小组、云溪湾小组等与农业生产有关的小组活动，构建社区互助网络，激发社区的内生动力，促进社区发展。在恒福服务社城乡融合项目的支持下，举办城乡夏令营、城区亲子体验等社区活动，成立社区层面的云溪湾服务型合作经济组织等，大力发展"一村一品"产业和乡村旅游产业，助力乡村振兴产业兴旺。

2. 各方参与主体的沟通与协调

该模式中，多方资源的链接和运用是该模式的一大特色，构成多方协同参与格局，这意味着供销社工需要具备更强的沟通和协调能力。供销社工在链接和整合多方资源解决农民农业生产的过程中，也需要对各方的支持活动进行协调。模式涉及多方主体的参与，这些主体在参与过程中所出现的关系网络错综复杂。供销社工需要扮演协调者的角色，及时跟进各主体之间的互动，协调各主体之间的适应性或是增进关系互动，提高农民参与社区服务的稳定性和各方资源的黏性，更好地打造多方联动格局。

3. 提供多领域的"三农"政策的信息化服务

"三农"问题涉及农村、农业和农民三方面有关的工作。农村问题可分为农村土地问题和基层政权问题；农业问题主要划分为粮食安全问题、农业政策问题；农民问题分为素质和减负两个问题。而政策是最重要的资源流向的指示牌。因此，这对供销社工是一个巨大的挑战。供销社工不仅需要具备社会工作专业知识，同样需要学习与"三农"问题有关的多领域知识。依靠双督导机制和自身的学习成果，扮演社区教育者的角色，向农户提供多领域的"三农"政策的信息化服务。2020年新冠疫情以来，供销社工在区供销社的帮助下及时了解政府的助农政策和资讯，落实一对一帮农户解读助农政策，帮助116户农民解答疑惑。同时，对接政府落实助农优惠购肥政策，开展"助农复耕，肥料助力"活动，通过合作社传递和落实政策。

4. 统筹和整合社区内外资源，带动农业增效

在许多情况下，社会工作者为了有效助人，常常需要联系政府部门、企事业单位、其他福利服务机构和社会人士，向他们争取受助者所需要的资源，并将它们传达到受助者的手中。为服务的顺利开展争取资源是社会工作者的重要责任。供销社工+助农生产模式的服务需要大量资源的支持，包括人力、财力、物力等。而这些资源的来源途径多元化，有些是村级综合服务中心原有的，有的则是供销社与其他社会团体、政府职能部门、社会组织、村民等需要花费大量的时间去链接和获取的。供销社工需要将资源整合起来并实现有效的连接。同时，供销社工要统筹各类资源，防止资源的重复链接与引入，防止资源浪费，进而提高资源的有效利用率。供销社工若能充分发

挥资源链接者的角色功能，不断丰富农业社会化服务，有利于促进农村社区农业生产的节本增效，引领小农户进入现代农业发展轨道。

5.培育社区组织，延伸产业链

社会工作者认为每个人都是有潜能的，社会工作者应该将目光聚焦在服务对象的优点上，相信服务对象的优势和能力。社会工作的主要任务就是要挖掘服务对象的潜能，通过服务对象自身的力量来解决问题。

农村社区的村民受所处的社会环境影响，许多能力尚未挖掘或培育。供销社工作为使能者，运用自身拥有的专业知识和技巧挖掘农户潜能，调动村民自身的能力和资源，提高农户参与的意识和能力。以春耕节为契机而建立起的高质量农化服务队，培育的导赏小组、农产品加工小组、云溪湾服务型经济合作组织等社区组织是供销社工在模式中充分发挥了使能者的角色功能的体现。社区组织参与农旅产业、乡村旅游业，使得农业全产业链得到延伸，形成可持续的乡村振兴产业发展。

（二）供销社工人才双向交流轮岗

供销社工人才的双向交流轮岗是供销社工+助农生产模式的又一大特色，主要体现在片区主任和督导的职位上。例如黄榜岭村农村综合服务中心的片区主任同时担任南岗村农村综合服务中心的督导；雄伟村农村综合服务中心的片区主任同时担任着夏良村农村综合服务中心的督导。开展人才双向交流轮岗，对他们了解项目执行情况，特别是提高解决实际问题和驾驭复杂局面能力的提高，具有重要意义，他们能够担实责、干实事，在实践中增进理解与支持。供销社工人才双向交流轮岗机制，如何让"双向"轮岗变"双向"促进也是模式中应该反思的问题。

（三）联盟汇聚资源，蓄足发展功能

供销社工＋助农生产模式的资源，是充分发挥供销社"1+N"助农综合服务平台优势，不断扩展平台的内涵及外延链接而来。"1+N"枢纽型平台建设是区供销社搭建村级综合平台的愿景，在区供销社先行先试的背景下，先行建设村级服务平台硬件设施，率先试行购买驻村社工服务，为政府各机团单位服务到村提供即用、可靠的服务平台，带动各部门深入对接村级需求，构建共建共享的助农服务体系。

联盟汇聚供销社"1+N"助农平台的资源，为农村社区的农业生产蓄足了发展功能。供销社工协助区供销社开展"助力春耕保生产，提速农业绘新篇"——白云区首届春耕节活动，整合科协、气象、团委、邮政、金融等涉农资源，通过举办土地流转推介会、保障春耕农资供应、开展农技农化指导、推广现代农业机械装备、传承农村农耕文化、打造都市观光农旅等系列活动，全方位多角度为白云区春耕生产提供服务，增强联农带农扶农能力，打造白云春耕农业盛事。

（四）打造新型助农服务平台，实现共建共赢

区供销社联合团委、妇联、科协、气象、农林、侨联、邮政等政府部门，学校、医院、公益组织、居民组织、各类协会

等社会组织，银行、超市、小私企、大厂户等商业组织，共同打造"1+N"助农综合服务平台，实现共建共赢，使村民在家门口就能享受"一站式"、全方位综合服务。目前在2021年上半年已为项目链接了多个合作单位资源为农业生产提供服务。

表4　2021年上半年各村级综合服务中心资源链接情况

序号	对接的资源/合作项目	服务内容	链接时间
1	广州广播电视台FM102.7广州金曲音乐广播	云溪花韵之云溪湾农产品线上直播销售活动主播支持	2021.1
2	富民瓜果专业合作社	蔬菜订购	
3	江高镇社区医院	沟通社区医院向农民购买蔬菜礼品包作为社区医院职工工会礼品事宜	
4	春田计划团队	沟通到南岗村交流学习事宜，了解中心服务运作与下田参观	
5	江高镇中心小学	初步服务合作沟通，对于小学劳作需求与助农服务，农耕实践相结合	
6	民生银行	2021年春节派送桃花	
7	暨达培训机构	下村慰问探访，送春节礼品	2021.2
8	白云恒福太和青年地带社工站	下村慰问探访困境青少年，派发防疫物资	
9	广州葛皇能量生态农业专业合作社	提供春耕节活动物资米、蜂蜜等支持	
10	龙岗村果桑种植示范基地	提供春耕节桑果酱产品展示，和后续亲子体验活动基地	2021.3
11	白云区果度新家庭农场	美丽乡村新家庭农场体验基地	
12	广州市祥记水果农副产品专业合作社	提供春耕节活动物资咸柠檬、菜干等支持	

序号	对接的资源/合作项目	服务内容	链接时间
13	广州市永平街社工服务站	合作开展春耕节活动	
14	红岗艺术工社	提供开展美丽乡村云溪湾生态游种植场地及水果采摘	
15	东莞市展能社会工作服务中心	合作开展美丽乡村云溪湾生态游体验活动	
16	葛皇龙岗社	沟通白田果园的种植、成熟周期，果园发展的规划和水果采摘的可行性	
17	龙岗村老年协会	沟通和走访龙岗村的家庭农场、果园等资源	
18	中国银行广州白云支行	春耕科普种植体验活动	
19	广东青年职业技术学院会展策划系志愿者/村民志愿者	铿锵玫瑰美食烹饪大赛活动广东青年职业技术学院会展策划系，组织6名高校志愿者和2名教师，邀请村内25名妇女，制作"艾糍""热仔"超过600个，到村老人活动中心派发给老人、环卫工人、下田派发给耕种的农民共计94人，入户派发给困境儿童家庭8户，共计服务102人	2121.4
20	华南农业大学林学与风景园林学院研究生志愿队	"种子之旅"科普活动	
21	花都区港头村红蜜阳桃种植基地	提供亲子采摘，港头美丽乡村社区导赏服务	
22	广州葛皇能量生态农业专业合作社	提供永平社工站公益展销活动物资	
23	五龙岗村自组织"关爱大使团队"	开展五龙岗关爱服务宣传活动，为8户村民送上防疫物资，讲解防疫知识	2021.5
24	丹姿慈善基金会	赠予物资，入户探访	

二、"三农"服务成效明显，促进农民增产增收

供销社工＋助农生产模式关注"三农"需求，积极探索打通为农服务"最后一公里"，促进农民增产增收，为乡村振兴注入新动能，实现"产业兴旺"和"生活富裕"。

（一）开展消费帮扶，助力农产品出山

近两年来的疫情严重影响了农户农作物的销售和收入。供销社工了解、记录农户农产品滞销情况，以开展消费帮扶的方式，助力农产品出山，帮助农民增加收入。供销社工常态化走访联系群众，收集群众需求清单、"微心愿"，打通党员密切联系群众"最后一公里"。

一是以区供销社打造的"助农＋公益"模式为平台，联合白云区慈善会开展助农"蔬"困行动；二是链接公司企业、银行及爱心人士资源，认购 2 500 斤南岗村的果蔬，为永平街、金沙街、京溪街、均禾街、嘉禾街 250 户社区困境家庭送上生活的保障；三是与富民瓜果合作社紧密合作，已联动城市企业认购、居民认捐超 1 000 斤南岗蔬菜，赠予给市区困难家庭；四是与钟落潭镇政府大力开展爱心助农行动，在龙岗村设立了爱心助农点，面向所属部门和辖内各村居、各高校、各企业发布倡议书，号召广大党员干部和社会各界人士踊跃购买龙岗黄皮，帮助果农销售滞销黄皮 4 910 斤，促进农民增收44 000 多元。

（二）助力推广销售农副产品，提高农民收入

供销社工以线上线下相结合的方式助力推广销售农副产品，提高农民的收入。供销社工与红岗艺术工社合作，开展起帮助农户学习利用电商平台推广农产品的系列课程；链接相关院校资源，向当地村民讲解准备如何进行拍视频及宣传产品的相关事宜，社工则在一旁协助村民下载抖音软件，进行注册。

2020年结合线上直播销售的模式，供销社工开展"城乡缘，姐妹情"健康营养南岗白菜干线上直销活动，组织20名村民将5 000斤滞销白菜制成白菜干并通过直播售卖；举办蔬果社区直供活动和"助农＋公益"夏日缤纷惠农活动，帮助农户销售蔬果共5 340斤。雄伟供销社工组织开展内部团购、社区直供团购等方式为合作社和农户解决滞销水果的难题，帮助困境农民销售水果约4.25吨，折合人民币2.5万元。

2021年上半年共开展了13次的社区直供和团购活动，通过网络直销、社区基金、城乡汇市场等线上＋线下双结合的方式，帮助农户销售农产品，实现增收。

表5　2021年上半年供销社工助力农产品销售情况

序号	活动名称	站点	助农产品	单位	数量	价值/元
1	江高镇社区医院订购礼品包	南岗中心	蔬菜	斤	1 500	9 000
2	金沙街社工服务站	南岗中心	蔬菜	斤	200	500
3	均禾街社工站	南岗中心	蔬菜	斤	152	760

序号	活动名称	站点	助农产品	单位	数量	价值／元
4	春耕节开幕仪式	夏良中心	艾草薄荷膏	斤	40	100
5	私人单位	南岗中心	番薯藤	斤	10 000	40 000
6	团购	南岗中心	蔬菜（通菜、节瓜、丝瓜）	斤	50	168
7	活动团购	南岗中心	蔬菜（玉米、番薯叶、茄子、豆角）	斤	500	2 000
8	嘉禾社工站均和社工站	南岗中心	蔬菜（茄子、番薯、青瓜、番薯叶）	斤	1 000	4 000
9	京溪社工站金沙社工站	南岗中心	蔬菜（玉米、青瓜、茄子、番薯叶）	斤	1 000	4 000
10	社区直供	雄伟中心	荔枝	斤	700	11 200
11	助农服务迎周年直播体验办实事——区助农服务平台对外开放1周年暨白云区美丽乡村直播体验活动	新和中心南岗中心雄伟中心	黄皮	斤	4 910	44 190
12	白云区饮食行业商会展销	南岗中心	白瓜	斤	20	100
			玉米		40	120
			水瓜		20	80
			木瓜		60	180
			豆角		20	100
总计				斤	20 212	116 498

表6　2020年以来南岗村农产品销售渠道和数据一览表

时间	助农形式	次数	销售数量	销售金额
2020–2021	农产品展销	12次	9 000斤	4.5万元
	蔬菜团购、社区直供	20次	40 000斤	25万元
	网络平台	2次	5 000斤	0.75万元
合计		24次	54 000斤	30.25万元

（三）科学助农，满足农业生产需求

结合传统农业向现代农业发展的需求，科学助农是农村社会服务项目的主要工作思路，区供销社以庄稼医院、农资店为实施载体，以助农中心为实施平台，开展了一系列科学助农的综合性服务，满足农业生产需求。

一是庄稼医生诊断。对南岗村的苗欣农资店升级改造成庄稼医院，通过庄稼医生"坐诊、出诊"，免费向农民提供病虫害防治咨询，推进科学、合理用药。2021年，南岗村农村综合服务中心配套的苗欣庄稼医院为农户提供咨询指导服务约10 000人次；开展农技培训、田间问诊近30场次。

二是农技服务定期送下乡。依托"农技课堂"，举办新品种、新技术推广培训班，邀请种植户一起进行理论学习，在新品种示范田里召开现场观摩会；农化服务队不定期地到田间为农户授课，提升本地农民种植技术水平，增强农产品种植质量安全意识。

三是链接金融服务协同助农。供销社工指引南岗村合作社成功签发了白云区首批蔬菜种植气象指数保险保单，并完成白云区首笔蔬菜种植气象指数保险赔付，赔付金额约 23 万元，逐步建立以气象指数为依据的白云区蔬菜种植灾害风险保障体系。截至目前，已组织 204 户农户完成投保，投保面积约 1 605 亩。指引雄伟村发挥场地平台的作用，每日播报相关的金融服务资讯信息。通过省供销社的小额贷款助农点，为当地农民宣传小额贷款的相关政策知识，为有贷款需求的农民提供渠道。

（四）初步形成绿色生态循环的农业发展之路

供销社工＋助农生产模式中农业社会化服务和农业产业融合的服务，提升农民和合作社的绿色生态循环的农业发展意识，初步形成绿色生态循环的农业发展之路。

一是以农化服务带动意识提升。农化服务有效引导当地农民及合作社提升绿色生态循环的农业生产意识。供销社工为南岗村为合作社链接高校、农协等优质资源，开展微生物有机肥推广工作，实施化肥、农药"零增长"行动，当地合作社微生物有机肥试验田面积已达到 544 亩，试验田农产品产量增加约 10%；主动寻求区供销社的帮助，联合区农业农村局为当地合作社约 290 户农户免费派发微生物有机肥 124 吨、联合省农业科学院为合作社约 154 个农户免费派发蔬菜控污增效肥 22 吨。

二是以农业产业融合活动带动意识提升。活动有效引导和带动当地农民对农业绿色生态发展及美景美食的兴趣。供销社工进一步提升当地特色农产品及美丽乡村特色景点的知名度，打造美景美食特色品牌项目。2019 年 8 月，以农民的生产生活服务为服务切入点，整合庄稼医院、农资店、高校农技老师等资源，结合开展城乡融入与互动交流计划，与钟落潭镇共同举办了美食美景缤纷嘉年华的大型活动，以打造当地美食、美景、宣传特色农产品为主要目标，当天吸引了近 2 000 市民参加此活动，得到省、区、市等 17 家不同媒体报道，大大提升了当地农产品及美丽乡村建设成果的美誉度。

三、推动合作社转型发展，激发内生动力

供销社工＋助农生产模式中的农业社会化服务与农民专业合作社是息息相关的。通过利用农民专业合作社本身能提供的专业化、规模化服务，有利于破解"谁来种地、怎么种地"的难题，促进小农户与现代农业有效衔接。农民专业合作社与供销社工合作也能够促进自身的转型发展，激发社区可持续内生动力。

（一）合作社向现代化农业方向发展

2019 年，南岗村农村综合服务中心和雄伟村农村综合服务中心升级改造为助农服务中心。供销社工在区供销社的带领下为农村社区提供的产前、产中、产后一系列的服务，促进了传统合作社转型，推进传统农业向现代农业发展。一是为合作社和农户提供的测土配方施肥服务、试验田种植服务、无人机植保服务等，提高了农户农业生产的科学技术含量，促进生产过程的标准化。二是以南岗蔬菜、雄伟连片区的"一村一

品"产业为代表，逐步促进当地农产品生产标准化、特征标识化、产地身份化、营销品牌化方向发展。三是引导多家农民专业合作社和蔬菜种植基地，与农产品供货商签订供货协议，发展订单农业打造农产品品牌。四是通过区供销社的资源链接五家电视报纸等媒体进行多角度宣传，登上短视频平台，加入电子商业协会等，打造雄伟连片区的"一村一品"特色农产品品牌。

（二）合作社向农业品牌化方向发展

与大型企业集团、强势品牌相对而言，合作社的生产规模小、产业区域性特色明显、生产主体多样，同时，品牌传播可投入的资金不多、主体知名度较低、可调度资源少。传统合作社打造品牌，要针对自身特点，提升自身优势，规避自身劣势，才能赢得品牌发展，获得品牌经济。区供销社为富民瓜果合作社持续链接资源，选取 10 亩农田作为试点基地，以西生菜作为切入点，打造全环节农产品质量安全溯源体系。2020年已扩大试点农田至 30 亩。同时，组织合作社、食品饮食行业企业近 20 家参与农产品供需对接会，为农产品及企业搭建"一对一"交流对接平台，发展"企业＋农户"的模式进行农业生产销售一体现代化规模化的订单式农业，闯出"品牌化"发展新路。这样的发展新路对于企业和农户来说都是一个较好的发展模式，农户不会再因为生产过多，价格波动幅度大而将农产品烂在地里，企业不会再因为供货渠道少、农产品质量差而头疼。

（三）合作社向内涵式方向发展

合作社蓬勃发展的同时，发展质量不高、经济效益低问题逐渐显现，让合作社的进一步发展陷入了瓶颈。作为农村社会服务项目的主要参与主体之一和乡村振兴的重要力量，合作社需要凭借内涵式的发展，不断寻找合作社发展的内在动力，为农业规模化发展，乡村振兴做出贡献。

以富民瓜果合作社为例，合作社有正常的经营业务，有辐射带动一方经济的能力。合作社主要为本社成员提供瓜果类农业生产资料的购买，瓜果及农产品销售、储藏以及相关的技术信息咨询服务。凭借其作为区供销社领办的农民专业合作社，有着供销社"1+N"助农平台的优势资源来提高农产品的质量，扩大本地农产品的知名度和美誉度，从而促进区域经济的发展。社员们既是合作社的受益者，也是使用者，通过参加合作社实现了增产增收。合作社为社员提供更加全面的个性化和社会化服务，对社员实行教育培训，提高社员的综合素质。社员自我效能感得到满足和提升，带动和吸引本村农户注册成为社员，激发社区内生动力，促进合作社内涵式发展，助力乡村振兴。

四、发展特色农业产业，助推乡村产业兴旺

紧紧围绕实施乡村振兴战略，聚焦乡村产业兴旺，以发展"一村一品"为抓手，深度挖掘区域特色资源潜力，打造现代特色农业产业链，形成特色农产品优势产区，培育特色农产品

知名品牌，实现农业增效、农民增收。

（一）大力发展"一村一品"产业

区供销社依据政府"一村一品、一镇一业"政策，协助雄伟连片区申办"一村一品"品牌，同时推广"合作社＋基地＋农户"农业产业化模式。依托区供销社建立的大型助农平台，供销社工充分链接科研、高校、农业协会等资源，共同开展种植技能培训、技术交流、品牌创建、新品推广活动，大力发展雄伟连片区的"一村一品"产业，有效助力农业产业高质量发展。

供销社工延续黄皮文化节线上直播，为龙岗黄皮搭建专属直播间，通过"抖音""快手""一直播"等平台直播，旨在向全国人民宣传推广独一无二的龙岗黄皮和历史文化，推动"一村一品"产业的文化发展；链接机构拓展小组成员的资源，整合"一村一品"种植基地的资源和参与者需求的匹配来提供服务，提供公益或低偿性的亲子体验的实践及水果采摘服务；与农民专业合作社合作举办阳桃美食大赛、黄皮摄影比赛等活动推广"一村一品"产业，助推乡村产业兴旺。

（二）挖掘"休闲农业＋生态旅游"特色农业

供销社工通过需求调研和过往的服务经验总结，发现所服务的农村社区存在缺乏美丽乡村建设的亮点，认为可以发掘和盘点当地特色资源发展特色农业产业，增加市区居民进入社区的人流量。

供销社工以雄伟连片区"一村一品"产业的发展为契机，

结合城乡互动计划，链接城区社工站与其他村级服务点，致力打造"休闲农业＋生态旅游"的农业产业新品牌，促进社区特色和社区产业融合。基于雄伟连片区特有的生态资源禀赋，供销社工建立农耕体验基地，实行云溪湾农耕农旅体验计划、家庭农场发展计划，开发"一村一品"水果的自由采摘、特色美食品尝、农作物种植体验等一系列的亲子种植和采摘体验、科普活动，建立完整的生态助农体系。例如，以雄伟连片区水果产品丰富的农业特色、流溪河悠闲景观及古村宗祠文化等优势资源为基础举办美食美景缤纷嘉年华活动，以感受历史文化和农耕文化、体验农家乐采摘等方式吸引市民的参与。

恒福服务社通过申请"广州科普特色村建设"项目的支持，利用南岗村的闲置用地，建设"农趣园"。目前，"农趣园"已破土动工，正在加紧建设基础设施。未来，供销社工借助项目资源，以南岗村种植业为突破口，进行"休闲农业＋生态旅游"新品牌的建设，打造集农耕教育、农技学习、乡村旅游于一体的实践基地。供销社工作为村民与旅游者之间互动协作的桥梁，探寻人与农趣园可以建立联系的契机。通过积极组织和动员富民瓜果合作社、村两委、村民社会组织、村民等创造"社区共同种植"，推进人与人的互动协作，社区资源之间的协作。"种植"的过程、参与者们的关系、活动工具及媒介形式、活动可能带来的社区联动，都需要供销社工结合不同参与者的目的进行策划安排，协调资源提供者和参与者的关系，合理开展小组、社区活动。

（三）挖掘"乡村美食＋乡村旅游"特色农业

"粤菜师傅"工程是供销社工挖掘和发展"乡村美食＋乡村旅游"特色农业产业的载体。区供销社联合广东省财经职业技术学校共同举办的"粤菜师傅"工程培训班在雄伟村农村综合服务中心开展。供销社工积极动员农民参与，在老师的教授下利用沙田柠檬、雄伟阳桃等白云区特色农产品研发新菜品。目前，供销社工与粤菜师傅对接，已开发出阳桃的十大菜系并呈现于当地农庄以及家庭农场的餐饮服务。阳桃作为雄伟村"一村一品"的项目果品，加强了"一村一品"特色农产品品牌宣传。

为巩固"粤菜师傅"工程的服务成效，区供销社在寮采村开展以"'寮'厨如云，'采'高八斗"为主题的乡村美食大赛暨白云农趣市集活动。参赛选手以当地"一村一品"的项目果品——淮山为主要食材，自由创意，自由发挥。其间，邀请区内的困难亲子家庭、抗疫医护人士亲子家庭约30对亲子家庭参与，让他们体验舌尖上的美食。同时，以当地农旅游玩景点、美食制作比拼大赛、特色农副产品展示与试吃等多种形式展现当地美丽乡村的魅力，给亲子家庭带来良好的体验，这也不失为一种有效推动美丽乡村旅游及美食发展的途径。

可以说，在区供销社的推动下，供销社工可依托"粤菜师傅"工程，建立"粤菜师傅＋农业"联盟，牵引打造农产品研发、种植、加工、销售、文旅、餐饮等上下游产业链；大力推动"粤菜师傅＋旅游"，可以与旅游协会、餐饮协会、烹饪协会、餐饮企业代表等签订联盟倡议书，打造美食特色餐饮店。供销社工推动种植业、餐饮业、旅游业的有机结合，促进农餐对接和产供销一体化发展，集聚游客人气，带动乡村美食旅游发展。

五、构建共建共治共享的社会治理格局

区供销社、恒福服务社、农民专业合作社、农户是项目的主要参与主体，但供销社工必须借力区供销社产业主体众多的优势发挥项目最大的功能作用。供销社工基于农村社区实况，充分链接供销社"1+N"助农平台的优势资源，发挥服务乡村振兴战略新格局的功能，不断扩展平台的内涵及外延。

区供销社率先试行购买驻村社工服务，为政府各机团单位服务到村提供即用、可靠的平台，带动各部门深入对接村级需求，构建助农服务体系，共同振兴乡村。具体方向有：一是与区团委、区妇联、区科协、高校等群团组织开展艺术课堂进乡村、乡村科普教育服务、夏令营等生活类公益服务；二是与云供公司、区气象、镇农办、检测中心等合作，为村民提供农业生产资料、科学种植或养殖技术、天气预警、农副产品质量检测等农业生产服务；三是与小果园、城市社区、企业等合作开展农副产品展销、城乡融合体验游，促进农产品展销及当地农业的生产发展。

社会多方力量参与到建设中，发挥自身作为社区资产的功能和作用，推动了多方主体协作共治。共享服务发展的成果让

参与各方以更加积极和主动的态度去参与到服务中，从而更有力地推动服务的共建共治共享格局的构建。

第五节　供销社工＋助农生产
模式的优化与展望

如上一节所述，供销社工＋助农生产模式取得一定的成效，带动了农业节本增效，促进农民增产增收。为了增强模式的可推广、可复制性，本节基于模式实施过程中产生问题的内外因素，结合实践经验以及对模式的综合观察、第三方评估的反馈等，有针对性地对模式给出了优化路径。同时，期望模式能够立于新时代社会建设，为供销社工提供一个良好的职业发展环境，实现合作社的可持续发展，重建和发挥区供销社的社会服务优势。

一、供销社工＋助农生产模式的优化

模式的优化是对服务的深入反思，有利于模式的完善，为农村社区发展乡村振兴提供了更有力的实践借鉴。

（一）健全和完善规范的模式运行机制

供销社工的每一项专业的社区社会工作服务涉及一系列的服务流程，从需求调研到服务设计、资源链接、服务提供、服务管理与调整、服务评价等，流程繁多，每一步都需要社会工作者认真对待。虽然供销社工在农业生产建设服务上的介入做了很多，也积累了一定的实务经验，但其模式运行缺乏规范性的运行机制，容易影响服务的效率与质量，进而影响社区内外资产参与服务的积极性。

1. 健全完善多方联动机制

服务管理效果不理想。"农技学堂"的培训课程名额，供销社工采用了先到先得预定名额的方式。但是由于种种原因，往往会有人预定之后没有到场，导致培训资源浪费。因此，供销社工及时根据培训的参与情况设置了考勤管理办法，但是形同虚设，并未达到考勤管理的效果。

服务沟通有效性差。供销社工在助农生产的服务涉及各类资源，其必须发挥好作为资源整合者与协调者角色作用，与获得资源者在服务前和服务过程中保持密切联系，保障服务的开展。但在实践过程中发现社工同事之间未能进行及时、有效的沟通、对接，以至于服务过程中出现混乱、学员流失、培训内容不衔接等问题。

因此，模式更加需要健全完善多方联动机制。针对服务管理的情况，一是可优化报名流程，提高报名门槛，将因为一时兴起而报名的农民筛选出来；二是加强沟通，与报名成功的农民及时沟通，确保能够按时到场，因为名额有限未报名成功的农民也要给予关注，在有名额空缺时及时补充。三是优化和加强考勤管理，对故意浪费培训资源的人员进行名单管理，限制报名。针对服务沟通的情况，建立良好的沟通机制，确保同事之间的沟通对接及时有效，确保服务有序开展。

2. 完善社区资产的整合机制

John Kretzmann 和 John L. McKnigh 通过对各种"社区资产"概念和含义的梳理与分析，把社区资产划分为个人资产、社区组织资产、社区团体及部门资产和自然资源及物质资产四大类。供销社工在模式中充分发挥了资源链接者的角色功能，为农民专业合作社、农户链接了包括社区内和社区外的丰富资源。资产为本的社区实务应具有长期性和持续性，这就需要模式探索过程中必须建立、完善社区资产的整合机制，保障资源整合的持续性。

供销社工＋助农生产模式以资产为本的社区发展模式为理论基础，其服务过程是"资产为本"视角下的实务工作，是供销社工在服务社区过程中针对社区资源进行整合利用的一种尝试。模式只分析了社区内部四个主要参与主体，未充分涵盖各类资源和未充分体现各类资源的作用，有着一定的局限性。模式应将政府资源、社会资源都纳入模式建设中需要整合的资源体系中来，尝试探索出一个依托政府资源、整合社会资源、盘活社区资源和强化自身资源为一体的资源整合机制和可行路径，[1] 来为农村社区农业生产建设的可持续发展提供保障与支持。

---

[1] 徐艺华：《资产为本视角下社区老年自组织的资源整合研究》，西华大学硕士论文，2019。

（二）重视社区内在资源，提供造血功能

国家近几年号召要加快推进农业现代化、大力实施乡村建设行动。农村社区的农民对此缺乏了解，仍然是以传统农业生产为主，社会工作于他们而言更是一个新鲜事物，农村社区农业生产资源本身也存在长期性的缺乏。因此，供销社工需在提供服务的同时重视社区内在资源，变"输血"式服务为"造血"式服务，保障社区内生动力的可持续性。

1. 强化农民的主体参与意识

供销社工 + 助农生产模式的最终目的是社区发展。社区的发展关乎农民的利益，需要每一位农民的支持和参与，因此农民不仅仅是社区服务的接受者，也是社区服务的参与者。要想鼓励农民参与到社区服务中，供销社工可以通过积极展开宣传教育活动，加强村民自身的主体意识。一方面，以新媒体平台扩展社区宣传，利用微信、APP 等线上宣传平台和线下走访、发放宣传册、惠农政策介绍等方式相结合，让农民明白供销社工开展的社区服务是什么，对其生活或农业生产会产生什么样的意义，能起什么样的重要作用；另一方面，在宣传过程中倡导农民更加主动地参与到社区事务之中，让农民可以认识到自己不仅是服务对象，更是社区发展的参与主体，拥有维护社区利益的权利和义务提高农民对社区的认可度和参与度，切实增强农民的主人翁意识。

2. 建立健全各种农民自组织

农民自组织是农民根据生活和利益的需要，为了维护自身

利益而自由、资源、自发形成的符合当地具体情况的利益集团。即农民在自发性和志愿性基础上建立起来的，为更好地增进农民自身合法权益的群众性组织。农民自组织具有农有、农享、农治三大特征。农民自组织的成立能够为农户提供统一组织农民购买所需生产资料的供给服务；统一组织农产品销售的销售服务；组织会员手中剩余资金建立以农民自组织会员为对象的信贷业务；提供全面指导的生产指导和保险服务。这些服务始终把村民的根本利益放在首位，始终把尊重村民的发展选择和自主决策当成第一要务，坚持民本初心，助推农民增产增收。

（三）聚焦能力提升，培育专业服务队伍

专业服务人才是推进农村服务工作有效、良性发展的重要资源。供销社工在开展实务过程中，常常面对的不仅仅是农业生产的问题，也要面临由此带来的复杂的社区问题与社区关系，需要不断协调各类社区资产的需求。由于供销社工的专业实务能力的欠缺，实务开展的目标和策略不够清晰明确，若又缺乏专业督导的指导，在面对一系列复杂的情况时，常常会感到无从下手，缺乏方向感。乡村能人是供销社工在模式中应充分动员和利用的个人资产，既是服务的接受者，也是服务的提供者，是服务队伍中的一员，有着将其培养为新型职业农民的基础，而他们的参与也有利于服务进程的开展。

1. 加强供销社工的专业实务能力

为进一步扩大专业服务队伍的力量，供销社工可在区供销

社和恒福服务社的资源共享下，多与专业服务机构进行合作，学习交流实务经验。双督导机制是促进供销社工专业实务能力的重要途径。区供销社和恒福服务社对供销社工定期开展专业的督导培训，不断强化供销社工的专业能力个提升业务水平，以此帮助社工在复杂的社区环境中，能有效应对各种复杂问题，协调好社区各方的利益与诉求[1]，不断改进实务开展的过程。除此之外，在推进服务队伍建设上，村级农村综合服务中心要有足够的服务人员，适当增加社工人员，加强协调合作，共同推动社区内外资源整合，建立一支较高水平的服务团队。

2.满足乡村能人的培训发展需求

乡村振兴，关键在人。产业兴旺需要乡村能人的参与和奉献。乡村能人是自己带头致富，同时言传身教或无形示范带领村民致富的"双带"人才，事实上是农民学习的"标杆"，他们中的许多人在从事生产致富活动的同时也为农民提供公共服务。项目精准对接乡村需求，着力打造"乡村人才振兴"特色培训品牌。供销社工充分利用供销系统下的社工身份，积极为乡村能人提供培训服务的资源，包括高素质农民、乡村振兴、农业职业经理人、领头雁、农业电商等培训。将专业的服务知识从培训、学校转移到农村基层，从当地选拔优秀人才进行专业的服务培训。在这种情况下培养起来的专业服务者，熟知本地情况，在今后的服务过程中，也更利于服务的展开。同

---

① 徐艺华：《资产为本视角下社区老年自组织的资源整合研究》，西华大学硕士论文，2019。

时，可以吸纳当地的剩余劳动力，增加就业；改变农村人才由农村向城市单向流动的局面，让"走出去"的在外能人"走回来"，实现"人才回流"。

二、供销社工 + 助农生产模式的展望

前文所述，在探索和总结供销社工 + 助农生产模式的过程中思考有待完善的地方，并给出了优化路径。在反思和讨论中，不断优化和完善模式，实现模式可持续展望。

（一）供销合作社系统下的社会工作的发展性思考

供销合作社是党领导下的为农服务的综合性合作经济组织，长期扎根农村、贴近农民，形成了比较完整的组织体系、比较健全的经营网络、比较完备的服务功能，培养造就了一支懂农业、爱农村、爱农民的"三农"工作队伍，是推动我国农业农村发展的重要力量。[①] 因此，供销合作社服务农村社区与农村社会工作的服务相契合，而供销社工则是具有供销合作社背景的专业服务人员，是农村社会工作的主体力量。供销社工主要借助区供销社"三农"服务体系针对农村社区开展工作，在这一系列的实践中，社工已经触碰到社工服务与供销社服务衔接上的"真问题"，例如资金流动、农产品检测等。

以购买服务形式开展的农村社会服务项目，即便供销社工能加快服务开展的进度，保证在短时间内能看到一些服务成

---

① 李斌，郭魁：《供销合作社参与和服务乡村振兴探析》，《中国合作经济》，2021 年第 21 期，第 116–117 页。

效，但其始终具有周期性。往往随着项目的结束，后续的服务就会中断或停止，这都会对实务的长期性和稳定性产生不利影响。实务如若不能保证长期、持续性地开展，则很难真正实现社区的资产整合。供销社工就会考虑实务的目标是否真正达到，社区内部的农业生产是否能够可持续发展。因此，供销合作社系统下的社会工作的后续发展是一个值得深思的问题。

（二）社会主义新时代下的合作社发展

在新时代背景下，农民专业合作社面临着错综复杂的内部环境和外部环境，体现出了鲜明的复杂性与长期性。[1] 经过十多年的探索发展，在农村家庭承包经营基础上，农民合作社作为农产品的生产经营者、农业生产经营服务的提供者和利用者、自愿联合与民主管理的互助性经济组织，逐渐找到了新的发展方向。[2] 在国家实施乡村振兴战略的大背景下，如何回应市场与农民的关系问题成为社会主义新时代下合作社发展的首要问题。

在国家相关制度和政策保障下，农民合作社已成为振兴乡村的中坚力量，成为维护农民权益、带领农民增收致富的重要力量。农民合作社可通过优质优价、就地加工等提升农业经营综合效益，增加了成员家庭经营收入；通过促进富余劳动力转

---

① 陈思：《新时代下促进农业专业合作社发展能力的思考》，《现代农业研究》，2019 年第 5 期。

② 赵晓峰：《新时代如何推进农民合作社可持续发展》，《国家治理》，2019 年第 37 期。

移就业，提高了农民工资性收入；通过引导成员多种形式出资获取分红，扩大了农民财产性收入来源。[1]农民合作社以农业社会化服务为抓手，始终秉承扎根农村、造福乡里的经营理念，以创新发展惠民为目标，组织小农户"抱团"闯市场，为乡村振兴注入了活力。

（三）重建和发挥供销社的为农服务优势

我国供销社有着艰难的发展历程，尽管供销合作社系统始终做到把为农服务放在首位，始终坚持"为农、务农、姓农"的初心使命，不断变革，积极投身到乡村社会工作服务，但在社会主义市场经济体制下，供销社经济力量不断削弱，甚至萎缩。但"三防"物资仍保留有一些优势，特别是在农村。[2]因此，可在此基础上重建和发挥供销社为农服务的优势。

一是资产优势。在外资和农民企业的冲击下，供销社的资产不断削弱和流失，但仍保留有部分资产。遗留下来的土地和门店可以作为社会服务的场所、为农服务的资源。二是人员优势。流落在乡镇的这部分员工，在供销社系统蓬勃发展时期也是优秀人才，直至现在，其人生经历及生活经验也更为丰富，相比当地的农民更易于接受新生事物。可以加强组织领导，充分利用这一部分人员服务乡村。三是体制优势。供销社系统仍

---

① 《农民合作社已成为振兴乡村的中坚力量》，中华人民共和国农业农村部网站，http://www.moa.gov.cn/ztzl/70zncj/201909/t20190916_6327995.htm。
② 岑文：《重视和发挥供销社优势 加快推进社会工作步伐》，《广东合作经济》，2014 年第 3 期。

然是一个全国性大系统，其依然能够很好地联动多方资源，将供销社资源库转变为农村资源库。四是历史优势。可以说，供销社系统就是农村、农民、农业的代表，他们有服务农村、服务农民的经验和意向，也有维护当地乡村社会和谐稳定的强烈愿望。五是组织优势。供销社一直组织农民、服务农民，着力进行社会化服务，有利于乡村社会工作促进农民增产增收服务的开展。

参考文献

［1］高莉娟：《社会学理论、方法和应用》，南昌：江西人民出版社，2017 年版，第 66 页。

［2］李芹：《社会学概论》，济南：山东人民出版社，2012 年版，第 114 页。

［3］徐艺华：《资产为本视角下社区老年自组织的资源整合研究》，西华大学硕士论文，2019。

［4］陈乃林：《以教育帮扶弱势群体——社区教育发展的一项重要任务》，出自中国成人教育协会、亚太地区成人教育协会、欧洲成人教育协会、德国成人教育协会编写的《学习化社会中的成人教育——2006 年国际成人教育研讨会论文集》，2006 年，第 7 页。

［5］孙莹：《以专业化社会化服务引领农业现代化发展——农业农村部相关负责人解读〈关于加快发展农业社会化服务的指导意见〉》，《农村·农业·农民（A 版）》，2021 年第 8 期。

［6］林少俊：《持续推进深化供销合作社综合改革 打造公共型农业社会化服务体系》，《中国合作经济》，2021 增刊（Z1）。

［7］文军，黄锐：《论资产为本的社区发展模式及其对中国的启示》，《湖南师范大学社会科学学报》，2008 第 6 期。

［8］李华琼：《社会互动理论视阈下提升高校教师礼仪水平的途径》，《科教导刊》，2021 第 21 期。

［9］邓攀：《社会互动理论视域下大学生体育锻炼习惯养成的影响机制》，《田径》，2021 第 4 期。

［10］李芸，李文：《新农村建设中农户的农业生产发展需求研究——东中西部粮食产区农户的需求分析》，《农村经济》，2008 第 2 期。

［11］张洪运：《社会工作助力水稻优质高产种植对策研究》，《热带农业工程》，2021 年第 3 期。

［12］李斌，郭魁：《供销合作社参与和服务乡村振兴探析》，《中国合作经济》，2021 第 Z1 期。

［13］陈思：《新时代下促进农业专业合作社发展能力的思考》，《现代农业研究》，2019 第 5 期。

［14］赵晓峰：《新时代如何推进农民合作社可持续发展》，《国家治理》，2019 第 37 期。

［15］岑文：《重视和发挥供销社优势 加快推进社会工作步伐》，《广东合作经济》，2014 第 3 期。

［16］翟晓岩，赵前前：《延长农业产业链条的有效举措》，《甘肃日报》，2021 年 10 月 12 日第 7 版。

［17］《中华人民共和国国民经济和社会发展第十三个五年规划纲要》，新华网，http://www.xinhuanet.com/politics/2016lh/2016-03/17/c_1118366322.htm。

［18］《农民合作社已成为振兴乡村的中坚力量》，中华人民共和国农业农村部网站，http://www.moa.gov.cn/ztzl/70zncj/201909/t20190916_6327995.htm。

［19］Kretzmann, J.P., Mcknight, J.L.Building community from the inside out: a path toward finding and mobilizing a community assets. Evanston, Illinois: The Asset-Based Community Deve-lopment. Institute, School for Education, and Social Policy, Northwestern University, 1993, 23.

[20] Alison Mathie (2006), Who is Driving Development? ABCD and Its Potential to Deliver on Social Justice, Does Asset Based Community Development Deliver Social Justice, Seminar Report June by SECC Glasgow, Scotland Supported by the Carnegie UK Trust.

[21] Kretzmann, John P and John L.McKnight (1993) Building Communities from the Inside Out: A Path Toward Finding and Mobilizing a Community's Assets, The Asset-Based Community Development Institute, Institute for Policy Research, Northwestern University, Evanston, Illinois.

第四章 供销社工＋生态宜居模式

《乡村振兴战略规划（2018-2022年）》提出，要牢固树立和践行"绿水青山就是金山银山"的理念，建设生活环境整洁优美、生态系统稳定健康、人与自然和谐共生的生态宜居美丽乡村。[①] 建设生态宜居乡村是乡村振兴战略的总体要求之一，是不断缩小城乡差距，提升广大农村地区人民的获得感、幸福感和安全感的重要举措，也是实现乡村可持续发展的必经之路。

乡村社区是乡村的基本单位，是农民生产、生活和发展的主要阵地。乡村社区建设不仅包含"地"的建设，还包括"人"的建设，而"人"的建设是乡村社区建设可持续的动力来源。因此，供销社工在乡村社区建设过程中既要着眼于乡村基础设施环境的改善，又要重视村民能力的提升，动员村民积极参与建设，促进村民和乡村社区社会资本的积累，推动以村民为主体的社区建设模式的形成。

本章将围绕"生态"这一主题，阐述供销社工如何借助供

---

① 中共中央 国务院：《乡村振兴战略规划（2018-2022年）》，http://www.gov.cn/xinwen/2018-09/26/content_5325534.htm。

销合作社资源，运用专业的社会工作手法，动员多元力量共同参与乡村生态宜居社区建设，推动乡村人居环境改善，引导农业、农村绿色发展。

第一节　供销社工＋生态宜居模式的相关概念和理论

建设生态宜居乡村既是国家政策在乡村建设方面的走向，也是供销合作社建设可持续发展乡村的关键环节，还是社会工作价值延伸的重要体现。本节对"供销社工＋生态宜居"模式中所提及的主要概念以及供销社工服务过程中运用的主要理论进行梳理，为分析供销社工的实践过程以及提炼实践模式做理论铺垫。

一、相关概念

（一）硬环境

硬环境是指由人们活动所需要的那些物质的、有形的条件之和建构而成的环境。在本章中主要指基础设施环境，即为村民提供舒适健康、便利生活的，多采用生态环保技术和条件建设而成的，具有绿色低碳和可持续发展特点的，体现人与自然和谐相处的社区硬件设施设备，以及为乡村可持续发展提供支持的物质环境条件。如，集多重功能为一体的生态公园、具有自然特色的农田场地以及向村民普及生态技术知识的设施设备等。

（二）软环境

软环境是相对硬环境而言的一个概念，就存在形式而言，软环境是无形的，是一种精神环境，是指物质条件以外的，诸如文化、政策、价值观念、制度、法律等因素和条件的总和。从意识的角度而言，软环境是依据传播活动参加者的感受所做出的与物质环境的一种相对性分类，也是社会风气、群体风貌、生活状况、信息交流、媒介管理等情况的反映。本章中的软环境是指乡村社区中的人文环境，指个体特定的思想观念、行为能力以及乡村社区的整体精神氛围。在生态宜居乡村社区建设中具体表现为，对村民生态环保意识、能力的培养，乡村特色文化的传承和弘扬，以及乡村社区互助和谐、绿色低碳生活氛围的营造等。

（三）乡村生态宜居社区

生态宜居是乡村振兴战略的总体要求之一，也是美丽乡村建设的目标之一，是不断缩小城乡差距、实现乡村可持续发展的必然要求和必经之路。在乡村振兴战略中，持续改善农村人居环境、推进农业绿色发展、加强乡村生态保护与修复，是乡村生态宜居建设的主要内容。[1] 其中，农业绿色发展包含资源

---

① 尚道文：《脱贫攻坚与乡村振兴衔接生态》，北京：人民出版社，2020年版，第107页。

利用节约高效、产地环境清洁、生态系统稳定和绿色供给能力提升；农村绿色发展主要指人居环境改善，包括乡村基础设施的完善和乡村生态文明建设等。二者强调立足于"生态"，突出人与自然之间的平等互动，达至生态平衡的稳步发展状态。

梳理"生态"与"宜居"的关系有助于我们更好地理解生态宜居。"生态"包括自然生态和人文生态，是自然与人文共生共融高度耦合的一种状态。"宜居"是人类生存的本质诉求与舒适居住的有机统一。"生态"是"宜居"的基础，生态宜居乡村是可持续发展的能够促进居住人群身心健康发展的乡村。就"生态"和"宜居"的关系而言，不难看出生态宜居乡村是生态乡村与宜居乡村的有机统一。[1]

因此，本章所提及的"乡村生态宜居社区"是在国家乡村振兴战略要求的基础上，梳理梳理"生态"与"宜居"的关系，并结合供销社工的探索实践及所服务乡村的特点进行定义的。将"生态宜居"置于乡村社区建设中，作为乡村社区建设的内容和方向之一，强调乡村社区中人居环境建设的生态性和宜居性，包括"软环境"（人文环境）和"硬环境"（硬件设施）两个方面的生态宜居。从这两大方向出发，在狭义上将本章中的"乡村生态宜居社区"定义为乡村特色文化繁荣、社区支持网络紧密、生态环保氛围浓厚，硬件基础设施便利完善且绿色环保，经济发展走向绿色生态的可持续发展型农村社区。

---

[1]　孔祥智，卢洋啸：《建设生态宜居美丽乡村的五大模式及对策建议——来自5省20村调研的启示》，《经济纵横》，2019年第1期。

二、理论基础

（一）社会资本理论

社会资本理论应用领域广泛，普遍应用于社会学、经济学、政治学等研究领域，从不同的角度和研究对象出发学者们对社会资本有不同的界定。当前社会学领域对社会资本的定义主要从宏观（社会、国家等）、中观（群体、社区、组织等）和微观（个人）层面分类，结合研究的具体内容对其进行概念界定。就微观层面而言，社会资本是指通过社会关系获得的资本，是"期望在市场中得到回报的社会关系投资——可以被定义为在目的性行动中获取的，或被动员的、嵌入在社会结构中的资源"。[①] 在宏观层面，受到普遍关注的是哈佛大学教授普特南提出的观点，将社会资本作为社会组织（共同体）的特征，诸如信任、规范、网络等。[②]

本章中对社会资本概念的运用主要围绕个人（组织）资本、社区关系和集体行动来理解。首先是个人的社会资本，主要包括人际关系网络，即个人的社会支持网络、思想意识、价值理念、能力、思维方式和实践方式等，可以概括为推动个人进行某项活动的主体性社会资本。组织的社会资本在本章中主要指社会组织的社会资本和农村社区这一集体的社会资本。社会组织的社会资本是指其背景资源以及在服务过程中积累的

---

① 林南：《社会资本》，北京：社会科学文献出版社，2020年版，第41页。
② 顾慈阳：《社会资本理论及其研究》，天津大学博士学位论文，2004。

各种可用于提高服务和动员村民参与行动的关系网络、专业知识和能力等。而社区社会资本在本章中是指社区作为一个整体（组织）所拥有的社会资本，包括其拥有的外部资源和内在的关系资本，诸如社区内部的关系网络、社区规范、信任等。

就社会资本的结构而言，社会资本的类型除了主体性社会资本、场域性社会资本，还包括条件性社会资本、潜在性社会资本和虚拟性社会资本等。条件性社会资本泛指对主体实践有利的外部因素，使可促进主体顺利进行社会实践活动的具有很大包容性的资源总和。一般认为这些资源主要包括主体所处在的社会背景、情境、氛围、发展趋势、社会风尚、发展的时代主题和社会思潮等因素。潜在性社会资本主要指主体的潜力、机遇和运气等不定性、偶然性因素，甚至包括主体面临的困境、危机和挑战等不利因素在一定条件下转化而成的社会资本，而这些潜在性的社会资本在某一特定情景下可能释放出巨大能量。[①] 而虚拟性社会资本是网络时代发展的产物，主要指网络虚拟世界对主体实践活动的影响，如网络媒体的舆论传播对受众行为的影响等。

从发展的角度而言，社区建设的过程是社会资本积累的过程，社会资本积累是社区建设的必要条件，社区建设的可持续开展需要通过积累社会资本来实现。从微观角度来理解，社会

---

① 郑剑：《社会资本论》，华中科技大学博士学位论文，2011。

资本是个体行动的基础之一，既是个体行动的资源，也是个体行动的目标。在正向意识的前提下，个体通过行动积累社会资本，借助社会资本的积累获得情感性和工具性回报，又通过情感性和工具性支持去促进有目的的行动，由此产生循环的行动促进过程。从组织层面来看，社会资本是个体参与集体行动的基础之一，成员对组织的归属感，成员之间的互助网络、信任关系、形成的契约规范等，有助于动员组织成员参与组织的集体行动。因此，组织整体的状态、组织内部的关系结构会影响组织成员对组织的建设，组织内部关系网络越密集，成员之间的互动就越频繁，对组织活动的参与也会越积极。而这种集体性的参与活动能够激发组织活力，推动组织的建设和发展。

由此，社区社会资本的积累有助于促进社区建设，构建互助、互惠、合作的社区关系网络，有助于提高乡村社区居民的归属感，加强居民对社区事务的互动参与。而多样化的交流互动，有助于提高社区自我建设和自我服务能力，增强社区整体实力，扩大社区的影响力，积累社区社会资本，而从促进社区的建设和发展。

（二）参与式发展理论

参与式发展理论起源于对传统意义上的发展理论的反思，成长于第二次世界大战后一些西方国家对发展中国家采取的国际援助行动中。有关参与式发展理论的研究主要集中于微观层面，该理论可视为一种微观发展理论。

"参与"所体现出来的实质是一种基层群众赋权增能的过程，而"参与式发展"是一种"自下而上"的发展视角，[①] 强调项目受众"群策群力"的作用。参与式发展理论强调尊重差异、平等协商，重视项目受众在项目各个阶段中所发挥的作为项目主体的作用，注重各主体建立伙伴关系，将"发展"聚焦于在项目实施过程中对各个参与主体尤其是项目受众的发展，而不局限于最终的结果。[②] 突出在实践过程中对人的建设，认同和肯定项目受众的知识和能力，认为只有增强人们之间自愿贡献的意愿和主体的能力，调动项目受众主动并积极参与项目计划、决策和实施等项目实行的整个过程，才能真正实现项目的有益发展和可持续发展，使项目受众能够共享发展成果。[③] 因此，在参与式发展理论看来，"外来者"的作用主要在于为项目提供实施的契机，启动项目开展的"按钮"，通过发展项目受众作为主体的能力，以及相关的资金、专业知识、技术等，为项目的持续开展提供协助。

① 张晨，李天祥，曹芹：《"参与式发展"研究综述》，《农村经济与科技》，2010 年第 5 期。
② 华永新：《参与式发展理论在农村能源生态建设中的应用探讨》，《可再生能源》，2008 年第 5 期。
③ 王增武：《参与式发展理论与我国农村社区发展——基于对传统发展理论的反思》，《青海民族大学学报》，2015 年第 1 期。

第二节 "123"：供销社工 + 生态宜居服务模式的内容

以供销社工为核心枢纽，以乡村生态"软环境"建设和生态"硬环境"建设为抓手，以乡村社区生态文化培育服务、乡村人居环境改善服务、乡村生态产业发展服务为支撑的乡村生态宜居社区建设"一核双向三服务"模式，即"123"服务模式：一个核心枢纽，两个服务方向，三大服务支撑。

一、以一个核心团队为枢纽汇聚乡村建设内外资本

供销社工是由供销合作社出资在乡村成立村级社区综合服务中心，与社会工作服务机构签订服务协议，派遣社会工作专业人才进驻乡村社区为"三农"提供综合性社会工作服务的社会组织。因而供销社工同时兼具供销合作社服务"三农"以及社会工作帮扶弱势群体、解决社会问题的价值使命。

一方面，供销社工以供销合作社为资源链接载体，动员农业农村、气象、团委、妇联、科协、邮政等多个职能部门，以及公益组织、行业协会、金融机构、高校等组织、单位和企业等"N"股社会力量参与乡村共建行动，为乡村搭建生态宜居社区建设的资源流通平台。

另一方面，供销社工以村委为联结，挖掘并动员乡村内部资源，包括乡村的人才资源（党员、社区骨干、优秀返乡人

员等），空间资源（社区公共活动空间、社区宣传媒介及社区周边的配套设施等），经费资源（村民捐赠资金、社区集体收入等），组织资源（基层政府、社区社会组织、辖区企事业单位、兴趣团体等）以及文化资源（乡村内既有的古迹、文物、民俗、艺术等特色传统、乡村社区图书馆、乡村社区公约等）等，通过集体行动进行乡村生态宜居社区建设。尤其是乡村内部的人才资源，供销社工将"以人为本"和"社区为本"的服务理念进行有机结合，灵活运用社会工作的三大工作方法，通过生态环保意识培养和能力建设、乡村特色文化涵养等改变村民的认知。从而搭建社区关系网络、凝聚社区生态行动的共识、建立社区规范，动员村民主动参与乡村公共基础设施的建设以及运行管理，并逐步发展为主体力量积极参与乡村生态宜居社区建设各个环节。

同时，供销社工亦通过联动村委和社区骨干协同进行外部资源链接，提升他们的"对外交流"能力及资源整合能力，协助乡村社区积累社会资本，以促进内外资源双向互动、双向积累的方式为乡村生态宜居社区建设注入可持续发展的内外动力。

二、以双向目标为抓手开展服务

供销社工以"软环境"和"硬环境"双向共同提升为抓手，开展特色项目（"初心田园"共建项目），以特色项目为主轴开展系列生态认识和环境保护活动，以及生态工程建设、人居环境改造等乡村社区建设行动。在村民意识建设层面和乡村环境改造层面双管齐下，为乡村生态宜居社区建设提供服务。这里的"软硬环境"既是供销社工推进服务的方法，亦是供销社工的服务目标。

一个方向是生态"软环境"建设方向，即村民生态意识、生态知识建设方向。供销社工以营造乡村生态"软环境"为目标开展社区服务，通过小组及社区工作方法，激发村民主体意识，提升村民的生态环保意识，增加村民的自然科普、农耕文化、垃圾分类以及资源回收等生态环保知识和技能，提升村民爱护环境、保护自然的意愿和行动能力，营造低碳环保、绿色健康的社区人文环境。

另一个方向是生态"硬环境"建设方向，即乡村硬件设施绿化完善，乡村角落、村民庭院美化方向。供销社工在"初心田园"项目打造过程中的目标不止于项目所在地点环境的改善，更主要的目标是充分发挥"初心田园"多维功能，为村民提供多样化的公共服务，传递"初心田园"共建理念，推广共建技术，逐步达到以"初心田园"为中心，以点连线、以线扩面的方式推动夏良村整体社区环境硬件设施的改善。

三、以三大服务为支撑推动生态宜居乡村建设

（一）乡村社区生态文化培育服务

乡村社区生态文化培育服务可以分为以下四项内容：

一是自然教育，供销社工依托"初心田园"及夏良村丰厚

的自然环境资源开展丰富多样的自然科普活动。以社区儿童为主要服务对象，联动村内的幼儿园和小学，通过"线上＋线下"的方式开展"初心田园"科普研学系列活动。例如，制作"初心田园"导赏二维码（通过扫码获取相关动植物的图文信息，包括名称、别称和生长习性等）、建立科普 E 站等，利用现代信息技术为村民（包括成人和儿童）实现在线学习提供便利；开展实地观察体验活动，通过带领儿童参观"初心田园"、参观乡村自然环境区，进行实地教学讲解以及指导儿童动手种植果蔬、搭建昆虫屋等自然教育活动，满足儿童从多种感官上学习生态知识、保护自然环境的需要。

二是农耕文化传承，农耕知识提升服务。供销社工以"四季耕耘，庭院调香"为品牌课程文化开展"农耕课堂"，链接高校中风景园林学院的专家团队以及乡村内部的农资店等农业种植教学资源，为村民提供农技培训以及庭院种植培训，主题聚焦于庭院的花卉以及果蔬种植，根据乡村庭院的设施条件、气候节气等因地制宜选择课程内容，做到课程实用管用。并以"初心田园"为实践教学基地，以"夏良农业公园"为种植体验基地，开展农耕种植体验活动，以"看得见，摸得着，做得到"的方式传承农耕文化。同时还将农耕文化与乡村特色传统文化传承相结合，挖掘夏良村优良传统文化，收集村中有历史代表意义的物件，包括木犁、畚箕、石臼、锄头等农用物品以及具有影响力的夏良故事、夏良传统文化活动渊源，组织村民建立"夏良文化体验馆"，用"回忆录"的形式串联、展现乡村社区特色，延续历史血脉，推动农耕文化在继续乡村扎根延续。

三是资源再生、垃圾分类知识普及。一是开展资源再生活动。线上宣传推广"穗回收"旧物回收小程序，为村民处理闲置旧物实现旧物再生利用提供便利。线下开展旧物改造小组活动和社区活动，组织村民学习改造家中弃用的塑料瓶、箱子、铁罐等物件，将其变为美观又实用的花瓶、收纳箱等可以再次利用的居家物品。同时开展厨余垃圾堆肥小组活动，鼓励村民进行资源再生行动的同时进行生态种植。二是开展垃圾分类宣传活动。一方面组织线上线下垃圾分类知识宣传学习活动，另一方面逐步推行乡村文明公约，建立社区垃圾分类奖惩制度。

四是生态文明、生态宜居乡村建设政策宣传服务。运用社区宣传栏粘贴政策解读海报，以简要的图文并茂的形式呈现政策走向和重点内容；利用社区广播不定期播放政策更新情况（适用于地理位置较偏远的乡村地区）；运用社区论坛以及村民微信群、QQ群等网络媒介转发政策链接；同时将政策宣传与党建共建的主题相结合，不定期开展"生态"主题的政策宣传解读活动，邀请乡镇相关部门的政府工作人员以及社区党员参与现场交流，搭建政策传递沟通的桥梁。

（二）乡村社区人居环境改善服务

因地制宜开展乡村社区人居环境改善服务。以"初心田园"共建这一特色项目服务，建设乡村微型生态田园，改善乡村社区的公共活动空间。该项目在空间设计上运用了"海绵城市"的理念，从结构到建筑材质都以生态自然为目标，例如在园内小亭建设采用屋顶绿化、悬垂绿化等立体绿化设计，既增加了绿化面积，美化环境，又起到了保温隔热、增加空气湿度等多重效果。通过"初心田园"推广生态建设理念，推广改造技术（非专业人员可以进行，如屋顶绿化），参与夏良中心公园改造行动、党建主题公园的建设，以及开展"寻找乡村最美角落"计划，带动乡村公共活动类基础设施绿化，村民的庭院角落更新美化，为乡村人居"硬环境"绿化改造链接资源、提供服务。

（三）乡村生态产业发展服务

乡村生态产业发展服务也是绿色发展服务。绿色发展是建设乡村生态宜居社区的必要选择和必然要求。乡村产业绿色发展是乡村社区可持续建设的必然选择。供销社工的服务不局限于为村民提供生活方面的服务，其更大的优势在于依托供销合作社的资源为乡村社区经济发展提供服务。而生态产业扶持是乡村可持续发展的重要内容。

供销社工以供销合作社为资源链接平台，动员多种社会资源参与乡村生态产业建设。例如，在供销社工的牵引下，白云区供销社下属广州云供农业科技有限公司（简称"云供公司"）以土地流转经营权规模化流转的方式与龙归街夏良村成功签约了"夏良农业公园"项目，用于开发夏良的生态农业和生态旅游业。该项目一期流转土地面积 172 亩，涉及夏良 187 户农户，二期可连片土地面积约 644 亩，用以打造以"稻香渔歌"为主题，"水稻公园、鱼塘湿地"为功能结构，集观光与休闲等元素为一体的现代都市农业公园。充分发挥夏良村生态资源优势，力图构建一、二、三产业融合发展的现代农业体系，以此推动夏良村走绿色可持续发展道路。

与此同时，供销社工持续发挥"初心田园"的辐射带动力量，建立"夏良农业公园"与"初心田园"之间的纽带。在"夏良农业公园"运作前期，以"初心田园"项目活动丰富"夏良农业公园"农耕体验内容，发挥农旅文化规划、项目运营、技术推广等优势，推动"夏良农业公园"项目建设发展，从而带动夏良村生态农业、生态旅游业的发展。

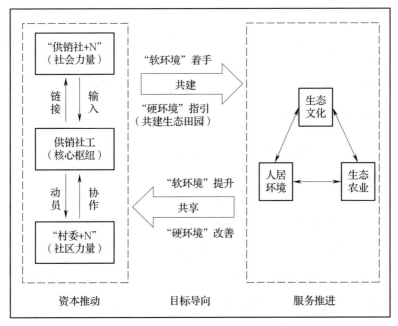

图1　供销社工促进乡村生态宜居社区建设的"123"服务模式图

第三节 供销社工＋生态宜居服务模式中供销社工的作用和服务特色

在"供销社工＋生态宜居"的模式中，供销社工的作用主要体现在以下七个方面：倡导生态环保的社会风尚，推动生态宜居社区建设氛围形成；拓宽建设资源汇集渠道，为乡村提供多样化的生态宜居建设资源；整合跨专业团队协作资源，提高乡村生态宜居社区建设效率；发展社区教育，提高村民参与积极性；激发乡村内生动力，推动可持续建设；挖掘乡村特色文化资源，助推乡村特色形成；引导乡村社区规范建立，推动生态宜居社区。

而模式的服务特色主要体现在它的双向促进性，通过供销社工的服务，促进乡村社区建设内外资源"双流动"，推动乡村社区"软硬环境"互提升，使得乡村生态宜居社区建设成为一个可持续进行的目标。

一、供销社工＋生态宜居服务模式中供销社工的作用

（一）倡导生态环保的社会风尚

社会风尚是指在一个特定的社会中，广大人民群众在思考什么、追求什么以及由此所产生的社会风气或社会时尚。从一定意义上说，社会风尚对社会的发展具有较强的引导作用，在一定程度上能调动更多资源进行相关的社会活动。因此，生态

环保社会风尚的形成对乡村生态宜居社区建设具有明显的促进作用。

就社会工作的角度而言，供销社工属于公益类且具有专业性的社会组织，在解决社会问题，发动社会倡导、政策倡导，推动社会发展方面发挥着举足轻重的作用。供销社工可以发挥倡导者的作用，以小见大，宣传生态环保理念。通过意见反馈倡导政府完善人居环境整治、乡村振兴以及生态文明建设等相关方面的政策，制定合理的生态宜居乡村建设规划，为生态环保社会风尚的形成营造政策环境。供销社工还可以基于社会工作的专业性以及当前在生态领域的理论发展和实践探索，如绿色社会工作理论的应用等，提高理念宣传的专业性和有效性。与此同时，供销社工能借助供销合作社的社会资源和社会影响力增强生态环保理念的宣传力度并扩大宣传范围，由此从多方面推动生态环保社会风尚的形成，为乡村生态宜居社区建设营造良好的社会氛围，为更多社会资源投入建设奠定良好的人文基础。

（二）拓宽建设资源汇集渠道

一般而言，乡村基础设施建设主要依靠政府补贴和地区财政资金的支持，这些资金来源有限且使用范围和制度也有严格的要求和规定。在我国生态宜居乡村建设过程中，许多乡村地区由于资金来源单一、不合理配置和使用，导致在建设过程中常常出现资金短缺而停滞建设的现象。同时，由于乡村资源自身的局限性（传统乡村的封闭性、乡村对外交流的有限性、历史原因导致的某些乡村负债累累等），在为乡村基础设施建设筹集资金和其他建设资源方面就容易出现心有余而力不足的现象。

供销社工背靠为农服务资源丰富的供销合作社，在资源储备方面具有显著优势。供销社工是社会工作与供销合作社的紧密联动，既可以发挥社会工作链接与整合资源的专业性，又能发挥供销合作社调动各种为农服务各项的灵活性。依托供销合作社多元的"助农服务资源库"，社会工作可以为乡村社区链接各种建设资源，尤其是资金资源，既有机会获得供销合作社的资金支持，又能以供销合作社为媒介链接其他社会资源，为生态宜居乡村建设提供较为充足的资金保障。而社会工作作为公益服务的递送组织，可以通过资源整合为乡村社区搭建对外交流的资源互动平台，丰富乡村社区的资源库，从而促进乡村社区社会资本的积累，推动乡村生态宜居社区建设项目的有序开展，逐步促成依靠乡村社区自身资本建设发展实现乡村生态宜居社区建设的目标。

（三）协调跨专业团队合作

乡村生态宜居社区建设既包括乡村人文环境建设，也包括乡村硬件设施建设，即可持续发展的乡村基础设施建设。这些建设都需要专业团队的协作参与共同配合。尤其是在硬件设施建设方面，乡村生态宜居社区建设是项复杂长期的工程，需要园林设计专业、建筑工程专业等多元专业力量的协同参与，如何链接各方专业、协调各方利益、提高建设效率，是乡村生态宜居社区建设中的重点和难点问题。

供销社工能够借由供销合作社资源库的基础平台及其社会影响力，链接并整合乡村生态宜居社区建设所需的专家团队资源，从而发挥自身作为资源链接者的作用。并灵活运用社会工作的需求评估技巧，从本质上了解各方需求，利用沟通和资源整合技巧协调跨专业团队合作，在服务过程中把握建设需求，协调各方利益，从而减少建设过程中团队冲突，提高乡村生态宜居社区建设的效率。

（四）发展社区教育

社区教育是家庭教育和学校教育的补充和延伸，在乡村社区建设过程中，只有不断拓展满足村民和乡村社区建设所需的社区教育内容才有助于村民个人及乡村社区的建设和发展。供销社工可以联动供销合作社对接高校的专业教育资源，为村民提供更多学习机会，延伸社区教育的内容，发展社区教育。在促进乡村生态宜居社区建设中，供销社工着重于链接自然教育资源，增加乡村儿童的自然教育知识和村民的农耕知识，推动村民认知的改变和农耕文化的传承。同时，供销社工亦能结合社会工作在生态环境领域的理论知识和探索实践，进一步探寻乡村生态建设发展的新路径，提高村民的生态保护意识和能力，促进生态环保社区生活氛围的形成，进而提高村民参与乡村生态宜居社区建设的主动性和积极性。

（五）激发乡村内生动力

乡村社区要实现可持续的建设发展单靠外来"输血"注入

是远远不够的，最终还是要落实到乡村自身的内在力量的发挥，通过内在能力的提升为乡村生态宜居社区建设提供源源不断的内生动力。社会工作秉持着"助人自助"的专业价值理念，在乡村社区建设过程中会侧重于从专业价值的角度出发，以优势视角看待社区自身力量。将乡村社区视为具有巨大潜能和能动作用的"行动主体"，通过绘制"社区地图"持续探索和挖掘社区资源，并引入外来专业资源，加强社区内外交流，厚积乡村社区的社会资本，充分借助外力激活并不断加强社区自身能力建设。以培育各类社区社会组织的形式，如乡村社区环保志愿服务队、妇女自强组织、村民议事小组等，加强社区的自我建设能力，不断提升社区的社区凝聚力和自我服务能力，促进生态宜居社区建设的可持续发展。

（六）挖掘乡村特色文化资源

就当前乡村生态宜居社区的建设成果而言，大多数的村庄都是相似的建设模式、类似的乡村文化，缺乏自身特有的乡村文化、乡村特色。而社会工作专业价值的特点之一在于格外注重在人精神方面的建设，在乡村生态宜居社区建设服务中从以人为本到以社区为本，都关注着乡村社区人文建设、乡村特色文化的传承和弘扬。社会工作通过专业服务与村民建立良好的服务关系，在服务中逐步了解并挖掘乡村传统文明，通过社区活动服务将乡村特色传统文化融入生态宜居社区建设过程中，因地制宜促进乡村精神文明建设，可以借助供销合作社链接相关的高校文化发展资源，为乡村特色文化继承和发展提供专业支持，充分发挥乡村特色文化优势，提高村民的社区归属感和社区凝聚力，促进乡愁气息浓郁的乡村生态宜居社区建设。

（七）引导乡村社区规范建立

在我国当前生态宜居乡村建设中，由于过分强调政府和专家主导的作用以及建设前期资金资源投入的不合理分配，常常导致生态宜居乡村后期运行和维护管理难度大。这一方面的困境主要体现在运维管理的资金、技术、人才等资源的不足，村民的维护意识薄弱和维护管理能力的缺乏等。而供销社工在建设服务过程中着重于通过"人的建设"去推动环境的建设。强调村民作为受益主体在建设过程中的主体能动性作用，向村民传递"共建共享"的社区建设理念，引导村民在互动合作过程中建立社区规范、形成信任关系，提升村民的集体意识，自觉遵守和维护社区规范，积极参与乡村社区基础设施的管理和维护，从而在某种程度上减少外部资源的投入和使用，减少对乡村社区外部资源的依赖性。

二、供销社工＋生态宜居模式中供销社工的服务特色：推动双向促进

（一）促进乡村社区建设内外资源"双流动"

以共建乡村微型"生态田园"为契机，推动乡村社区建设内外资源互为动力，双向促进。供销社工是背靠供销系统的社会组织，就其性质而言可以理解为依附于供销合作社的社会工作。供销社工能够借助供销合作社的资源优势，在服务过程中

有效动员乡村内外资源参与社区建设，从而提高服务效率。

一方面，供销社工依托供销合作社资源库平台链接乡村社区外部多方资源，动员多元力量（政府、企业、公益组织、协会以及高等院校等），建立"1+N"服务平台，即"供销合作社+N个主体"，以供销社工的服务为载体，整合各方力量推动乡村社区公共活动空间的建设改善。另一方面，供销社工借由供销合作社为"三农"服务的性质身份与"三农"建立深层的信任关系，动员村民积极参与社区活动，拓宽社区支持网络，汇聚社区资源（村"两委"、社区志愿服务队、社区骨干、社区企业等），培育社区社会组织，活化乡村内部社会资本，提升社区凝聚力和对外交流能力，持续积累个体性和团体性社会资本。

供销社工作为这一模式中资源流动的枢纽，充分发挥了供销合作社的资源优势，联动社区内外多元主体力量参与社区建设，以落实某一项目为契机，盘活社区内外资源，为乡村社区内外搭建关系网络，架起资源运输的桥梁，实现了社区内外资源的互动流通，促进了双方社会资本的积累（乡村社区获得建设资源、外部力量树立形象并获得与其他专业团队的协作建立关系的机会），奠定了乡村社区建设持续性发展的基础。

（二）推动乡村社区"软硬环境"互提升

供销社工以乡村微型"生态田园"为载体，推动乡村社区"软硬环境"建设双向促进。乡村微型"生态田园"不仅是生态宜居乡村社区硬件设施建设的一部分，还是乡村生态意识培养和自然保护能力提升的有机载体。以形式提供服务，供销社工在共建乡村微型"生态田园"的项目服务中，将"生态"主题与乡村特色文化传承相结合，开展多元化的社区服务活动，而不局限于单一的社区文化活动服务，从而为村民搭建多样化的互动交流平台，提升村民生态意识和生态建设保护能力。同时在互动交流中拓宽和增强个人的关系网络，促进村民个体社会资本的积累，以社区活动参与引导村民寻找乡愁，增强村民的社区归属感和集体意识，促进社区集体社会资本的积累。

以参与共建乡村微型"生态田园"为联结，促进"软硬环境"相互交汇。"软硬环境"从某种程度而言是一个整体，一方的改变会导致另一方产生同向的反映。通过改善"软环境"可以推动"硬环境"的建设改善，但二者之间需要有一定的引导和助推力量使之产生碰撞。在该模式中，供销社工发挥了重要的助推作用，通过动员社区内外资源，积累村民个体社会资本和壮大社区集体社会资本的手法促进"乡村社区田园"共建目标的实现，使乡村社区在进行生态保护硬件基础建设改善的同时，增强建设生态宜居社区的共识和能力，实现"软硬环境"的双向促进。

以共享项目成果为平台，开展系列乡村特色文化建设、社区社会资本提升和生态宜居社区建设氛围营造工作，持续改善乡村生态宜居社区的"软环境"。供销社工可以依托项目（"初心田园"）实体开展公共服务活动，推广共建项目的建设理念和技术，也能借助这一硬件设施本身的改善，带动其周边硬件环境建设绿化完善，进而逐步辐射影响社区整体公共空间和社区庭院角落的美化。由此促进乡村社区"硬环境"建设朝向绿色生态方向可持续建设发展，为村民提供舒适健康的"自然"居住区，提高村民的生活质量，并拓宽村民感受自然、学习保护自然的场域，增强村民建设生态宜居社区的意愿和行动能力（"软环境"），实现"软硬环境"的生态可持续循环建设，促进乡村社区走向生态宜居。

第四节 供销社工＋生态宜居模式的探索过程

实践是认识的来源，在探索行动的基础上借助理论指导分析实践并总结服务经验，有助于梳理供销社工服务乡村生态宜居社区建设的行动逻辑，并从中凝练出供销社工促进夏良村生态宜居社区建设模式。

供销社工的服务过程主要分为三个阶段：准备阶段——主攻社区"软环境"，改善乡村社区人文环境；攻坚阶段——着力社区"硬环境"建设，动员乡村社区公共活动空间微改造；以及完善阶段——推动乡村生态宜居社区建设的社会资本可持续积累。

一、准备阶段：主攻社区"软环境"

"软环境"是村民行动的精神环境，包括村民个体意识和乡村社区的整体社区氛围，即社区文化导向。认知是行为的"触发按钮"，能够促进行动主体采取相关行动。由此，改变村民的认知结构，培养村民的生态环保意识，营造健康生活、绿色发展的社区建设氛围，积累个体社会资本，包括个体认知、能力和关系网络，是供销社工促进乡村生态宜居社区建设启动阶段的主攻方向。

改善乡村社区"软环境"属于供销社工服务模式探索第一阶段的最初工作，也是基础性工作，是供销社工探索促进乡村生态宜居社区建设服务模式的奠基阶段。乡村社区建设的核心与主体是村民，最终的受益者也是村民，只有着眼于村民的需求、挖掘村民的潜力、改变村民对社区参与的态度，培养村民的共同意识，形成共同的社区建设的共同目标，才能在供销社工撤离后依靠社区集体力量持续推动社区建设。

（一）准确定位，激发主体潜能

1. 准确定位，利用身份优势顺利"驻扎"社区

已有研究表明，同政府的关系能为社会组织带来合法性，增加社会组织融入社区以及资源动员的机会。[①] 夏良社区综合服务中心是供销合作社立足乡村振兴，在探索创新综合性为农

---

① 宋茗樾：《资源动员与社区治理——以Z组织的社区营造项目为例》，厦门大学硕士论文，2019。

服务方式的背景下诞生的，是广州市白云区供销总公司下设的"农村社区综合服务中心"运营管理项目之一，于2018年12月正式在夏良村揭牌成立。在进驻夏良村之前，供销社工针对夏良村这一服务主体开展了多次实地调研活动，通过会谈和走访与夏良村村委建立了初步联系。

供销社工在与村委打交道的过程中，注重突出自身与供销合作社之间的关系，邀请供销合作社相关部门的工作人员与村委开展驻村会谈。为降低自身作为外来社会组织的身份敏感度，供销社工借助购买方的身份澄清自身的职能和使命，凸显自身同供销合作社之间的关系，淡化外来社会组织的身份。注重强调供销社工隶属于供销合作社，其身份之一是代表供销合作社践行为"三农"服务使命与价值，并非作为一个毫无关联的外来组织在参与社区建设，以此在三方会谈中表明自身的定位，与村委形成一定的合作共识。

2. 明确角色，激发村民主体潜能

经过多次的实地调研和实地走访，供销社工了解到，夏良村近年来由于周边经济发展的带动，村民整体收入水平得到了很大的提高，但同时新的问题也在凸显，即夏良村的贫富差距逐渐拉大。2019年处于全国夺取脱贫攻坚伟大胜利的关键阶段，夏良村的脱贫攻坚任务也进入了深水区。供销社工通过供销合作社的资源链接以及专业的社会工作方法，积极配合基层工作人员解决辖区的隐形贫困，多次参与社区开展的脱贫攻坚座谈会，及时了解村内情况和村民的需求。同时联合辖区社工站、村委、居家养老中心等单位，通过入户探访和电话探访了解辖区低保低收家庭的情况，深入了解其致贫原因，对辖区低保低收家庭进行分类及分析，由此构建针对性的帮扶方案。

在帮扶的过程中，供销社工联动村委动员了辖区内各党组织以及区团委，分别组建了"民情党员志愿服务队"以及"青年突击队"，发动社区和社会力量帮扶困难群体。供销社工多次组织两支志愿服务队以探访的方式与贫困家庭互动，为贫困家庭送上节日礼品、带去精神支持，通过坚持不懈的"晓之以理，动之以情"，越来越多贫困家庭主动报名参与了供销社工和村委联合推行的精准扶贫项目。同时，供销社工以这些贫困家庭的共性（较多受教育程度较低但动手能力较强的中年妇女，在土地被征收后由于文化水平和年龄有限，认为自己没什么价值而赋闲在家）为切入点，开展了钻石画妇女小组，通过小组培育的方式挖掘她们的优势，提升她们的技能和自信心，为家庭增收积累必要条件。另一方面以小组互动的形式为低保低收妇女搭建互动交流平台，增强她们之间的情感联结，形成相互支持的妇女小组，拓宽低保低收家庭的关系网络。

供销社工将"助人自助"的专业理念贯穿于服务全过程，着眼于服务对象自身的优势开展能力发掘式的小组活动，如"我是独特的"（思想改变）、"我们都能做"（手工技术挖掘）的主题活动，引导服务对象通过自身能力建设走出困境。渐渐地，这些妇女不再被动地接受低保救助，而是主动组织在一起，相互帮忙，主动寻找适合的手工制作资源，以自身的努力和付出增加家庭的经济收入。

（二）资源挖掘，以多元化服务搭建互动平台

在盘点社区资产的过程中不难发现，夏良村有较为丰富的休闲娱乐场所资源、文化资源，但大部分村民的休闲娱乐方式是"各自为阵"，没有形成一定的关联，缺乏互动交流。由于该村人口流动性大，人际关系复杂而薄弱，社区凝聚力低，在无外力的推动下难以形成稳定的社区自组织团队，导致社区自我服务能力较弱，公共服务方式单一。

面对缺失的社区公共服务以及逐渐松散的社区关系网络，供销社工结合传统节日、主题月、村内传统文化、村委主题任务、日常走访了解村民需求等为依据开展活动，为村民提供多样化的基础服务。并结合"十二号文化圈"计划，更新乡村社区实体图书馆，以村史、村落文化、年代物件为基础，以记住乡愁、凝聚力量为目的，建立"夏良文化体验馆"。

1. 以文化传承为载体，构筑社区交流平台

以发展社区文化为载体，通过文化挖掘传承，找回社区文化，培养社区文化认同感，为村民找回精神归属，构建村民之间的关系网络，为营造舒适宜居的社区人文环境奠定基础。

供销社工以弘扬村内传统文化为主题，为村民搭建交流学习的互动平台。夏良村有一批粤剧文化爱好者，每周六下午会在"夏良中心"楼下的"星光老人之家"进行粤剧演唱活动，但参与者局限于社区内部的几位长者，粤剧文化在社区内得不到弘扬和传承。同时，村内的粤剧文化由于欠缺与外界的互动

交流文化的发展动力也逐渐流失。供销社工通过白云区供销合作总公司链接广州粤剧艺术博物馆的资源，组织村内的粤剧爱好者一同前往艺术馆参观学习，通过对外交流互动开阔村内粤剧爱好者的视野，同时进一步激发他们的学习热情。与此同时，供销社工也重视挖掘村里粤剧爱好者，结合夏良小学、夏良幼儿园等教育单位的文化兴趣课，寻找一批对粤剧感兴趣的成员。并通过"以长带幼""以幼乐老"的方式搭建了长者与青少年之间互动交流平台，即长者为青少年传授粤剧的基本功，青少年从网上获取信息，为年长者更新粤剧文化的内容。

不止于粤剧文化弘扬，供销社工也对夏良村的舞狮文化进行了挖掘和保育。每一年寒暑假，夏良村会开放"南雅山房"作为舞狮文化学习的场地，同时邀请教头为辖区有兴趣学习舞狮的中小学生提供免费的舞狮教学，村里的儿童对舞狮的学习很感兴趣，但除了每年元宵节，孩子们几乎没有机会向公众表演展示。为满足儿童的成长需要，供销社工策划了系列"夏良舞狮文化走出去"服务活动，通过对接白云恒福社会工作服务社所承接的社工服务站链接资源，尤其是城市社区的资源，为学习舞狮表演的孩子们寻找舞狮表演的机会，孩子们可以在表演中展示自我、对外交流学习。

在乡愁农耕传承方面，供销社工通过访谈村委书记、村内老党员、退休老书记等村内资深能人，挖掘村史故事、村内文化，寻找认同，发动老物件捐赠，以宗祠文化为基础，在村里建立了简易版的"夏良文化体验馆"。馆内主要陈列具有年代感的各种农耕工具和日用物品，展示村史、乡贤故事以及乡风文化习俗。该文化体验馆在周一至周日的8：30-18：00都是对外开放的，交由看管宗祠的村民同时管理，成为供销社工文化传承主题儿童服务活动的主要阵地之一。

另一方面，基于夏良村丰富的文娱场地资源以及村内居民多样化的文化背景，供销社工还组织辖区文娱爱好者开展座谈会，开展乒乓球、象棋等比赛，丰富辖区村民的休闲生活。并同村委联动辖区的各个单位对夏良村图书室进行更新及改造，动员辖区医院、学校、村民等参与图书捐赠活动，累计捐赠新旧图书六百余册，发动合社区捐款以及链接辖区企业资源更新图书室的面貌，对图书室的墙壁进行了粉刷翻新，为图书室配置阅读设施。

2. 以节日活动为契机，形成社区互助氛围

传统节日活动自古以来便是中华文化传承的重要载体，也是弘扬民族精神的重要途径。供销社工以多样化的节日服务形式开展社区活动，吸引村民积极参与，例如元宵游园会、雷锋精神学习活动、端午节包粽子及探访慰问活动、中秋探访活动、冬至庆祝活动、年货筹备活动等。这些服务活动大多以"社工＋本村志愿者"的形式开展，由供销社工组织，村民志愿者参与。在服务初期，供销社工以礼品和服务时长吸引村民参与服务，在服务中对每次志愿活动进行了"价值瞬间"记录，并时常在村民群中呈现和分享活动，以此及时表扬和激励村民志愿者。久而久之，这些方式成为了志愿者激励机制的组

成内容，吸引了越来越多村民主动参与到志愿服务中，形成了一支较为稳定的探访服务队。

3. 特殊时期以特殊方式搭建特殊网络

疫情期间，供销社工转换服务思维，为村民开通了线上服务，搭建了网上互动、互助平台。除了协助夏良村进行疫情防控工作外，供销社工从三方面着手开展助农服务。从生活方面，开展开展防疫助农服务，协助村民应对疫情期间的出行及生活问题，积极链接各类生活物资、防疫急需物品，派发给困难长者、困境家庭、困境儿童（三类困境服务对象共19户），缓解困境人士生活、出行和上学防疫物品缺乏的情况。在意识方面，开展线上防疫知识学习系列活动，向村民介绍新冠肺炎的预防知识，让村民学习新冠病毒的防疫知识和应对方法，并以小组竞赛的形式巩固村民的防疫知识，为村民搭建互动合作的线上平台。在生计方面，开展农产品助销活动，助力解决农产品滞销问题。得知外村农产品受疫情影响滞销严重，供销社工积极开展助农销售活动，动员本村村委、村民参与购买滞销农产品，构建村民与外村村民之间的互助网络，协助销售番石榴561斤，协助销售阳桃836斤，合计3 722.4元。

（三）动机培养，以体验式学习搭建生态行动框架

从熟悉的地方切入，与生活结合，是学习新事物、提升能力的有效途径之一。在生态保护能力提升方面，除了增加村民垃圾分类知识、提升资源回收再用能力外，供销社工还致力于增加村民的庭院种植知识，提升村民植物种植能力。夏良村是

"农转居"过渡时期的典型村子，年长的村民大多具有一定的农耕种植经验，但由于生活的转变已经很少接触耕种，一些农耕知识在逐渐流失。而新一代青少年由于生活条件的改变，基本没有农耕种植经历，更难谈种植技术和能力。双重因素致使村子的农耕文化逐渐淡出村民的生活，很大程度上消减了村民与自然接触和互动的机会。因此，供销社工立足于村民和乡村社区的特点，从庭院种植技术着手，开展"庭院种植课堂"系列活动。

在服务过程中，供销社工选择以蔬菜和庭院花卉种植管理为主，贴近村民的生活需要，引导村民积极参与学习活动。一方面，通过供销合作社链接农业大学风景园林学院的资源，为村民提供专业的庭院种植管理技术教学。另一方面，为使村民尤其是青少年能更深入学习自然知识和庭院种植技术，与村委进行多次沟通协商打造一个具有夏良村特色的自然科普和农耕种植体验基地（"微型生态公共空间"——"初心田园"），以"初心田园"为主要服务阵地，为村民提供农技培训、农耕知识学习和农耕种植体验等服务。

二、攻坚阶段：着力社区"硬环境"建设

硬件设施建设是改善乡村人居环境，建设生态宜居乡村必不可少的重要环节。社区硬件设施建设是一项专业化的复杂工程，需要多个部门、多种专业协同合作，多股力量、多项资源共同参与。如何整合资金、技术、人才、场地、物资、时间等

这一系列建设资源、共同助力改善乡村社区硬件设施对于公益性的社会组织来说亦是一项复杂工程。因此，硬件设施改善阶段也是供销社工探索服务的攻坚阶段。

在促进乡村"硬环境"改善方面，供销社工主要采用"1+2"资源联动方式进行"硬环境"共建服务。"1"是指白云区供销合作社与供销社工二者是一脉相承的资源链接者和资源整合者，"2"是指乡村社区外部助力和内生动力两股力量。供销社工在区供销合作社的支持下，联动了白云区科协、区妇联、区团委、华南农业大学、广州大学华软软件学院、中国银行、民生银行、浦发银行、农商银行等政府部门、高校专家团队、爱心企业，为夏良村生态宜居社区建设提供外来的资金、技术、人才和知识等有形的和无形的输入。与此同时，供销社工联动乡村社区基层组织、内部企事业单位，以及村民这一主体力量共同参与"初心田园"建设，将"初心田园"作为集党建教育、科普教育、文化传承、社会主义核心价值观传递的社区共建共享平台。并通过传递"初心田园"的建设理念，推广建设的策略及方法，带动社区公共空间以及社区庭院角落的建设和美化。

（一）促进组织间社会资本流动：联动社会资源助力打造微型"生态田园"

结合促进"三农"发展的服务理念以及夏良村公共基础设施建设情况，供销社工在区供销合作社的支持下联动村委，以夏良中心公园侧门的一个角落为共建场地，以打造乡村共享型生态田园的方式改变夏良村基础设施的面貌。

在场地规整布局方面，项目动工之前供销社工便联动村委链接了镇政府资源（太和镇市政）对夏良中心公园内杂乱树枝进行了清理，同时通过政府渠道对接了保洁公司对闲置用地的生活垃圾进行了大面积清理，整洁区域环境。经过一段时间的服务摸索，供销社工依托白云区供销总公司的资源平台，链接了华南农业大学林学及风景园林学院的团队资源，邀请团队对共建式乡村田园（初心田园）进行了整体规划布局，并分阶段分区域逐步推进的"初心田园"的建设性改造。同时，为提升村民的共建能力，供销社工还链接了白云区科学技术协会及园林专业的高校志愿者为村民提供种植技术培训和自然知识普及。

在物资筹集方面，供销社工立足于供销合作社这一资源平台，链接并动员了白云恒福社会工作服务社机构内部资源，即均禾社工站、永平社工站等开展了改造轮胎花园的认领种植活动、共建式乡村花园科普培训活动（6场）等服务，累计服务1 100人次。并在供销合作社这一资源平台的基础上链接了爱心企业的资源，与村委共同努力筹集建设物资，得到了5家爱心企业（中国银行、中国民生银行、浦发银行、广州农商银行、中国农业银行）的支持，为"初心田园"建设筹集提供了共10万元的资金支持。

受疫情防控的影响，项目的执行过程不得不放缓。为提高工作效率，减少疫情的影响，供销社工借助现代网络科技与项目各参与主体，包括建筑公司、木制品公司、石材公司等在内的建设参与者保持良好的线上沟通，尤其是与项目整体规划设计团队保持密切联系。在疫情期间，供销社工充分利用设计团队的专家资源开展线上督导，深入学习"初心田园"场地的整体布局规划、生态设计理念、"初心田园"共建相关的志愿者培训知识以及"初心田园"的运作管理要点等相关内容。

（二）促进组织内部社会资本积累：动员社区主体共建微型"生态田园"

1.加强与社区基层组织的联动

社区基层组织是社会组织开展社区服务的重要桥梁，既关系到社会组织与社区及居民之间关系建立和维持，又关系到社区内部资源的挖掘和使用。因而同社区基层组织建立并维持良好的互助合作关系是社会组织参与社区建设、提高社区服务能力的必要条件。

"初心田园"共建项目从计划到实施再到投入服务，整个过程都离不开供销社工与村委的关系联动。在项目开展前的社区服务中，社工凭借积极沟通聆听以及务实性的专业服务，与村委保持相互支持、相互配合的良好合作关系。村委借助"夏良中心"为村民提供多样化、更为专业性的社区公共服务，如乡村特色文化传承服务、脱贫攻坚时期的精准扶贫项目、疫情防控时期的社区宣传及社区排查等，社工则通过村委找到了建设"初心田园"的适用场地，也发动了更多村民参与共建行动。

在项目计划时期，社工多次以意见征求、合作共商的方式与村委、村经济社等社区持份者进行沟通会谈，从而获取村委的支持以及带动村委的建设积极性，为项目开展争取了有利的"同盟者"。在项目实施过程中，社工邀请村委参与"初心田园"规划设计会议，告知村委施工进度，与村委协商解决建设中的相关难题，征询建设中的意见，如讨论是否可以将"初心田园"打造成夏良村的"一村一品"等，以及邀请村委参与揭牌仪式等。也是在同村委的联动下，为"初心田园"建设链接到了龙归街道党建办、太和镇镇政府、龙归街道团委、龙归街道司法所等政府、协会资源，为建设提供了更多的物力和人力支持。

2. 充分挖掘社区内部单位资源

就整体层面而言，乡村社区既是一个微型社会，也是一个微型生态圈。乡村社区不是仅由村民个体组成，也是由某些具有共性的个体组成的，为社区内外个体提供生存、生产和生活需要的各种组织和单位，与个体共同构成了乡村社区这一整体。因此，在乡村社区建设过程中，这些组织、单位的参与也是不容忽视的。在"初心田园"建设过程中，供销社工除了发动村委，联动社区外部的社会力量，还重视对乡村社区内部组织、单位的资源挖掘，尤其是社区内部的教育单位。

儿童是社区活动中积极活跃的群体，他们有着旺盛的活力，同时亦能带动家庭参与社区建设，对动员村民参与社区建设具有一定的催化作用。为此，供销社工积极联系村内的幼儿园（5 所）和夏良小学，以学校为桥梁，与村内更多儿童搭建关系纽带。通过学校的组织带领，更多儿童参与到"初心田园"的共建和学习活动中，将学校的固有教育、理论课程与"初心田园"的自然教育、户外拓展相结合，开展蔬菜花卉种植、昆虫屋搭建、观鸟屋打造等生态体验服务。

3. 广泛动员村民参与共建

乡村社区是村民自己的社区，"初心田园"的建设初衷是改善夏良村的人居环境，提高乡村社区公共服务水平，改善村民的生活质量，将最终的受益者落实到乡村社区和村民。为充分发挥村民的主体性作用，供销社工结合社会工作专业手法，以社区社会工作为主线，辅以小组工作，采取多样化的服务策略动员村民积极参与"初心田园"共建活动。所采用的动员策略包括框架动员（人的认知结构）、网络动员（社会关系网络）和舆论动员（互联网传媒）。

供销社工以"线上＋线下"的形式展开项目宣传和培训，向村民传递"初心田园"设计理念和建设初衷，将"初心田园"建设与相关的种植培训课程相结合，通过供销合作社链接高校园林设计的专家团队为村民和自身提供相关的专业培训，并采用理论与实践相结合的模式，根据"初心田园"的施工进度安排，与专业授课团队协商了共建课程教学顺序，使村民参与到"初心田园"建设的各个环节，包括计划提出、方案形成、田园建设、竣工运维，尤其是田园建设与田园的后期运维管理。在建设过程中，供销社工不仅动员村民参与建设实践，同时重视对村民建设意见的收集，在村民微信群中定期开展问卷调查以及意见收集，也通过电话访谈和入户走访了解未参与活动村民的情况和意见。

"初心田园"主要包括四大板块、八项内容，如图 2 所示，分别为：一米菜园、轮胎花园、昆虫屋、观鸟屋、感知路径、生态水池、生态亭、种植区，每个区域都有村民的参与投入。

例如一米菜园，这是以一米见方大小的种植箱划分多格种植区域，用于种植各种不同种类的蔬菜瓜果，满足村民丰富的蔬果种植需求。一米菜园在"初心田园"中主要凸显两大功能，一是儿童自然教育功能，二是满足村民农耕种植需求的功能。在一米菜园的建设过程中，社工通过家庭组合的小组（每组 4-5 人）参与形式，引导村民从如何放置木箱、填土、分隔，到种植规划表的制作、植物的选择、种植和管理等，让村民参与到一米菜园打造的全过程。同时，社工还组织儿童学习制作植物身份牌，组织儿童制作种植观察日记。

又例如轮胎花园，轮胎花园是利用废弃轮胎进行植物种植，通过绘制装点，将废旧轮胎改造成可以进行植物种植的"花盆"，起到废旧物品回收利用，装点美化环境，增添生活趣味性的作用。在轮胎花园的打造过程中，社工专注于培养村民旧物改造资源再生的环保理念，以小组学习、头脑风暴的方式对废旧轮胎以及塑料瓶进行改造，设计和布置轮胎花园，通过亲子组合绘制轮胎及完成轮胎内的植物种植，并组织儿童记录花卉的种植过程。

图 2 村民共建"一米菜园"

图 3 村民共建"轮胎花园"

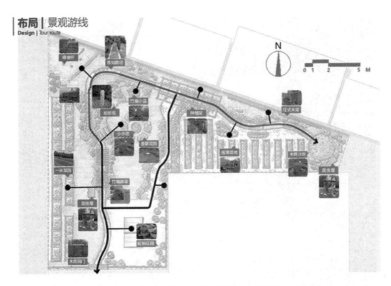

图4　夏良村"初心田园"各区域分布图

（三）发挥辐射效应推动社区基础设施完善

社区建设是由一个量变到质变的过程，而量的累积不可能是一蹴而就的。夏良村生态宜居社区建设也是如此，是一个逐步完成小目标汇聚实现整体目标的过程。在人居环境改善的过程中，供销社工以"初心田园"这一硬件设施建设为契机，与村委及村民骨干开展多次座谈会，沟通商量改善中心公园的基础设施建设。

"初心田园"本是"中心公园"废旧的一隅，连带着角落周围都是杂草丛生、路面凹凸不平、围墙老旧的景象。这一区域的"颓败状态"不仅影响了夏良村公共空间的整体面貌，也给村民前往社区图书室、长者活动中心参与相关社区活动造成了诸多不便。在"初心田园"建成后，供销社工通过延伸"初心田园"的价值，以多种服务活动吸引村民参与体验并维护"初心田园"建设成果，如除草、植物扶植体验、厨余垃圾堆肥、植物扎染等活动，联动村委、社区骨干通过社区宣传栏、村民微信群、社区广播等宣传美化社区环境。在"初心田园"系列活动的影响下，越来越多的村民积极响应，或是捐款捐物或是出力，主动参与到改造社区公共空间的活动中。最终以"社区自筹＋政府出资"的方式完成了"中心公园"改造的资金筹集，修缮了"中心公园"的围墙与道路，为"中心公园"添置了石桌石凳、活动器具以及装饰物等，对"中心公园"的基础设施进行了完善。

　　"初心田园"的共建除了带动"中心公园"硬件设施的建设完善，还进一步促成和加快了社区中"党建主题公园"的建设，坚持党建引领乡村振兴。在建设前的设计规划中，供销社工就与设计团队协商，将微型"生态田园"命名为"初心田园"，"初心"源于党建教育中的"不忘初心"，既是指不忘为人民服务的初心，也代表着村民们能够不忘本心，守住集体共同财产，尊重自然规律，与自然和谐相处。"初心田园"建成后，供销社工继续扩大园中的各项服务功能，通过联络党史研究室等资源，打造并不断丰富田园中"初心路径"的内容，使"初心路径"逐渐成为一条富有教育意义的红色教育路线，发展田园的党团红色教育功能，在丰富"初心路径"的基础上，配合夏良村完成党建主题公园的建设。

三、完善阶段：增强社区建设资本的积累动能

就社会组织性质而言，供销社工属于乡村社区外来的社会组织，所提供的服务在本质上属于外来服务，终有一天会退出乡村社区。因此提升乡村社区自我服务能力，将个体社会资本与集体社会资本融合，促进社区内个体社会资本与集体社会资本相互转化，不断发展壮大，从多重角度推动乡村生态宜居社区建设的"软环境"建设与"硬环境"建设相互促进，形成由内力引外力、由外力补内力的建设发展状态，是促进乡村生态宜居社区建设可持续发展的关键一环。

在这一服务阶段，供销社工将推动"软环境"和"硬环境"建设的可持续循环作为主要服务目标，以"初心田园"为服务活动载体，持续拓展乡村社区教育的内容、丰富乡村社区活动内容、挖掘并培育社区社会组织、激发社区生态环境建设新动能并推动社区资源链接平台的建设、引导乡村社区走绿色发展之路。

（一）拓展乡村社区教育内容

社区教育是家庭教育和学校教育的补充和延伸，在乡村社区建设过程中，只有不断拓展满足村民和乡村社区建设所需的社区教育内容才有助于村民个人及乡村社区建设和发展。

"初心田园"的社区教育功能主要体现在四个方面：一是在于对儿童进行自然教育，弥补家庭教育和学校教育在自然科学内容普及方面的缺失；二是对村民的健康生活理念、生态环

保意识的引导，保护自然能力的提升；三是对社区人与自然和谐共生，促进生态社区建设的倡导；四是对党史学习氛围的营造，滋养乡村精神文明，铸牢乡村共同体意识。

在自然教育方面，供销社工通过实施"生态科普教育计划"，推动社区自然教育常态化。夏良村社区综合服务中心与夏良小学以及夏良村社区中的幼儿园签订了青少年儿童户外知识拓展合作协议，借助"初心田园"这一微型"生态空间"让孩子们实地体验学习，参与"初心田园"的运营和维护，在实践中科普自然知识。与此同时，供销社工整合村里的庄稼医院、农资店资源，引入了科协、华南农业大学、华软软件学院等单位和高校资源，开设"庭院种植课堂"为村民提供专业农耕技术和园艺种植等种植技术培训。除此之外，供销社工还结合科技、传统农耕、园艺种植、科普等内容，委托林学专业的团队成员制作了"初心田园"导赏二维码（通过扫码获取相关动植物的图文信息，包括名称、别称和生长习性等）；又将农耕与二十四节气相联系，开展农耕种植体验，制作了"初心田园"导赏指引小册子，以"线上学习＋线下体验"的方式，不断丰富科普的内容和形式，畅通村民知识学习和技能提升的路径。

在生态环保意识培养方面，供销社工借助"初心田园"旧物改造成果，拓展旧物改造、环保回收利用的小组及社区活动，延续循环利用理念，发动村民及企事业单位捐赠废旧物品，持续开展旧物利用课堂。并将生态环保理念带入村民的生活中,通过"旧物新用"活动(如废旧瓶罐变花盆)、厨余堆肥、环保酵素的制作等与村民生活息息相关的环保系列活动,增强知识的实用性和实践性,在村里推广健康生活、低碳环保、生态自然的生活理念。

在生态政策宣传方面,供销社工整合党史研究室、龙归街道党建办等资源,丰富"初心田园"中"初心路径"的内容,并以建党 100 周年为契机开展多样化的党史学习与生态政策宣传活动,将生态意识与家国情怀相联系,根据生态文明建设政策的相关内容制作精简的学习手册发放给村民。除此之外,供销社工积极联系白云区教育指导中心学生骨干、辖区小学幼儿园等团体,链接社区党员志愿者资源,共同开展党史学习教育以及乡村生态振兴政策的学习活动,不断提升"初心田园"党建教育以及生态政策宣传功能,并搭建起党群沟通的桥梁,不定期举行有关乡村生态宜居建设、人居环境整治、乡村生态文明建设等方面政策的宣传解读活动,邀请党员及相关的政府工作人员参与活动,与村民进行现场交流。

（二）挖掘并培育社区社会组织

实践证明,作为社区中的一种内生性社会组织,乡村社区社会组织在提供公共服务、满足村民服务需要、表达村民利益诉求、缓解乡村社区矛盾、促进村民参与、提高村民的社区共同体意识及参与社区建设的能力,促进乡村社区规范建设等方面都发挥着举足轻重的作用。因此,培育乡村社区社会组织是促进乡村社区建设的必要环节。社区社会组织依据活动内容分为公益慈善类、生活服务类、教育培训类、促进参与类和权益维护类等多种类型①，不同类型的社区社会组织从组建到发展的目标和方向都具有较大的差异性，但不变的目标之一便是实现社区某一方面的自我服务，增强社区建设的内生动力。

供销社工从社区需求和社区活动出发，寻找村民的共同点，挖掘社区骨干，由供销社工和骨干在服务中和从思想上进行动员，以自愿自主加入的原则组建社区志愿服务团队。供销社工通过对组织进行系统的能力提升培训、组织规范化建设、在社区服务实践中锻炼组织等方式，逐步提升社区社会组织的服务能力，并通过社区社会组织的培育，完善组织内部制度建设带动乡村社区环境保护和生态建设规范的形成。

在具体的社会组织培育服务中，供销社工以"初心田园"建设为契机，挖掘和培育热心公益服务、积极参与社区活动、具有生态环保理念及行动力的社区骨干，组建了"初心田园"运维志愿服务组织、"初心田园"导赏志愿服务队以及社区环保行动志愿服务队，依托"初心田园"这一交流互动学习平台，开展各类小组活动。以对外交流（如组织导赏志愿服务小组到华南植物园学习讲解、组织运维队参观汉娜杰克莱园学习运营技巧、组织环保行动队参观花都港头村了解社区企业共建花园打造历史，邀请外部专业团队对运维志愿服务队提供种植管理培训等）和内部培训互动式交流进行学习，对志愿服务组

① 董庚，李宇：《自组织视角下社区社会组织培育的路径分析》，《领导科学论坛》，2016 年第 23 期。

织开展能力提升培训。以群体制定的方式建立并完善组织奖惩制度，开展志愿者表彰大会，激励志愿服务，推动组织规范化建设和发展。在实践培训方面，供销社工通过发起相应的社区活动，为志愿服务队提供更多服务实践的机会，培养组织的实践行动能力，并鼓励组织尝试自主活动，引导组织主动进行社区服务。

（三）以正向回馈激发社区生态环境建设新动能

供销社工在"初心田园"的"精神功能"的基础上进一步拓展其"物质功能"，开展"美食＆手工研制"系列小组活动，挖掘田园美食和手工加工品。美食研制小组以"初心田园"的天然产物为原材料，小组成员通过创意性研制，将其变成多种多样的具有实用价值和经济意义的特色产品。如桂花千层糕、薄荷凉粉、艾草薄荷膏、干花香薰蜡片、鲜花口脂等具有食用、药用和日用的物品，并通过供销合作社资源对成品进行售卖，获得一定的经济效益。而在利润归置方面，供销社工扣除制作成本，将净收入投入社区建设服务项目，用于项目活动的运营发展。

除此之外，供销社工结合当下"我为群众办实事""城市小菜园"等项目，以共同打造"我为人人，人人为我"的宜居乡村环境为项目愿景，将目标放至社区内公共空间绿化、家庭院落环境美化，开展"寻找最美乡村角落计划"。该项目计划以 4 000 元的社区公益基金作为项目启动资金，用于购买美化社区环境所需物料。并计划依据项目的动态发展需求联动村委及社区骨干动员社区内外资源，共同筹集建设所需资金，为可持续建设提供资金保障。在推广方式层面，项目拟采用"滚雪球"的方法在乡村社区中推开。发挥少数村民的连带帮传作用，借助网络媒体的优势，如新闻媒体影响动员（社区共同的自豪感激励等）、村民朋友圈分享动员等方式将局部范围的行动逐步扩展至全村行动。

（四）寻找乡村绿色发展新路径

乡村生态宜居社区建设、"三农"发展，离不开乡村产业的可持续发展。在乡村社区资源盘点过程中，供销社工发现夏良村虽然大部分土地被征收，但作为具有丰富农业资源的乡村，夏良村依旧拥有大面积尚未流转的耕地资源。供销社工立足于乡村可持续建设的发展性需要，结合夏良村便利的交通条件，以及丰富的人文、地产等资源，积极挖掘供销合作社资源，链接白云供销社下属的广州市云供农业科技有限公司（简称"云供公司"）与龙归街夏良村签订了第一期土地流转协议，以项目运作的形式在夏良村开辟"生态＋农业"和"生态＋旅游"的产业发展道路。积极配合供销合作社探索夏良农业公园三产融合发展的田园综合体的运作和发展模式，引导夏良村走乡村"含绿量"和"含金量"同步提升的发展路径。

（五）搭建可持续参与的资源流动平台

"初心田园"建设阶段完成后，供销社工以资源类型为标准将参与共建的各单位进行归类，建立"资源库"。其中包括社区内外各种可为社区建设提供助力的资源，如内外部人才资源、内外部教育单位资源、内外部企业资源等。

外部资源建设主要围绕"1+N"服务平台进行。供销社工依托供销合作社系统网络优势，着眼于夏良村的社区建设需求，以白云供销合作社资源库为载体，积极链接并整合农业农村、气象、团委、妇联、科协、邮政等多个职能部门资源，以及挖掘行业协会、金融机构、高校科研等单位和企业资源，逐步推动"1+N"（即"供销合作社+N个主体"）服务平台建设和完善，为乡村社区建设提供丰厚的资源保障。在内部资源的活化方面，供销社工主要以村委和社区骨干为"酶"（媒），动员村民和辖区内部各单位共同参与社区建设和维护。

在资源链接过程中，供销社工与村委、社区骨干保持密切联系，在他们的支持和协助下制作了乡村内部资源链接表，将社区内可用资源进行分类汇总，为挖掘和动员资源奠定基础。

第五节　供销社工＋生态宜居
模式的服务成效

经过三年的扎根探索、提供服务，供销社工在服务乡村生态宜居社区建设的实务经验中总结出了自身的服务模式。该模式目前在个体层面、社区层面、社会层面都取得了一定成效。在个体层面，通过该模式提供服务，村民的人际关系网络增强，社区意识得到了提升，生态环保意识和生态环保能力也得到了显著提高，低碳环保的生活习惯也在逐渐养成。在社区层面，社区公共空间面貌得到较大改善，社区生态环保氛围逐渐形成，社区公共服务数量及服务水平明显提升，资源链接渠道拓宽，社区自我服务能力增强。在社会层面，该模式为解决乡村生态文明建设中的问题提供了社会工作和供销合作社协作的答卷，为生态环保社会风尚的形成注入了新动力。

一、个体成效

（一）村民的人际关系网络增强，社区意识提升

在供销社工进驻夏良村前，村民享受到的公共服务内容和形式都较为单一，且多为自上而下的服务方式，立足于政策要求而非村民的实际需要。自"夏良中心"成立后，供销社工基于夏良村生态宜居社区建设需求，从"软环境"和"硬环境"两方面同时着手，依托乡村文化传承的社区活动以及"初心田园"共建项目，开展系列社区活动，极大地丰富了夏良村的公共服务内容，为村民搭建了多样化的互动交流平台。以专业的社会工作手法开展小组活动和社区活动，借助社会工作价值理念和专业理论指导服务，为村民进行多维互动深入交流搭建平台，促进村民在活动参与中拓宽自身的人际关系网络，在互助合作中增强彼此之间的关系联结，构建并增强人际关系网络。也是通过供销社工开展一系列互动、互惠、互助式的服务活动，村民之间逐渐达成了某些共识，凝聚了集体意

识，如相互提醒注意垃圾分类、疫情期间做好个人防护，分享旧物改造创作、交流种植经验等，社区共同体意识获得较大提升。

与此同时，在改善乡村人文环境的服务中，供销社工通过文化保育，即传承和发展夏良村的农耕文化、舞狮文化和粤剧文化，提高了村民对乡村的认同感和归属感，从文化切入催化了村民的精神归属，进一步提升了村民的社区意识。

（二）村民的生态意识和环保能力提高

通过供销社工多次开展垃圾分类和资源再生体验活动，村民的消费观念、价值观念发生了较大改变，从垃圾随意堆积丢弃到分类丢弃习惯的养成，从"旧物无用论"到"旧物多用论"思想的变化。村民在学习垃圾分类知识后大多能准确辨认可回收物及不可回收物，改变了以往随意丢弃处置废旧物品的生活习惯。许多村民会将可回收旧物捐给中心，为中心开展的旧物改造活动提供支持，或结合生活需要将可回收旧物捐出或是动手制作成满足家庭需要的物件。

在共建"初心田园"过程中，供销社工联动了村委带动村民进行旧物捐赠活动，约收集废旧轮胎60个，废旧奶粉罐、洗衣粉罐的废旧物品100余件，延伸了旧物的价值，拓宽了村民环保行动的渠道。同时，垃圾分类宣传也促进了主体自我约束机制的形成，懂得垃圾不分类的弊处及垃圾分类的有利之后，村民垃圾分类的意识和行动能力得到了显著提升。

二、社区成效

（一）社区公共空间面貌改善

供销社工以共建"乡村社区田园"项目的双向促进模式为社区提供服务，不仅改善了社区公共空间的一个角落，还以此为中心推广建设理念和建设技术，带动了夏良村中心公园的建设完善，扩大并改善了村民的公共活动空间。中心公园侧门本是道路泥泞，且墙垣颓败的一隅，经"初心田园"的"辐射"现发展成了村里长者休憩话家常和娱乐互动的重要场所。除此之外，在"初心田园"的影响下，村里的"党建主题公园"建设不仅加快了建设脚步，还与"初心田园"中的"初心路径"相结合，开拓出了内容丰富且形式多样的党团红色教育方式。为村民"学党史，强信念"，加强民族自信、社区归属提供了良好的场域环境，进一步推动了夏良村"软硬环境"的双向促进，促进了夏良村的生态宜居建设。

图 5 "初心田园"改造前

图 6 "初心田园"改造后

（二）社区公共服务数量及服务水平明显提升

在供销社工进驻夏良村之前，村民享受政府职能部门服务的渠道及内容十分有限。夏良中心开展服务后，各职能部门时常以夏良中心为服务平台，将各自职能范围内的服务投入夏良中心，使村民享受到更多服务，成了多个企业及群团组织服务社群的便民服务站，如科学知识普及的"科学 E 站"、团委"青年之家"、农家书屋、白云区供销联社党群服务站、白云"乡村妇女之家"、白云"乡村儿童之家"、龙归街夏良村家长学校阅览室等。同时，供销社工的服务成效对基层组织思考和提升公共服务水平也起到了助推作用，将更多的资源投入到社区公共服务中，提升了社区建设的质量。

（三）社区资源链接渠道拓宽

通过夏良村社区综合服务中心的建立，供销社工在探索服务的过程中逐步搭建起了"1+N"服务平台，链接并整合了农业农村、气象、团委、妇联、科协、邮政等多个职能部门资源，同时挖掘并对接了公益组织、行业协会、金融机构、高校科研等组织、单位和企业，制作了资源链接汇总表，目前涵盖了 30 余个政府部门、行业协会以及企业，拓展了社区资源获得的渠道。"1+N"服务平台搭建后，越来越多的外部社会资源及政策信息流入"夏良中心"，又借由中心服务这一平台的平台传递给村民，为村民解决问题提供了更多可用资源，也为村民生活带来了便利，从而改善了村民的生活质量。

在资源链接的过程中，供销社工与夏良村村委、社区骨干保持着密切联系，联动村委和社区骨干一同链接资源，并以党建引领，开展多元主体议事机制，为村民搭建社区参与平台，共同为社区规划为社区建设发展献计献策，使得社区自身的资源链接能力和自我建设能力得到了提升，推动了社区团体社会资本的积累。

（四）社区自我服务能力增强

在供销社工进驻夏良村之前，夏良村由于人口特征和地理环境等因素在社区意识和社区环境建设方面存在着诸多困难，社区中缺乏内生的社会组织，村民对社区参与的积极性不高，社区支持网络复杂薄弱，社区的秩序规范也在人口流动的冲击中逐渐瓦解，社区共同体意识明显不足。夏良村社区综合服务中心成立后，供销社工通过一系列的服务：基础服务、特色服务、"1+N"平台建设服务，为村民搭建了互动互助的交流平台，加强了社区关系网络。并以特色服务——"初心田园"为载体，组建并培育了4支社区内生力量队伍，分别为"初心田园"运维志愿服务组织、"初心田园"导赏志愿服务队、社区环保行动志愿服务队，以及在困难帮扶中培育的妇女自强小组（后期成为"初心田园"产品研发的重要力量），发展了10名志愿者骨干和43名积极参与志愿服务的村民志愿者。

在志愿服务能力培养方面，供销社工通过培训让志愿者知晓园内的各功能区的搭建、产出、维护内容和方法，并带领实践各功能区的服务，提升社区团体的维护技巧和服务（为社区服务、为自然服务）技术。在服务可持续拓展方面，引导村民团体运用初心田园的农产品收获，通过自己过往的经验和新知识，对"初心田园"的原产品进行加工，研制出天然的农副产品，并对外推广试用，包括桂花千层糕、薄荷凉粉、艾草薄荷膏、干花香薰蜡片、鲜花口脂等美食和手工产品，获得附近村民的一致好评。还鼓励村民团体对生产的农副产品进行包装设计，增加产品的附加值，并链接社区内外的宣传销售资源渠道，对这些农副产品进行宣传推广，增加产品的销售机会，增强社区团体的发展动力，从而不断提升社区的自我服务能力。

三、社会成效

（一）解决乡村生态文明建设中的问题，提交了供销社工的答卷

当前，乡村生态文明建设虽然已取得较大进展，但在建设

过程中依旧存在三个主要问题，一是基层环境教育落后，生态意识薄弱；二是产业发展无序，环境污染严重；三是乡村环境保护能力相对薄弱。①供销社工以供销社为平台链接高校专家资源和企业专业人才资源，通过小组学习以及社区活动，为夏良村村民提供农技培训、垃圾分类知识宣传服务和生态环境保护技能培训，开展自然教育，极大提升了村民们的生态意识和环境保护的行动能力。并充分发挥供销社"三农"服务职能的作用——生产、供销、信用，立足夏良村自然环境的生态优势，助力夏良村打造集自然科普、农耕种植和田园景观等为一体的"夏良农业公园"，推动乡村一、二、三产业融合发展，改变传统的农业和工业生产模式，为优化产业结构、引导乡村走绿色发展之路贡献供销社工的专业力量。在一定程度上缓解了乡村生态文明建设中存在的问题，为落实乡村生态文明建设提供了社会工作与供销合作社协同合作的方向。

（二）为生态环保社会风尚的形成注入了新动力

在供销社工的服务下，"初心田园"服务项目取得了显著性成效，夏良村人居环境得到了较大改善，获得了包括学习强国、新华网、《中华合作时报》、《广州日报》、白云融媒、白云时事等国家级、市级和区级多方媒体的报道。从 2020 年 6 月至 2021 年 3 月，累计报道共 15 篇，具体清单如图 7 所示。

---

① 高吉喜，孙勤芳，朱琳：《实施乡村振兴战略 推进农村生态文明建设》，《环境保护》，2018 年第 7 期。

"初心田园"媒体报道表

序号	日期	部门/中心	媒体	级别	标题	网页链接
1	2021.1.27	农村服务部（夏良中心）	白云融媒	区级	历时9个月打造！白云区夏良村"初心田园"社区花园开园	https://guangzhoubaiyun.gz-cmc.com/pages/2021/01/27/2426281e0ae04976b23103d89887b4a1.html
2	2021.1.28		白云融媒	区级	龙归街：夏良村"初心田园"社区花园开园	https://v.qq.com/x/page/e32243wnui0.html
3	2021.1.29		学习强国	国家级	【一线实践】广州白云龙归街夏良村打造"初心田园"	https://article.xuexi.cn/articles/index.html?art_id=17862653479516814031&item_id=17862653479516814031&study_style_id=video_default&t=1611913668484&showmenu=false&ref_read_id=f5faf359-e917-4d5f-b3db-3a43f16dfbc8_1612007167531&pid=&ptype=-1&source=share&share_to=wx_single&from=singlemessage
4	2021.1.29		白云时事	区级	夏良"初心田园"社区花园揭幕	/
5	2021.2.1		广州日报	市级	赏花、观鸟、农作、研学……白云首个"初心田园"共建社区花园来啦	https://www.gzdaily.cn/amucsite/pad/index.html?id=1483131&from=timeline#/detail/1483131?site4
6	2021.2.3		中华合作时报	国家级	"供销社+N"，荒地变花园！	https://mp.weixin.qq.com/s/0edjygSQKzXSN92VGjwzvA
7	2021.3.15		广州日报	区级	"初心田园"共建花园来啦	
8	2021.3.31		新华网	国家级	广州白云龙归街：春耕科普学习体验种植乐趣	http://my-h5news.app.xinhuanet.com/xhh-pc/article/?id=01a60028-064b-4dde-be31-4af5c535e665

图7 "初心田园"媒体报道情况

提高了项目的社会影响力，广泛宣传了项目建设的生态环保理念以及提升村民生态保护意识的经验，为城乡社区的生态营造提供了一定的经验参考。就社会层面而言，"初心田园"项目的成功获得了多方报道，在一定程度上扩大了生态环保理念的影响范围，为生态环保社会风尚的形成注入了新动力。

第六节　供销社工＋生态宜居
模式的挑战及完善

该服务模式虽然已取得较好的服务成效，但是人无完人，模式也是如此，模式本身也需要不断地进行优化和完善才能提高它的推广价值。该模式的挑战包括村民易对供销社工形成依赖，乡村社区生态环保理念影响范围有限，模式对资源的要求较高，该模式中集体行动的成效易受乡村"原生"条件的制约。

针对以上的四个挑战，供销社工可以尝试从多维度提高村民的主体意识，"进阶式"提升村民参与社区建设的能力，从精神文明建设的角度切入推动乡村社区人口融，持续推进生态环保社会风尚的形成，自下而上倡导完善乡村建设、乡村转型相关政策，激发"村改居"社区多样性的创造活力，用逆向思维丰富乡村社区资源链接的渠道，从这七大方面着手进行服务优化，完善模式的服务内容，由此提高模式的适用性。

一、供销社工 + 生态宜居模式的挑战

（一）村民易对供销社工形成依赖心理

供销社工从"软环境"和"硬环境"两个角度同时切入为乡村社区建设提供多样化的社区公共服务，目标在于通过积累个体社会资本和社区社会资本，培养村民生态宜居社区建设的共同意识和行动能力，催化社区集体行动，依托社区内部力量持续改善乡村人居环境，促进生态宜居社区建设。但随着服务的深入推进，村民对供销社工策划的社区环境改善行动和社区建设活动产生了依赖，依赖于供销社工直接的资源提供和供销社工发起的社区和小组活动等，缺少自主组织、策划相关的社区环境改善行动。

供销社工依托"初心田园"项目所挖掘和培育的运维志愿服务队、导赏志愿服务小组和环保行动志愿服务队的作用发挥均还局限于"初心田园"和社区部分公共活动区域，自主行动意识和行动空间相对狭隘，且组织内部自我发育迟缓，尚未形成较为完整的规章制度，组织成员之间的信任感和配合度不高。"初心田园"项目可以说是供销社工推动乡村社区人居环境改善、促进生态宜居社区建设的"核心基地"，但与"初心田园"自身的生物承载量有限这一特点相同的是其功能和价值的发挥也是有限的。而该模式探索中的组织建设发展尚未完全脱离"初心田园"的范围，因此组织培育深度和宽度相对不足，对供销社工的依赖性较强。

（二）社区生态环保理念影响范围有限

党的十八大以来，党中央站在战略和全局的高度对生态文明建设和生态环境保护提出了一系列新思想、新论断和新要求。高度重视经济发展过程中的生态文明建设，加大力度宣传"绿水青山就是金山银山"的可持续发展理念，但这一发展理念多停留在政策及政府工作层面，尚未成为全社会一致追求的共识。因此在生态文明建设过程中依然存在诸多尚未解决的难题，而这些难题直接影响着生态宜居乡村的建设成效。

供销社工的作用发挥与社会风气的导向密不可分。而生态环保理念尚未在社会中蔚然成风，尤其在乡村社区。由于信息获取渠道的限制以及乡村自然环境相比于城市社区环境的优越性，村民对于生态破坏造成的影响感知度较低，因此生态环保意识也相对薄弱，降低了村民参与乡村社区生态环保活动的动机，难以让村民深入了解生态环保的重要性及相关知识，也难以在乡村社区中大范围推广生态环保理念，限制了供销社工生态环保宣传服务的影响范围。

（三）模式对资源的要求较高

"出身"（行动主体的背景资源）在一定程度上影响着主体的行动。社会是一个巨大的生态系统，社会组织和社区都被囊括于其中。而每个生态系统都有其运行的制度和原理，有其发展的规律，处于系统中的各主体既享受着这些规律带来的便利和发展机遇，同时也会受到这些规律的制约。供销社工是在供销合作社支持下成立并且以项目购买的方式驻扎农村为"三农"提供服务的社会组织。在项目实践过程中,供销合作社主要负责资源提供、工作方向指导和监督,对供销社工的具体实务干涉较少,因此供销合作社购买的社会工作服务相对于政府购买的社会工作服务在具体的服务提供方面具有更大的自主性。但这也随之成为供销社工及其所服务区域展开独立行动的约束,一旦脱离供销系统资源,乡村社区建设的外来助力就会显著下降,供销社工及乡村社区的行动效率就可能明显降低。这一限制在"硬环境"的建设方面会变得更为突出。供销社工所提供的服务资源大部分都来源于供销合作社的资源对接,因此供销社工在实务"独立"的同时对供销合作社有较强的依附性,供销合作社的发展对供销社工的服务会产生较大的影响。

(四)集体行动的成效易受乡村"原生"条件的制约

社区共同体意识培养是动员社区集体行动必不可少的关键环节。就参与服务村民所表现出的社区参与积极性而言,长时间的社区互动交往促进了村民之间关系网络的形成,村民彼此之间的认可度和信任感也在活动参与得到了很大提升。从普特南所理解的社会资本的视角来解释,这种改变是社区社会资本积累的一种形式。

基于夏良村的村情带来的村民共同体意识的离散性,供销社工在服务中侧重于从个体社会资本和社区(团体)社会资本积累的角度出发,为村民搭建多样化的互动交流平台,以拓宽并增强村民之间的关系网络，促进夏良村集体共识的凝聚。事实证明这一服务思路是有效的，但同时也是受限的。服务的成效与服务对象的参与率和参与表现有较强的关联性，参与者越多互动的人数越多，关系构建的范围越广。同时，参与者积极参与活动，相互学习彼此交流，彼此之间的关系网络会得到加强，在思想交流中也更容易形成共同意识。但在多方因素的影响下下，夏良村村民参与供销社工服务活动的概率和频率并不高。

一是社区环境影响社区活动参与的积极性。夏良村是一个"村改居"过渡阶段的乡村社区，人口流动性大，社区共同体意识薄弱，加上"早出晚归"的工作生活方式，村民的互动时间和互动意愿被大大压缩，导致村民的社区参与意识不足，对于供销社工提供的社区服务参与少，甚至没参与过，也就缺少了互动交往的机会，不利于社区关系网络的发展和社区共同体意识的形成。二是供销社工力量和资源的有限性。供销社工从本质上而言属于与社区外来的社会组织，虽有供销系统背景和村委协助，但社区影响力还是远远不够，并且线下服务的条件资源有限，而线上宣传学习不容易引起关注，因此难以动员社区整体参与互动学习，在培养社区共同目标的行动上存在困难，而目标不成熟的群体很难开展群体性活动，因此在该模式中供销社工同样存在动员集体行动的困境。三是"村改居"的政策背景及乡村人口流动给乡村赋予的特性制约着供销社工和乡村社区的集体行动。当前的

"村改居"政策尚在探索过程中，明显的两大方向是户口性质的改变以及土地流转的相关制度，在村民安置发展、原乡村社区未来发展等方面尚未形成一个相对完善的政策标准，因此"村改居"过渡阶段的乡村社区建设发展水平也是参差不齐。这一背景便成了夏良村社区公共服务水平提升的阻碍之一。

二、供销社工 + 生态宜居模式的完善

（一）多维度提高村民的主体意识

村民是社区建设的内生动力，在促进乡村生态宜居社区建设的过程中单靠外部跨界团队的支持是远不足以支撑建设的可持续发展。只有将内部"造血"与外部"输氧"进行有机结合，才能从本质上提高社区建设的效率，实现社区建设的良性发展。从参与式发展理论视角而言，村民参与的积极性培养和能力建设是乡村生态宜居社区建设的必然要求，也是社区建设的核心要素。

供销社工要主动探究和分析影响村民参与的社区活动的各方面因素，重新了解和挖掘村民们的需求，发现村民的兴趣点，从而找准服务切入点，吸引更多村民参与，扩大服务的影响范围。同时供销社工要发动村委共同拓宽村民社区参与的渠道，健全社区参与机制，保障村民的参与权力，为村民营造"社区是我们的"社区参与氛围。例如可以成立社区活动策划小组，鼓励村民参与制订社区活动计划，为村民提供全程参与

甚至是主导活动的机会，激发村民的主体意识，由此增强村民参与的动力。

（二）"进阶式"提升村民参与社区建设的能力

在村民能力提升方面，供销社工可以为村民提供基础的和专业的活动策划培训以及自我管理和自我服务培训。基础活动策划培训面对社区所需的恒常服务，专业活动策划培训针对乡村生态宜居社区建设所需的专业知识。

供销社工需要积极对接供销合作社的资源，如链接生态工程建设的专家团队资源为村委、社区骨干提供专业培训，提高他们的社区规划建设能力和动员社区集体参与建设的能力；链接企业单位人力管理资源为社区社会组织建设管理提供专业指导；持续输入高校以及环境保护、园林管理等与"生态宜居社区"建设相关的人才资源，为村民带来科学的技术指导，加强村民的对外交流，促进资源流动等，为村民搭建高质量的学习平台，多方面提升村民参与社区建设的能力。在这个过程中，供销社工需要更大限度地赋权，给予村民充分的自由成长空间，例如为村民自己策划活动制造更多机会，让村民在实践中得到能力锻炼和运用，加强自我认同感和掌控感，自己与外部资源产生联结，而不过度依赖供销社工的资源对接，同时也不过分地依赖外部资源，把握好社区内外交往的度，逐渐凭借社区自身力量实现社区建设资源的双向促进。

（三）从精神文明建设的角度切入推动乡村社区人口融合

文化差异是社区离散的重要影响因素之一。随着时代的变迁，越来越多的村庄加入了人口快速变动的行列，人口流动成了乡村发展面临的难题，也成了乡村社区共同体逐步走向瓦解的重要因素之一。如何破除人口流动造成的乡村社区"陌生感"是促进社区建设的必要环节。供销社工要立足于乡村的现实情况，挖掘乡村特色，为本地村民寻回乡愁的同时，鼓励外来人口一起参与社区文化活动，以多元的活动内容为二者铸造互动交流的桥梁，分享各自文化特色，接纳文化的差异性，寻找文化的共同点，协助外来人口共同寻找精神归属，促进文化融合发展，接纳乡村社区文化的多样性，培养社区文化认同感，拓宽并织密社区关系网络，持续推动宜居的人文环境建设，营造和谐互助社区团体氛围。

（四）持续推进生态环保社会风尚的形成

一般认为，场域性社会资本是囊括了社会空间资源与社会时间因素的集合体，并认为主体的场域既是主体社会实践活动的依据，也是主体社会实践活动的结果，它们二者相互渗透，共融共通。[①] 因此，在促进乡村生态宜居社区建设中，良好的生态环境保护氛围是社区集体行动的条件所在。供销社工

---

① 郑剑:《社会资本论》，华中科技大学博士学位论文，2011。

在服务过程中要将社区氛围的营造作为工作的要点，以多样化的宣传方式进行社区宣传教育，充分利用现代网络信息技术，如村民微信群、QQ群、社区论坛等，开展"生态环保"主题的线上互动。也可以采用线上直播的方式，定期为村民开展内容丰富的"乡村生态宜居社区建设"的主题分享课程和社区活动，营造良好的生态学习氛围。还可以组建社区生态环保宣传队伍，培养社区自我服务能力的同时以熟悉的人、熟悉的方式在社区中宣传推广生态环保理念，提高村民们的认同度、接收度和行动意愿，从而参与到乡村生态宜居社区建设中。

与此同时，供销社工要加强与供销合作社的联动性。村民通过供销社工表达传递需求，供销社工借助供销合作社的身份和资源能够扩大活动的影响力，增强服务效果。因而供销社工要充分认识到自身的优势，处理好与供销合作社之间的关系，善用供销合作社的资源。社区是社会中的微小部分，社会风气、时代背景、时尚潮流等社会大环境无不影响着乡村社区的发展方向。

供销社工在促进乡村生态宜居社区建设的过程中，不应将目光局限于乡村社区，需要在一定程度上将服务上升到社会层面，通过社会风气改变引导乡村生态宜居社区建设。供销社工一方面可以联动供销合作社进行政策倡导和社会倡导，通过供销合作社向上反映，提倡层级建立环境保护机制，制定和完善相关的环境保护法，约束公民破坏环境的行为，并倡导政府加强生态环保的社会教育力度；另一方面可以动员供销合作社背后的网络媒体资源，在传统宣传渠道的基础上，积极发挥网络媒体的作用，打破空间的局限性，充分借助新闻媒体、电视网络、微信、各种网站论坛及微博等在生态环保宣传方面的作用，配合政府一起将生态文明建设的社会倡导落实到位，促进生态环保社会风气的形成。

（五）自下而上倡导完善乡村建设、乡村转型相关政策

乡村建设是一项复杂而长期的工程，处于"村改居"过渡时期的乡村建设更是如此。随着我国社会经济的快速发展，越来越多乡村将被列入"村改居"的范围，而这其中"改"的不仅仅是户口身份，随之而来的是诸多过渡性的问题，如社区规划建设管理体制、土地管理制度、农村股份合作制、公共财政保障体制及基层社会治理体制等问题。但当前国家有关"村改居"的政策仍处于探索完善中，地方和基层政府在应对这些问题时还没有一套相对完整的参照标准，使得辖区管理容易陷入较为茫然的境地，导致乡村社区人际关系淡化、社区共同体意识衰退等问题的产生。

供销社工是乡村服务的直接提供者之一，对"三农"的需求和发展有更为直观的了解，应当不断提升自我的观察力和信息提取能力，在服务过程中重视乡村社区的问题和需求，并对其进行总结归纳，挖掘问题的本质，及时通过供销合作社的影响力向政府传达，成为政府基层中的好帮手、政策完善的助推

者，以促进政府多渠道获取群众需求，从而进一步完善相关政策，促进乡村的建设发展。

（六）激发乡村社区多样性的创造活力

人口流动对乡村社区文化发展产生的不只有负面影响，同时也为社区文化繁荣发展，铸造更强的社区网络提供了机遇。供销社工需要以优势视角看待乡村社区的现实状况，致力于挖掘乡村的潜能，发现乡村的特色价值。例如，面对"村改居"人口结构复杂的村庄，供销社工可以从文化、故事挖掘的角度入手，通过与村民交流、访谈，抱着向村民学习的态度去汇集乡村中多样性的文化和故事，如传统习俗、侨乡文化、剪纸文化等，乡贤故事、村中的好人好事等，从而开展系列文化体验和传承活动，让村民不出村也能开拓视野了解各地区文化，进一步接纳文化的差异性。让本地村民与外来人口在"思想交流"中逐渐突破身份和乡村差序格局的束缚，相互接纳，彼此融合促进，增强社区的包容性，促进社区形成更强大的关系网络，使得多样的思想差异可以汇聚成丰富的创造力，焕发社区建设的活力。

（七）用逆向思维丰富乡村社区资源链接的渠道

潜质是主体本身所拥有的资源之一，这种资源是潜在的储备、隐性的存在，但是，在某些时机与条件的诱发下，它们能显现出来，并发挥作用。[1]就"村改居"阶段的乡村社

---

[1] 郑剑：《社会资本论》，华中科技大学博士学位论文，2011。

区而言，人口的流动性与社会资本具有的流动性特点不谋而合。生存于社会系统中的不同主体携带着不同的社会资本，社会资本在时间和空间上也是随着主体在流动的，因此流动性强的乡村比稳定的乡村具有更多的潜在性资源。供销社工可以通过基层组织的管理获取对乡村人口的深入了解，从而在一定程度上将人口归类，采用"用优补缺"的服务方式，通过一定的"利益"关系善用社会资本丰厚群体的资源，为社区建设注入社区内外活力，并填补社会资本薄弱群体的不足，帮助他们了解更多求助以及能力提升的渠道，积累弱势群体的社会资本，也为社区建立多元的资源联结。

乡村生态宜居社区建设是一个长期的过程，无论是着眼于生态视角，还是实际建设的视角，不管是结果还是过程，都在强调建设的可持续发展性。而供销社工以其独特的身份和资源优势为乡村生态宜居社区建设开辟了一条双向促进的可持续发展道路，在挖掘乡村社区内源性资本的基础上，从"建设人"的角度出发，以"共建共享乡村微型生态田园"的方式，即"软硬环境两手抓"的方式，搭配三大服务内容促进乡村生态宜居社区建设。一方面经由厚积社区社会资本，为乡村生态宜居社区建设打开内外资源流通的渠道，促进乡村社区内外资源双向流动，互助互补，推动乡村建设资源的可持续供给；另一方面通过提升村民主体性社会资本改变"软环境"，推动"硬环境"建设，促成由人到环境，再由环境到人，互融共进不断发展的可持续建设状态。供销社工在充分发挥供销合作社资源和专业优势的基础上促进了乡村生态宜居社区建设的可持续发展，为我国探索生态宜居乡村建设道路提供了一个参考方向。

参考文献

［1］林南：《社会资本》，北京：社会科学文献出版社，2020 年版，第
41 页。

［2］顾慈阳：《社会资本理论及其研究》，天津大学博士学位论文，
2004。

［3］郑剑：《社会资本论》，华中科技大学博士学位论文，2011。

［4］张晨，李天祥，曹芹：《"参与式发展"研究综述》，《农村经济与科
技》，2010 年第 5 期。

［5］华永新：《参与式发展理论在农村能源生态建设中的应用探讨》，
《可再生能源》，2008 年第 5 期。

［6］王增武：《参与式发展理论与我国农村社区发展——基于对传统发展
理论的反思》，《青海民族大学学报》，2015 年第 1 期。

［7］宋茗樾：《资源动员与社区治理——以 Z 组织的社区营造项目为
例》，厦门大学硕士论文，2019。

［8］董庚，李宇：《自组织视角下社区社会组织培育的路径分析》，《领
导科学论坛》，2016 年第 23 期。

［9］高吉喜，孙勤芳，朱琳：《实施乡村振兴战略推进农村生态文明建
设》，《环境保护》，2018 年第 7 期。

［10］孔祥智，卢洋啸：《建设生态宜居美丽乡村的五大模式及对策建
议——来自 5 省 20 村调研的启示》，《经济纵横》，2019 年第 1 期。

第五章 供销社工＋美好生活服务模式

中国特色社会主义进入新时代，我国社会主要矛盾已经转化为人民日益增长的美好生活需要和不平衡不充分的发展之间的矛盾。现阶段，我国美好生活实现的障碍和短板主要集中在农村。

为满足农民日益增长的美好生活需求，白云区供销社引入社工力量，不断创新工作方法思路，充分发挥供销社服务"三农"载体作用，通过打造新型为农服务综合平台，完善农村社会公共服务资源配套，逐步走出了一条适合白云农村特点、适应农民需求的综合便民服务体系建设的新路子，满足了农民美好生活的需要。本章主要阐述供销社工促进农民美好生活的服务过程、形成的模式以及取得的成效。

第一节 基本概念和理论基础

供销社工＋美好生活服务模式涉及美好生活的概念以及社会质量理论等内容。认识和了解这些概念和基本内容，是理解供销社工＋美好生活服务模式的基础。

一、基本概念

在了解供销社工促进农民美好生活的服务模式之前，我们需要厘清一个基本概念，什么是"美好生活"？笔者通过查阅相关文献，总结学术界的专家学者对于美好生活内涵的相关论述，对本书中美好生活的概念进行了以下界定。

党的十八大以来，中国共产党立足我国国情，在社会治理的伟大实践方面不断进行理论创新，逐步形成了新时代"美好生活"这一核心概念。美好生活的内涵的主要包括：

从哲学层面上讲，人的生活不是为了存在而存在，而是为了快乐和感知幸福。美好生活从其本质来讲就是赋予人自由自觉表达自己生命方式的权利。

从现实和时代层面上讲，美好生活是党的十八大以来越来越被人民所热衷的追求。对美好生活的解释主要体现在以下三个方面：人们具有高尚的品德，物质文明建设充分，物质殷实且品德高尚的生活。习近平指出："我们的人民热爱生活，期盼有更好的教育、更稳定的工作、更满意的收入、更可靠的社会保障、更高水平的医疗卫生服务、更舒适的居住条件、更优美的环境，期盼孩子们能成长得更好、工作得更好、生活得更好。"[①]

美好生活的内涵伴随时代不断充实，已成为中国共产党和中华民族进一步努力的奋斗目标。当前我们对美好生活的理解不再是朴素的传统意义上的解读，而是更系统更全面的一种价值追求，它要求实现人的全面发展。更为关键的是，在当今中国，美好生活的实现已经具备了现实必然性，而且这种实现的基础越来越厚实。美好生活的内涵既是新时代不断丰富的产物，也蕴含着传统文化中美好生活的基因和古代人民对好日子的强烈渴望，是传统美好生活追求在新时代的创造性深化和创新性发展。[②]

就乡村振兴而言，美好生活包括经济、政治、文化、社会、生态五个维度。其中经济维度主要考察农民的物质生活条件和生活水平；政治维度主要考察农民的政治权利的保障和行使；文化维度主要考察农民的文化权利的保障和实现，主要包括接受教育、休闲娱乐等；社会维度主要考察农民社会关系和社会感知状况；生态维度主要考察农民对生活环境和自然环境的感知状况。[③]供销社工开展的文娱康乐、社区教育提升以及城乡共融等生活类服务，涵盖了与农民美好生活相关的经济、

---

① 《习近平谈治国理政》（第 1 卷），北京：外文出版社，2014 年版，第 4 页。
② 杨立业：《美好生活视域下乡村生态文明建设研究》，山西师范大学硕士论文，2020。
③ 徐士珺：《农民美好生活评价指标体系建构：基于农户主体性视角》，《云南行政学院学报》，2020 第 2 期。

政治、文化、社会、生态这五个维度。

二、理论基础

社会工作者在开展社会服务时离不开专业社会工作理论的指导，供销社工在开展农村社会服务，促进农民美好生活的过程中同样需要社会工作理论作为实践基础。社会质量理论是社工分析和开展美好生活建设的重要依据。

（一）社会质量理论的基本内容

在社会质量理论中，社会质量是指民众在提升其福祉和个人潜能的条件下，能够参与所在共同体的社会与经济生活的程度。[①]社会质量理论的立足点是消除社会发展与个体发展之间的矛盾，通过调和解决组织世界（系统/制度世界）和生活世界（社区、群体及家庭）两者之间的冲突，从而改善整个社会质量状况，达到提升个人福祉与潜能的目的。基于这一定义，该理论倡导建立一种以个体的公民权、民主、平等和社会团结为核心价值的社会。社会质量理论自提出后受到高度关注和广泛传播，在衡量社会发展状况时被广为应用。事实上，社会质量理论是一种以人为核心的社会发展观，人的发展是社会发展的首要目标，它的理论诉求是提倡社会要给人创造福祉，同时要提升人的潜能，倡导通过强化社会团结、增进社会福利等途径来提升整个社会的质量状况。在创造和评价社会质量时，欧

---

① Beck, W., van der Maesen, F.Thomese, and A.walker. Social Quality: A Vision for Europe.The Hague: Kluwer Law International, 2001.

洲学者着重考虑三种因素即条件性因素、建构性因素、规范性因素。其中，条件性因素是用以量化这些因素性质的指标；建构性因素则是用来评估这些因素性质的外在印象；规范性因素用作判断建构性因素及条件性因素两者联系结果。研究社会质量理论的欧洲学者普遍认为，条件性因素是判断社会质量情况最重要的因素，是社会质量的核心要素，决定着社会质量的实现机会、实现程度。而条件性因素中的社会经济保障、社会凝聚、社会包容、社会赋权这四个维度可以用来衡量社会质量的高低。

社会经济保障指"人们获取可用来提升个人作为社会人进行互动所必需的物质资源和环境资源的可能性"。[①] 正式支持

表 1 社会质量的影响因素

条件性因素	建构性因素	规范性因素
社会行动主体维度	人力资源维度	道德 / 意识形态维度
社会经济保障	个人（人的）保障	社会公正（平等）
社会团结（凝聚）	社会认知	团结
社会包容	社会反应	平等价值
社会赋权	人的能力	人的尊严

资料来源：Lin, K. and van der Maesen, L.J.G, "A Background Paper on Behalf of the International Nanjing Conference on Social Quality and Social Welfare," in The Conference Proceeding of the International of Social Quality and Social Welfare, Nanjing: Social Policy Research Center of Nanjing University, 2008, p.15.

———————

① 张海东：《从发展道路到社会质量：社会发展研究的范式转变》，《江海学刊》，2010 年第 3 期。

图 1 社会质量的条件

资料来源：Beck, W., & van der Maesen, L.J.G. & Thomese, F. & Walker, A. (eds) Social Quality: A Vision for Europe.The Hague: Kluwer Law International, 2001.

系统（系统、制度、组织）要不遗余力地为社会上的个体提供各种社会经济保障，以保证面对社会风险时个体能获得必需资源的权利，使其免受贫困之苦及被剥削压迫。这些资源含有经济来源、人居环境、健康照料、工作机会、教育资源等内容。社会经济保障直指社会公平，目的是为了抗衡社会给个体带来的未知风险。该维度关注的社会主题可概括为两方面：生活机会与社会风险。

社会凝聚指"以团结为基础的集体认同，揭示的是基于共享价值和规范的社会关系的本质，考察一个社会的社会关系能在哪种程度上保有整体性及维系基本价值规范"。[①] 社会凝聚的要旨包括"社会是如何整合成不同群体与社区的""这些群体与社区又是怎样凝聚为社会""置身其中，人们对社会的认识是什么"等。即这一维度可通过和社会整合相关的规范、价值、身份认同、社会网络等要素来反映。总而言之，社会凝聚直指社会团结与社会整合，务求最大限度地减少社会分化和社会分裂。

社会包容（融入）指"人们接近那些构成日常生活的制度和社会关系的可能性，在何种程度上可以获得来自制度和社会关系的支持"。[②] 社会包容包括"成员在何种程度上认为自己属于社会一分子""在社会生活中，社会成员怎样利用各种制度融入其中""社会中的个人、群体会否因为某些特征而受到正式或非正式制度的系统性排斥"等。社会包容维度包括公民权、劳动力市场、服务、社会网络等要旨，它直指个体平等的权利和价值，以减少社会排斥。只有把社会群体尽可能多地纳入社会体制中，才能营造一个具有高度包容精神的社会。

社会赋权维度指"在参与社会、经济、政治和文化过程中，个人的力量及能力在何种程度上通过社会结构发挥出来，

---

① 张海东：《从发展道路到社会质量：社会发展研究的范式转变》，《江海学刊》，2010 年第 3 期。
② 张海东：《从发展道路到社会质量：社会发展研究的范式转变》，《江海学刊》，2010 年第 3 期。

社会关系能在何种程度上提高个人的行动能力"。[1] 社会赋权目的是让个人主体具备能力和技能，为个体提供个人发展与群体活动空间，使其参与公共事务的机会最大化。从定义上看，"赋权"即表示"增能"，意味着必须在一定程度上赋予人们自由自主和一定技能，提高个体社会行动能力，令其有能力全面参与急剧变迁的社会。社会赋权的内容包括知识基础、劳动力市场、制度支持、公共空间、人际支持等，它指向社会结构的支持度。而在现实生活中，由于社会参与能提升个体的社会权利和认知权利，建设公民社会和发展非政府组织（NGO）被看作是社会赋权和社会增能的基本途径。[2][3]

（二）社区社会质量的内容

社会质量理论中提及的社会质量对应的是站在宏观角度的大社会。本文研究的是相对微观的社区层面的社会质量，因此解释微观社区的社会质量四个维度的具体内容显得尤为必要。这样就可以将社会质量理论中的社会经济保障、社会凝聚、社会包容和社会赋权四要素解释为社区经济保障、社区凝聚、社区包容和社区赋权。各要素基本理论内涵不变，只是研究内容会更加微观具体。

---

① 张海东：《从发展道路到社会质量：社会发展研究的范式转变》，《江海学刊》，2010 年第 3 期。
② 林卡：《社会质量理论：研究和谐社会建设的新视角》，《中国人民大学学报》，2012 年第 2 期。
③ 何怡梅：《社会质量理论视角下农村留守老人养老问题研究》，华南理工大学硕士论文，2015。

笔者通过社区走访调研深入了解了社区社会质量的四个维度具体内容，社区经济保障主要包括身体残疾的居民、就业困难的居民、低保低收人群在社区所获得的物质帮扶、留守人员的健康与陪伴等；社区凝聚包括社区居民对社区的认同、社区文化的传承与保育、社会支持网络的构建等；社区包容包括居民参与社区活动、解决社区公共问题，参与社区建设等；社区赋权包括社区层面的赋权，实现社区自治、居民能力建设等。

第二节　供销社工 + 美好生活服务模式的具体内容

本节的内容主要包括两大部分，一是对所提出的供销社工 + 美好生活服务模式进行具体阐述，二是详细描述供销社工促进农民美好生活的服务内容，让读者更清晰地了解该模式的内容和服务过程。

一、"五位一体"：供销社工 + 美好生活服务模式的动力内容

白云区供销社以项目的形式，结合白云区农村社会公共服务资源相对缺乏、城乡公共服务发展不均衡、农村农民对政府

公共服务需求和期待日益迫切的实际情况，不断创新工作方法思路，引入社工力量，打造新型为农服务综合平台。项目专门设立 6 个镇村级社区综合服务中心（下称"镇村级服务中心"），每个中心配备 3 名专业社工扎根农村社区，充分发挥供销社服务"三农"的载体作用，完善农村社会公共服务资源配套，通过自下而上的社区服务与自上而下的行政任务相结合，凝聚供销社、高校等外部力量，供销社工核心力量及村民、村"两委"等内生力量，逐步走出了一条适合白云农村特点、适应农民需求的综合便民服务体系建设的新路子、新模式，形成了供销社推动、供销社工主导、校社合作、村"两委"共建、村民参与的"五位一体"服务模式，满足农民美好生活的需要。

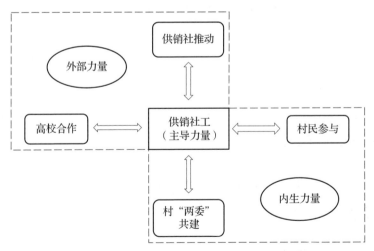

图 2　供销社工 + 美好生活的"五位一体"模式图

（一）供销社推动

"供销社推动"即白云区农村服务项目是在白云区供销社的大力推动下开展的。白云区农村服务项目的开展不是在村民中自发形成和引入的，而是在白云区供销社的大力推动下完成的，主要体现在文件出台和政策落实上。白云区供销社深入贯彻党的十九大精神和乡村振兴战略，结合《白云区实施乡村振兴战略建设美丽都市三年行动计划》，于2015年9月以白云区江高镇南岗村为试点，成立了白云区首家村级社区综合服务中心，围绕"农业、农民、农村"三个方面设计服务策略，链接多方资源，搭建服务"三农"平台，根据各村特色打造特色服务，形成"1+N"平台建设格局。

白云区供销社通过购买广州市白云恒福社会工作服务社（下称"白云恒福"）的社工服务，在白云区建成并开放6家镇村级服务中心开展农村社会工作服务，同时利用搭建的"供销社+N"资源链接平台，链接正式的资源，如科协、气象、团委、邮政、金融等涉农资源，为农民的生产生活服务。作为新时期供销社服务"三农"的重要载体，村级社区综合服务中心在推动白云区农业全面升级、农村全面进步、农民全面发展中，发挥着日益重要的作用。通过供销社的大力宣传，镇村级中心辖区范围内10个行政村的农村社会工作取得了较快的发展。

（二）供销社工主导

"供销社工主导"即在开展服务的过程中以供销社工为主

导，形成"供销社、供销社工、村民志愿者、高校、社区工作者"多元主体联动的服务体系。项目在每个镇村级服务中心都配备3名专业社工，专业社工驻村引领，及时发现村民的需求和社区公共问题，积极发掘社区骨干，发动社区志愿者，培育志愿服务队伍，动员村民参与社区志愿服务，实现邻里互助。另外，驻村社工进驻各村之后，尤其注重跟村委建立良好的协作关系，社工和村委会本着"为村民服务的心"的共同目标，在价值观、思想上和社会经验上互相借鉴，形成服务乡村的合力。

在社会方面，供销社工与志愿者联动。供销社工通过微信线上发布与线下宣传等方式，招募、培训村内志愿者及党员志愿者、教师志愿者、医务志愿者等专业志愿者，在村委工作人员的协助下，了解村内困境人群的基本情况，为村内儿童、留守妇女和长者提供教育、健康等基本生活保障的服务。

在经济方面，供销社工与供销社、村委联动。供销社工利用"供销社+N"平台链接社有企业等社会资源，联合村委跟农村的农业经营主体进行联动，如家庭农场场主、经济合作社，发掘乡村社区能人、乡贤等，培育服务型合作社，促进农民增产增收。通过链接资源发动社会力量，帮助农民走出农产品滞销的困境。

在文化方面，供销社工与村民联动。通过挖掘乡贤、社区能人，发掘乡村文化资源，围绕二十四节气传承农耕文化，以乡村特色文化资源为依托，培育社区社会组织，如少年醒狮队等，推动村民积极参与保护、传承与发扬特色传统文化。

在生态方面，供销社工与高校、村"两委"、村民联动。供销社工与华南农业大学风景园林学院签订合作协议、联合村委、发动村民，共同打造集党建教育、自然科普教育、生态环境保护于一体的社区微型生态园，除此之外，积极开展垃圾分类宣传、废旧物品回收等社区活动，满足村民对干净整洁的生态环境的需求。

在政治方面，供销社工与村民联动。在协助村民解决社区公共问题时，供销社工通过组织村民召开村民议事会等形式，推动村民民主协商，共同解决社区公共问题，积极参与社区建设。在社会质量理论的指导下，以供销社工为核心力量，各主体间的联动共同促进了农民的美好生活。

（三）校社合作

"校社合作"即以项目的形式与高校合作，让高校为乡村振兴提供智力支持。在党建引领下，引入高校资源，打通校村渠道，是供销社融合村委、高校共同打造多元综合服务体的一个重要举措，目的是依托镇村级服务中心，通过学校、村委党组织联建，实现资源共享、服务共推、工作互促，把合作引向深入、引向全面，充分链接和整合各方资源，共同助力乡村振兴战略实施，推动白云区都市美丽乡村建设发展。

一方面，白云区供销联社、广外南国商学院、雄伟村签署关于深化服务社会、协同服务乡村的三方合作协议；区级平台与广东工贸职业技术学院、广东行政职业学院（广东青年职业学院）、广州大学华软学院进行合作；与广东工贸职业技术学院合作社区教育创新项目；与广东行政职业学院（广东青年职业学院）合作共建团员、党员活动及劳动教育基地；与广州大学华软学院合作打造"建设村容村貌，助力少儿成长"志愿服务项目。

另一方面，为解决专业人才匮乏的问题，提升社工的专业技能，项目积极链接高校资源，与华南理工大学合作建立社会工作实践基地，与华南农业大学林学与风景园林学院签订实习协议，由华南农业大学林学与风景园林学院提供技术指导，对村庄生态资源进行分析，设计并形成农村社区公共空间改造图纸，共建共治共享社区微型生态园，改善村庄生态环境。同时与华南理工大学共建高校研学实践基地，得到了高校师资力量的大力支持。依靠高校师生的传帮带，基层社会工作从业人员及其他工作人员逐渐领会社会工作的个案以及社区工作方法与技巧，提升供销社工的专业性。

（四）村"两委"共建

"村'两委'共建"即在村"两委"的协助下，共同服务群众，服务社区。供销社工为农服务的顺利开展，离不开村"两委"的帮助与支持，与村"两委"建立良好的合作关系是开展服务的基础。供销社工进驻农村社区之初由于对村内情况缺乏了解，大量的前期调研工作费时耗力，导致服务推进缓慢。村"两委"则掌握着整个村的详细信息，供销社工通过与村"两委"积极沟通，明确为农民服务的共同目标，与其建立良好的关系，从而拿到村庄和村民基本信息。在此基础上，后续服务的开展也能得到村"两委"的协助。

（五）村民积极参与

"村民参与"即发动村民积极参与社区建设，激发社区内生动力。农村社区的建设和可持续发展需每一个人的参与，也需得到每一位社区居民的参与和支持。村民参与贯穿于整个服务过程中，驻村社工通过线下的活动宣传、政策介绍或线上的信息普及等方式宣传供销社三农服务理念与重要性，激活村民的社区意识，挖掘居民的潜能，充分发挥他们的能力和禀赋，提升居民的参与能力，倡导其参与为农服务。

（六）"五位一体"模式中各主体之间的关系

在供销社工促进农民美好生活的"五位一体"服务模式中，供销社工占据着主导地位，负责统筹人力、物力、财力等资源，而村民志愿者可以被认为是农村本土的人力资源，供销社工负责招募和培训专业志愿者开展各种志愿服务活动，为服务对象提供更加优质的服务，满足服务对象个性、多样化的需求。但是二者在实际工作中也有交叉，难免会出现摩擦与冲突，特别是在专业手法和价值理念有偏差、不一致的情况下，这时供销社工专业性的功能就开始凸显，扮演二者关系的调解者，使得双方意见达成一致、共同完成服务目标。供销社和村"两委"作为政府的代表，为供销社工开展为农服务提供不可或缺的指导和支持。其中，供销社作为项目购买方，可以被认为是一种财力资源、外部联动资源。关于财力资源，因为大多数情况下都是由政府购买社工服务，为社工开展各种服务提供经费支持，再由专业社工提供专业服务，虽然二者看似是购买与被购买的关系，但专业社工在实际的服务过程中，是服务的策划者与执行者，所以在财力方面也发挥着统筹的作用，供销社工支配着财力资源，制定项目费用预算并进行监管使用。关于外部联动资源，供销社为专业社工提供群团组织、企事业单位、高校等外部资源，促进多元力量助力农村地区发展，提升村民幸福感、获得感。村"两委"作为农村基层治理的主体，供销社工提供在地化的资源及支持，如场地资源、村内信息资源等。供销社工在开展服务的过程中运用专业工作手法，充分挖掘农村社区各类资源，发掘乡村贤能，将他们培训成村民骨干，再由这些骨干将拥有共同兴趣的居民聚集在一起，从而组建村民社区社会组织。经过供销社工的指导，农村社区社会组织得以稳健运营，在这一过程中，供销社工仍处于主导地位。值得关注的是：供销社、供销社工、村"两委"、高校、村民志愿者这几个主体之间又处于一个动态平衡的状态，专业社工在活动策划、执行和资源整合方面起到主导作用，同时充分调动销社、村"两委"、高校、村民志愿者合力发挥作用。

根据生态系统理论，在供销社工促进农民美好生活的"五位一体"服务模式中，将农民所处的环境分为微观系统、中观系统和宏观系统，将农民放在社区这个生态系统中，由主要的负责主体：供销社、供销社工、村"两委"、高校四方合作，共同促进服务对象的改变与能力的提升。其中供销社工统筹整个工作，村民志愿者和村"两委"则共同辅助专业社工的工作，从微观、中观、宏观层面对农民进行服务，四个主体和供销社工都存在着强关联，供销社工仍然处于中心位，发挥着核心作用，带领其他主体共同促进社区的凝聚、包容、经济保障和赋权作用。

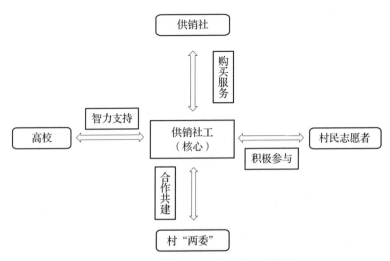

图3 "五位一体"模式中各主体之间的关系

二、供销社工 + 美好生活的具体服务内容

供销社工为了达到促进农民美好生活的目的，围绕美好生活的五个维度，开展了一系列的服务。在经济维度，通过联动供销社和村民，将有生计需求的村民培育成新型职业农民，培育服务型合作社，进而促进农民增产增收；在文化维度，通过联动村民志愿者，发掘村落特色文化，结合二十四节气，传承

和发扬传统特色文化和农耕文化；在政治维度，以村民议事会的形式发动村民骨干积极民主参与，共同协商解决社区公共问题；在社会维度，通过联动村"两委"与志愿者，为农村困境儿童、妇女及长者提供服务，解决他们最基本的生活问题，帮助他们走出困境，使得他们的日常生活得到最基本的保障；在生态维度，通过联动村"两委"、高校及志愿者，对社区公共空间进行改造，共同改善社区生态环境。

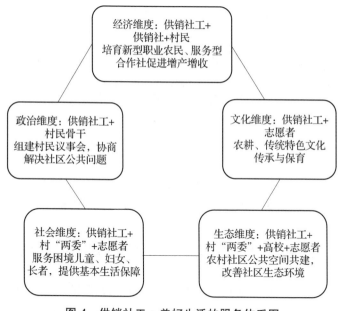

图4　供销社工＋美好生活的服务体系图

（一）增产：开展农技培训与经济帮扶，促进增产增收

供销社工对有生计需求的农民进行农技培训，促进增产增

收，保障居民基本生活需求。在社区经济保障过程中充当政策落实者与政策咨询者的角色，体现为农民提供政策咨询与链接资源的功能。

1. 农技培训

案例1：2008年11月，由白云区供销合作联社领办，291户南岗村村民共同组建的广州市白云区富民瓜果专业合作社在南岗村正式成立，根据供销社工与广州市白云区富民瓜果专业合作社负责人访谈发现，南岗村90%以上的农户由60岁以上长者组成，其科学种植意识较弱，依靠以往累积经验进行种植，未能为运用科学技术种植主动创造条件，不利于农作物提质提量，导致价格、产量无法提升。南岗村的种植户共有320户，其中加入富民瓜果专业合作社有291户，农民收入水平偏低，销售渠道单一，供需量过剩，只能低价抛售农产品；而且由于南岗村离镇里和其他地方的批发市场较远，一旦市场价格偏低，人工与运送费用成本就会增高，经常导致很多农户不采摘销售直至烂在田上，造成很大的损失与浪费。

为了满足村民的需求，南岗村的供销社工积极与广州市白云区富民瓜果专业合作社联动，探索性引入肥料试验项目及多个政府优惠政策、农技培训、外出参展等资源。具体服务内容有：一是农技社区学堂：举办种植科普、蔬果种植选种、虫害防治等主题的培训和下田服务，让农户随着土地和季节变化，安排农业耕种计划，提升农作物产量。二是一日都市农夫体验：整合南岗村内闲散的农田，推出耕田出租项目供城市的居民种植菜园，共同分享劳动、休闲的乐趣。三是城乡共享菜园：建立供销平台，让城市家庭与农户达成共识，按照计划配送份额，为城市家庭配送无公害绿色蔬菜、各种五谷杂粮以及散养鸡、鸡蛋、鸭蛋、水果等农产品。通过农业展览、线下溯源活动，探索因地制宜的南岗农产品推广模式；鼓励农户参与，发展社区组织，围绕市场需求，创新农耕体验服务和农产品销售的方式；建设"农趣园"，完善和稳固农耕体验服务和农产品销售渠道，促进品牌建设，最终实现通过农耕种植，打造以农夫耕种体验及蔬菜共享菜园的特色服务，构建城乡对接平台，满足农户农作日益增长的生产需求，增加农民收入的目标。

2. 经济帮扶

案例1：2020年2月新冠肺炎疫情暴发，受疫情的影响，竹三村内的青年无法按期复工。竹三村老艺人冯伯一直苦恼传统乡村手工艺人无人继承，他非常愿意向年轻一辈传承手艺。竹三村供销社工发现这一情况后，立刻组织村内闲散劳动力参与到传承乡村手工艺行动中。2020年3月—5月，竹三村供销社工在培育传统文化传承过程中，共开展3次传承手打鱼丸的服务，服务村民117人次。为把传统文化输送至城市社区，社工积极联系白云恒福总部、花都街社工站、华林街社工站，开展结对帮扶，共售出139斤手打鱼丸，折合人民币4 865元。

案例2：2020年2月底，供销社工走访调研受疫情影响的农民生产生活情况，发现部分小农户的水果、蔬菜受疫情影响陷入滞销困境。为应对疫情引起的蔬果滞销问题，供销社工依托白云供销系统网络优势和白云恒福的城市资源，搭建公益助农平台，贯通城乡农产品供需渠道，将滞销的新鲜蔬果直供城市社区。

供销社工发布公益助农信息后，得到不少热心居民的帮助和社会各界的支持，关注人次达6 819人。疫情期间，已帮助2个农户、1个农民专业合作社销售阳桃、番石榴、生菜等滞销蔬果共6 833斤，折合人民币19 612.1元，部分农户农产品滞销问题已经得到解决。助农行动接受学习强国、《广州日报》、广州新闻频道G4出动、白云时事媒体采访，共有报道5篇。此外，爱心企业、公益组织、志愿团队、热心居民在得知助农消息后，购买了1 422斤滞销蔬果送给社区医院的医务人员、一线防疫值守人员、白云区困境人员、环卫工人及孤寡老人。抗疫助农，不仅帮助农民解决了滞销难题，同时也传递爱心，为这个疫情寒冬带来了温暖。

表2 2021年1-10月公益助农行动数据汇总

助农产品名称	数量	价值（元）
番石榴、阳桃、荔枝、黄皮、龙眼	5 610斤	55 390
薄荷艾草膏	40瓶	100
蔬菜	14 812斤	62 008
赤松茸	150斤	2 250
合计		119 748

表3　2020年1-12月公益助农行动数据汇总

助农产品名称	数量	价值（元）
番石榴、阳桃、荔枝、黄皮、龙眼	3 085 斤	10 425.4
咸柠檬	170 斤	1 494
手打鱼丸	186 斤	6 510
蔬菜	6 512 斤	29 785
菜干	5 000 斤	7 950
肥料	1 412 包	55 750
开胃小吃	606 瓶	3 060
蜂蜜	20 斤	900
合计		115 874.4

（二）增能：开展能力建设服务，提升居民参与意识与能力

个人权利与能力的提高是摆脱困境的重要手段与保障，而且当再次遭遇困境或者危机时，就有能力通过自身所具备的知识、权利、技术等主动摆脱困境。能力建设是农村社会工作在实现农民美好生活中核心任务的重中之重。因此供销社将能力建设与权利意识作为日常工作的核心。主要介入的工作可以分为以下几个方面：

1. 社区赋权

社区赋权主要展现在社区建设与社区参与中。供销社工协助留守妇女成立妇女互助自组织，由村民骨干志愿者带头，携手互助，为社区建设贡献自己的一分力量。

以五龙岗村"五彩岗姐"妇女赋权项目为例。五龙岗村位

于广州市白云区钟落潭镇东南面。2018 年，白云区委区政府，综合考虑镇、村发展意愿，配合大健康产业基地规划建设需要，政府通过全面改造的方式推进五龙岗重点村整治工作。

供销社工在服务过程发现，当地传统农村妇女身份转变缓慢跟不上城镇发展的进程，失地农民生活空间的改变无法代替其行为和心理的完全转变，加深了她们在生活上的冲突。根据供销社工调研可知，五龙岗村传统妇女有以下三方面的服务需求：一是有素质素养学习和能力提升的需求；二是有丰富文娱生活的需求；三是有社区参与的需求。社工运用增权理论，通过个人层面、群体层面和社区层面的增权，促进五龙岗村传统妇女能力提升，解决农转居社区的角色适应问题，激发五龙岗传统妇女的活力，为生活增添斑斓的色彩。

具体实施过程如下：

（1）个体层面的增权：增进个人权能，促使有自信、能力和方法解决问题。

①聚集人气：在项目开始阶段，供销社工充分运用供销社"1+N"平台，链接伟博基金会、仲恺农业工程学院等社会资源进入五龙岗村，开展小小艺术家公益培训营、乐高教育公益课堂、夏令营等公益服务，吸引五龙岗妇女的关注，鼓励她们为自己的孩子报名参加活动，提升镇村及服务中心知晓度；开展烘焙、品茶等亲子类活动，吸引五龙岗的妇女及其孩子参加中心的服务。通过形式多样、内容丰富的系列活动，聚集了一定数量的妇女群体。

②养成习惯：在累积一定的妇女群体粉丝后，供销社工根据进一步的调研分析，设计五龙岗妇女群体喜见乐闻的服务活动，组织"舌尖上的五龙岗"特色美食科普主题活动；结合村民每家每户需要开展垃圾分类工作，开展环保教育相关主题活动；为回应妇女文娱和康体的需求，增设学习瑜伽、舞蹈的培训公益课程。通过服务策略的动态调整，促使妇女养成关注和参与镇村级服务村中心的习惯。

③身份觉醒：随着更多的妇女养成前来中心参加服务的习惯，供销社工开始引导大家探讨服务的可持续性，关注服务本村的弱势群体服务。通过基础服务和增值服务的平衡发展，历时半年的瑜伽、音乐培训开始低偿收费，收费的课程参加人数有明显增加，出勤率得到有效提升。在参与志愿服务方面，妇女志愿者从被动转为主动服务。通过服务不断实践，妇女的自信和能力都有明显的提升。

（2）群体层面的增权：增加群体之间的互动和合作，促成问题解决的经验。

①发展性小组：为促进妇女群体之间的互动和交流，供销社工收集妇女群体的表达性需求，通过走访社区张贴海报、使用易企秀平台在村民微信群宣传，结合线上线下线报名招募，分别开设了美食、瑜伽、舞蹈等小组，丰富了村民妇女的文娱生活，帮助参与者认识结交更多志同道合的新伙伴，扩建的朋辈的支持。

②发展社区妇女团体服务：在有一定成效的兴趣小组和社

区活动基础上，供销社工通过组织恒常活动，为社区妇女团体提供延续服务的平台，组织舞蹈队妇女参与到一定的展示平台的活动中，例如到镇老人院、居家养老独居长者家中为老人表演节目；带领美食团队的妇女将美食送到村内有需要的困难家庭；引导瑜伽团队从室内场地走出去，到村内党建文化广场排练并录制视频扩大宣传，增进村民小组的团队合作和扩大妇女团队社会影响。

③发展社区志愿服务：通过日常服务活动发掘热心助人的妇女，开展关爱大使座谈会、关爱大使成长小组，从简单的电话热线到探访慰问，从美食分享到上门义剪提供精准帮扶服务，从知晓报名参加志愿服务到参与讨论志愿服务计划，有效发展妇女志愿者和培育妇女志愿者骨干，提供平台和资源支持，推动妇女志愿者策划和执行社区志愿服务活动方案。

（3）社区层面的增权：营造良好社区氛围，加强传统文化和文明乡风传承。

①友善社区：以构建友善社区为主题，由妇女志愿者策划和参与的不同类型的社区公益服务，促进五龙岗村敬老助残扶幼的服务持续扩大和深入，建立和完善社区互助平台，促进村内的需求和资源、服务可以在社区互动平台上匹配、对接，实现资源的有效配置，吸引越来越多的村民参与到社区互助平台之中，初步实现五龙岗村内的互助，促进友爱互助的文明乡风的初步形成。

②社区参与：通过培育五龙岗妇女自组织，策划和打造五

龙岗"五彩岗姐"妇女赋权品牌公益项目，引导五龙岗妇女自组织参与公益创投，引入外部的资源，独立运营公益项目和服务执行，探索社区妇女自组织如何在五龙岗村内可持续开展社区公益项目服务。

③社区倡导：通过五龙岗妇女自组织成功孵化，激活村内其他妇女小组的活力，让她们有可以获得更多能力和资源，进一步壮大妇女群体的影响力，促进积极推动五龙岗妇女自组织参与五龙岗村公共事务的组织和决策能力，提升妇女社区自治的能力。

2. 能力建设

能力建设主要涉及村民个人层面的增能。供销社工在开展农村服务的过程中工，时刻将能力建设与社区赋权的理念贯穿在日常工作之中，让村民敢于发表自己的意见与建议，鼓励他们发掘自身的潜能，协助他们解决自身问题，从而使他们走出困境。

农村留守妇女是留守群体中压力最大，却也是最容易被人们忽略的群体，丈夫外出务工后，她们肩负起家庭的全部责任，饱受身心的压力却没有合适的宣泄途径和倾诉对象，加上身份歧视、受教育程度等因素制约，她们的自我发展往往受到很多限制，自我发展能力也亟须提升。在这种社会环境的制约和影响下，农村地区留守妇女的自我发展问题已经愈发突出。

供销社工在进驻农村社区之后，尤其关注农村留守妇女的自身发展问题，并针对这一群体开展了一系列提升留守妇女个人能力的活动，挖掘她们的优势，发掘她们自身的潜能，提升她们自身的能力。一是五龙岗村开展的"铿锵玫瑰展能活动"，关注新农村妇女家庭和社会身份角色的转变适应，开设瑜伽、舞蹈、语言艺术等培训课程，组织妇女参加美食制作、社区导赏、传统节日主题的小组和活动，从而丰富村民的文娱生活，引导妇女参加志愿服务，促进社区参与，提升农村妇女的能力、信心和形象。二是雄伟村通过开展妇女巧手创意活动，为辖区内留守妇女提供提升技能、搭建社区支持网络的发展性服务。针对妇女存在康乐活动需求，开展雄伟连片村传统美食传承、特色美食创新服务、名优水果茶研制等活动，通过发挥乡村妇女的优势促进妇女参与美丽乡村游等社区事务。三是黄榜岭村的供销社工通过组织本村妇女，开展传统美食麻糍——改良版制作活动，在活动过程中参与者们各抒己见，为做出更美味可口又兼具当地特色的麻糍献计献策。在制作麻糍之余，参与者们经过相互了解，也达到了构建自己的社会支持网络的目的。除此之外，黄榜岭中心开展"麻糍变身大作战小组"，对有劳动能力的农村低收入人口，坚持开发式帮扶，帮助其提高内生发展能力，发展产业、参与就业，依靠双手勤劳致富，也让村内传统美食走出去，从而实现增收目标。

（三）增融：开展社区教育与城乡融合，促进社会支持网络构建与文化传承

农村社区在社区关系、社区文化等方面有着鲜明的特征，缓解社区矛盾、增强村民对社区文化的认同、构建社会支持网络等内容是供销社工介入社区凝聚重要的方式与手段。白云恒福介入社区凝聚的主要工作内容有以下几个方面：

1. 社会支持网络构建

供销社工以组织者和倡导者的角色，对接农村社区与城市社区，开展城乡融合项目，协助社区居民构建社会支持网络，达到助人自助的目的。

以南岗村长者城乡融合项目为例。南岗村位于江高镇南面，南临流溪河，广清高速公路贯穿南北。南岗村耕地面积较多，以发展农业，蔬菜种植为主要方向。此外，南岗村多年来一直保留着许多历史建筑，如（宗祠、古庙、古树、道路），而且村民纯朴，造就了良好的乡风文明和历史文化。虽然南岗村有以上的自然优势，却存在辖区内资源缺乏、公共娱乐设施少等问题，大量的年轻力量外出谋生，导致逐渐空心化，村内长者成了生产主力军。南岗村面临农村改造计划，正处于收集村民意见阶段。据社工日常与村民了解到，该项目将会征收村民房屋，建设小区套间式住房返回，对村民的环境与生活质量都大大提升，大部分村民对此表示赞成的，希望借此改变生活质量，但大家对未来生活的可能性表示困惑，担心改造后的村落文化丢失，或与现在的邻居、好友出现疏离而无伴，甚至可能对新的生活无所适从。

永平街是原同和镇撤镇建街，从农村管理体制转为城市管理的新街，经过时代发展变迁，以往的农村在城市改造后有了翻天覆地的变化，但随着城镇化进程的加快，一栋栋高楼占据了曾经的田园，城市空间环境的紧缩、空气质量的下降，让城市生活充满压迫感。根据永平街社工站的长者社工反馈的信息，永平不再是以往的单一农村人口，居住的大部分长者是由城镇转居此地，但他们早已厌烦城市的喧嚣与繁忙，越来越多的人试图回归大自然，找寻那份宁静与乐趣；本地老一辈的长者，过往熟悉的乡村田园风光已不再，越老越想归乡，越老越想回归淳朴生活。

总的来说，南岗村村民以农耕为主，早出晚归，对外界的资讯接收少，对农村改造后的生活焦虑；南岗村根据城市化规划，即将进行改造，长者对乡村原有生活环境，如文化、感情的延续面临断层；而永平街的居民则生活在繁华的城中村，生活节奏快，出门面对的都是高楼大厦，很怀念以往农村自由自在的田园生活，期望多感受大自然，放松身心。

基于此，供销社工期望通过开展该项目，促进南岗村长者和永平街长者的互动，帮忙南岗村的长者打开心结，了解改造之后的生活变化，用良好的心态迎接新农村、新生活；也能让城市的长者在享受城市化的生活中实现自己回归田园、走进农村的期许。

该项目的服务内容涵盖两个部分："寻迹南岗"和"走进永平"，通过这两个部分的活动，带动两地长者的互动与参与，促进双方对彼此的了解，体验生活。活动过程中挖掘南岗村的长者导赏人才，充分调动长者的参与积极性，发挥长者讲故事之特长，能够帮助长者提升自身效能感，从而提升生活幸福感；通过导赏，开展"走出去，走进来"的带动两地长者友好往来的互动，组织城市长者到南岗开展南岗村的寻踪活动，发现南岗的历史古建筑（物）和富于年代的风土人情故事，书写"韵味南岗"的故事，促进对南岗村的乡村文化了解；通过体验生活，带动两地长者思考面临的问题，在体验中寻找答案，带领城市长者参观农田基地、开展农耕体验活动，体验田园生活，放松身心；带领农村长者参观体验城市新生活，例如繁华商场带来的经济发展、新公共空间打造带来的农村新景象、广场舞、太极拳等自组织的组建带来的生活丰富等，感受新城市的便利带来愉悦的新生活体验，减少对家乡改造的内心焦虑。

2. 社区教育

供销社工通过开展研学活动，培养青少年的参与意识，增强青少年对自然、对社区的归属感。协助青少年形成、建设社区、服务社区的理念与行为习惯，提高他们对社区的责任感与认同感。

青少年是国家的希望、民族的未来。社区作为青少年主要的成长空间，在青少年成长过程中占据着重要的地位，青少年的成长与教育均离不开社区资源，参与社区活动有助于青少年提升对本社区的认同感，有利于培养青少年的居民责任与义务，有助于促进青少年的社会化。

基于此，供销社工注重青少年的教育与成长，根据各个村的具体情况，针对青少年开展了一系列的具有供销特色的社区教育活动。这些活动大致可分为以下几类：一是自然科普类活动。比较典型的是夏良村依托"初心田园"开展的自然科普系列活动。通过联动广州市科学技术协会、白云区科学技术协会、华南农业大学、华软软件学院等资源，结合科技、传统农耕、科普等内容，制作"初心田园"导赏二维码，组织社区儿童、青少年参观初心田园，扫描制作好的植物二维码，在线了解不同植物的特性等相关信息，丰富科普形式，使参与人员受益更多，从而达到了科普的目的。另外，结合农耕、二十四节气，开展农耕体验，在初心田园里开辟出"一米菜园"，引导青少年一起种植符合季节的蔬菜，通过体验种植、维护和采摘自己亲手种植的蔬菜，增强了他们的体验感，使他们更生动形象地了解和熟悉各类植物，体验农耕文化；二是传统文化传承和保育类活动。这类活动的主要代表是黄榜岭侨乡文化的传承与发展系列活动。传承乡村传统文化、发扬华侨文化精神，助力黄榜岭村美丽乡村建设，提升村民、侨民的社区归属感，激发乡村振兴内生动力，提供学习辅导、艺术技能、社会规范、红色教育，促进社区参与共同发展是黄榜岭村工作的重点。通过"社工＋志愿者"模式，撬动社区支援服务力量，充分发挥志愿者力量，依靠"1+N"合作单位力量，联动高校资源为辖区内有需要的7-12岁学龄儿童开展侨乡学堂、艺术课堂，提供兴趣培养、潜能激发等服务，提升村民、侨民的社区归属感。

3. 精神文化

供销社工通过走访调研，发掘社区传统文化，培育社区志愿组织，传承传统文化，加强村民之间的人际关系支持，同时增强村民对家乡文化的认同感。

（1）以竹三村少年醒狮队培育项目为例

①背景。竹三村位于广州市白云区北部，据社区长者介绍竹三村的醒狮文化已有 200 多年历史，以前每逢节庆或有重大活动，例如迎春赛会、元宵节、打鱼庄"开海"等，必定会敲锣打鼓，舞狮子助兴，代代相传，但现在种田成本高收入低，难以维持生计，村内青壮村民大部分外出经商和务工，村内文化已经慢慢淡化。然而，年轻一代不曾了解村内文化，也不知道村内有传统醒狮文化，更谈不上参与社区文化建设。

②做法。供销社工通过村民冯伯找到竹三醒狮负责人冯师傅（以下简称：冯师傅）了解竹三村醒狮队目前状况，据冯师傅介绍，自己是竹三醒狮队的队长，从 2006 年开始学习舞狮，已接触醒狮有十余年了。随着时代变迁，竹三村醒狮队目前缺乏新一代的加入，醒狮队占 80% 队伍成员都是 30 岁以上，队伍虽不断扩大，但很少儿童和青少年加入，慢慢这个传统文化就会衰落。冯师傅担心后继无人，希望有本村新一代少年儿童加入醒狮文化传承的队伍，打破醒狮文化传承青黄不接的局面，继续保留竹三村现有传统文化生活习惯，让醒狮文化可持续发展。

青少年是文化传承的主体，为了能够更好地传承和发扬竹三村的醒狮文化，供销社工挖掘村内对醒狮文化感兴趣的青少年儿童，搭建醒狮兴趣学习平台，提升其对竹三村醒狮文化的价值认同感，推动他们走出家门参与社区文化建设。通过学习醒狮文化和舞狮技巧，加深青少年的友谊与互动，增强村民对社区文化的归属感，促进竹三村青少年形成醒狮队伍。经过老一辈舞狮人手把手的教导，提升成员的舞狮技能，并通过参与社区展示活动，利用新时代创新模式宣传社区文化，扩大醒狮文化在竹三村内的影响力。

③成效。竹三村少年醒狮队培育项目积极响应供销社"服务三农，振兴乡村"服务宗旨，结合城乡互动带动竹三村经济，以竹三村深厚文化底蕴研发农村休闲体验路线，其中醒狮体验为重要体验环节，以醒狮文化为载体推出一些信物或纪念品，例如与狮相关的物品"竹三醒狮锁匙扣"。项目开展期间曾接待过两个城市亲子团，为村民增收约 4 750 元。项目遇上新冠疫情，跟着时代步伐开展创新服务模式，开展线上服务同时通过结合竹三村"三宝"文化，社工组织参与者共同策划拍摄竹三"三宝"贺岁宣传片以宣传自有文化品牌，通过各宣传平台进行传播，如抖音、美篇等，本次拍摄视频点击率达到 2 750 次，扩大村民对村内醒狮文化知晓度的同时对外宣传竹三村醒狮文化，提升竹三村的知名度。

（2）以黄榜岭村为例

黄榜岭村的侨乡文化价值的传承与发扬也体现了农村传统文化在农村社会服务中的重要性。

①背景。蚌湖黄榜岭村位于白云区人和镇西南部，南临流溪河，是著名的侨乡。通过与村委访谈以及供销社工走访社

区、探访村民发现，黄榜岭村呈现如下需求：一是需要活化黄榜岭村华侨建筑。黄榜岭村现存很多民国时期的华侨老建筑，这些建筑物代表着一个时代的文化，应该保护这些文化建筑，让文物焕发出新的生命力，实现文化自信。二是需要传承和发扬侨乡文化。黄榜岭村是有名的侨乡，侨胞在国外通过艰苦奋斗，开创华人事业，在国家危难时回国贡献的精神值得传承与弘扬。侨胞进取、勤劳、开放、包容、奉献的精神感染着黄榜岭村的村民，因此，弘扬和传承侨乡文化、侨胞精神，以侨胞精神作为支撑，我们便可以用开放的姿态面对现实和未来。

②做法。基于以上需求，供销社工通过开展"六个一"计划，即"一瓦一故事"访问和收集村内的故事，利用瓦片绘画和故事集的形式展示黄榜岭村的文化生活；"一砖一生活"利用村民捐赠的青砖，使村民共同参与社区的硬件设施打造和环境美化；"一信一人生"收集村民的信件，记录侨民在外打拼不忘家乡的侨乡故事；"一物一回忆"利用旧物改造，活化古旧建筑，丰富侨乡文化；"一屋一历史"可以通过定向寻标活动，带领村民或者其他单位的同事共同了解侨乡建筑历史；"一食一风味"村内妇女自行组织，共同研究侨乡传统美食；开展"三兄弟田"打造计划，即通过"1+N"服务平台联动资源打造"三兄弟田"，结合民俗文化节日、侨乡特殊节日，邀请城市社区的亲子群体到黄榜岭村感受以华侨文化为主题的种植体验服务，以此打造侨乡文化与三农服务相结合的农耕文化实践基地。通过推进侨乡特色游玩路线计划，发掘和培育骨

干，组建侨乡故事小记者、侨乡导赏员等团队。探寻村民认同的侨乡文化价值，通过口述史等方式，归纳和发扬有本村特色的侨乡文化；邀请社会专家、大学生、村民共同设计民国华侨老建筑活化方案。

③成效。通过"六个一"计划来寻找认同，讲故事、写村史，寻找文化活动或共同经验，营造黄榜岭村特有的乡愁记忆，提升侨胞对故乡的认同与思念；通过海外华侨认种、村内侨属打理模式，增强华侨与村落的关系网，助力黄榜岭村美丽乡村建设，提升侨属、侨民的社区归属感，让侨胞家庭记得住乡愁；通过人文设计丰富华侨建筑的文化内涵，形成文化自信，提升华侨建筑活化效果，提升侨乡文化社会影响力，最终实现传承乡村传统文化、发扬华侨文化精神，助力黄榜岭村美丽乡村建设，提升村民、侨民的社区归属感，让侨胞家庭记得住乡愁的总体目标。

（四）增权：促进居民参与社区建设的民主权利，协商解决社区公共问题

农村社会工作介入社会包容是减少社会排斥与社会歧视的过程，强调的是通过社区内外各层次的参与和互动，加强交流与沟通，减少对困境人群的社会排斥与社会歧视现象。供销社工在介入农村社区服务的过程中，引导和鼓励村民共同参与到村庄建设中，共享村庄发展成果。供销社工介入农村社区包容主要通过鼓励村民参与社区建设这一方面。

供销社工通过链接社会资源，组织居民参与社区公共空间

的建设，改善村落环境安全，增强其社会责任感。

以夏良村"初心田园"社区公共空间改造项目为例。"初心田园"项目是白云供销社利用夏良村农村综合服务中心旁闲置公共草地，经过一年多探索打造的党建共建项目。本项目链接了区科协、龙归街、夏良村委、华南农业大学、广州农商银行、中国银行等16个部门资源与公益性和经营性社会化服务力量，筹措资金约人民币30万元。通过多元共建优势资源，围绕当地村委村民实际需求，在田园规划设计、自然科学教育服务等方面开展合作，打造具备美化环境、科普自然教育、农作劳动体验等功能于一体的社区田园，并以田园为载体，联动夏良村中心公园的升级改造，带动村居社区面貌改善、人居环境提升、科普教育落地。为加强青少年美育和自然教育提供了载体，为城乡融合发展提供了示范样本。

具体实施过程主要包括以下几个方面：

（1）个人资本的发展和培育。一是建立关系。通过开展节庆活动文娱、公益义剪、夏令营、环境美化和文化保育活动等不同类型的活动，提高中心在村民的知晓度，与村民建立关系，也拉近村民之间的关系。中心于2018年12月正式在夏良村开展服务，在"初心田园"项目开展之前，开展文娱类活动80余场次。

二是营造乡村感，初步调动社区意识。在夏良村委的协助下，甄选出中心旁边的中心公园角落作为人居环境改造的区域，并命名为"初心田园"。"初心田园"由华南农业大学林学与风景园林学院的团队对区域进行整体设计，按照不同的功能区域分阶段建设。在建设的过程中，突出共建的概念，动员夏良村的村民为"初心田园"的设计献策。在共建过程中，协调村委一同收集轮胎、废旧奶粉罐等物品，约60个废旧轮胎，100余件废旧奶粉罐、洗衣粉罐。在参与共建的过程中，供销社工启发村民增强参与社区公共事务的意识，动员辖区村委、街道等达成共建初心田园的共识，开展座谈会等10余次。

三是提升村民的能力。在村民参与建设"初心田园"的过程中，教授村民学习花箱的堆土、浇灌、种植和管理，轮胎的彩绘及种植，昆虫屋的建设和投食器的制作，花卉的搭配和种植等园林种植管理的技巧，并在"初心田园"的建设过程中运用学习的技巧，使之转变为村民园林种植管理的能力。在"初心田园"的建设过程中，发动村民通过自己的社区关系网络，在夏良村内链接回收废弃的奶粉罐、旧轮胎、旧塑料瓶等废旧物品，将之送到"初心田园"，以亲子活动的形式，运用学习的彩绘技巧，将回收的废旧物品转化成多彩的种植的器皿，并种植不同的植物，摆放在"初心田园"的不同区域，形成"初心田园"的微景观构造，美化村民的休闲娱乐活动空间。从2019年8月至2021年4月20日，开展堆土、浇灌、种植、维护、科普等活动共200余场次，累计服务约12 000人次。

（2）社区团体资本的培育与整合。一是发展和培育社区团体。首先，"初心田园"初步建设完成后，为维护园内的设施，保障设施正常运作，继续发挥为民服务的功能，夏良村社区综合服务中心整合村内资源，发展村民服务团体和学生服务团体，通过培训，让他们知晓园内的各功能区的产出、维护内容和方法，提升社区团体的服务带领和维护技巧。其次，鼓励和引导村民团体运用初心田园的农产品，通过加工，研制出天然的农副产品，并对外推广试用。最后，鼓励和引导村民团体，对生产的农副产品进行包装设计，增加产品的功效介绍，并链接社区内外的宣传销售资源渠道，增加宣传销售他们农副产品的机会，增强社区团体的发展动力。

二是引入其他团体服务的参与初心田园的服务策划。引入华南农业大学绘社坊，运用初心田园不同功能区域，为夏良村的儿童设置自然教育课程，吸引夏良村的儿童及其父母加入自然教育课程的学习中，增加孩子对自然的认识；通过系列教育课程的开发和实践，逐步探索可持续发展的自然教育课程，发展乡村新的教育学习体系，让夏良村的儿童有更广泛、丰富、深入的教育内容。

三是搭建"1+N"平台，促进社区团体的互动网络，促进社区团体资本的整合和流动。夏良村社区综合服务中心通过搭建为农助农服务平台，引导政府机关团体、高校、行业协会、银行、慈善团体、志愿组织、村民、村委等单位加入初心田园的项目中，以党建引领，开展多元主体议事机制，为初心田园的规划和发展献计献策，并通过自身的网络，为初心田园的发展提供人力、财力和资金的支持，也积极链接和组织单位系统内的亲子参与自然教育课程，提供改善的建议，持续丰富、改善研学课程内容。

（五）增福：开展个案帮扶，保障困境人群的基本生活

社区经济保障是实现农民美好生活的主要措施与基本保障，为了有效保障居民在收入、住房、就业、健康医疗等方面的需求，解决最低生活保障问题而建立的社会福利保障体系。农民美好生活需求的满足需要供销社工的介入，所以供销社工主要针对农村社区身体残疾的居民、就业困难的居民、低保低收入人群开展精准扶贫个案帮扶服务，从而提升农民的幸福感。供销社工介入农民的经济发展的主要工作内容有以下几个方面：

1. 政策宣传

供销社工首先从村委获取社区贫困家庭的基本信息，然后通过走访这些贫困家庭，了解他们的实际需求与具体情况，为贫困家庭普及精准扶贫政策，使其更加了解政策的内容与实施步骤，促进每个贫困家庭都能够充分有效地利用精准扶贫政策，让兜底民生服务发挥最大的效益。

2. 经济保障

供销社工通过走访，对精准扶贫政策未落实到的贫困家庭，及时向村委反映情况，同时为其联系社会资源提供社会救助，解决其当前急需。

以夏良村为例，夏良村是城市化较明显的村庄，政府征地用于工厂建立、商场、经济适用房等建设，根据各生产队经济

收益情况，村民每年有数量不等的股份分红。近年来，经济不断发展，夏良村村民的生活逐步走向富裕，但由于资源分配不均，夏良村的贫富差距相对较大。截止到 2018 年 10 月中旬，夏良村有低保低收入家庭 20 个，残障人士 74 名。探访得知，夏良村低保低收入家庭及残障家庭中，致贫原因各不相同，如因病致残、因病致贫、家庭遗传残疾、离异、孤寡等。

在供销社工进驻夏良村之后，积极联络各方资源开展精准扶贫项目，为辖区低保收入家庭建立家庭储蓄基金及辖区互助基金。服务内容主要包括三个方面：一是针对社区贫困家庭进行经济帮扶。在家庭层面建立家庭发展基金；在社区层面通过链接社区资源、发动社区居民捐助等方式，实现贫困家庭的微心愿。二是成立"夏良互助社"。开展贫困家庭同行计划，促进社区低保低收入家庭之间的相互帮助与扶持；积极招募"互助邮递员"，帮助社区残障人士，满足他们的需求；协助社区孤寡老人购买生活物资、就医等；开展"龙归第二墟"公益互助活动，发动社区居民在集市上交换闲置物品，充分利用闲置资源，将资源分配给真正有需要的人。三是关心贫困家庭下一代，防止贫困代际传递。供销社工通过寻找和链接资源，帮助贫困家庭有入学困难的儿童。

3. 健康与日常生活

当前，我国社会老龄化程度不断加深，农村老人的健康问题愈加凸显。满足农村老年人对更高的健康预期寿命和生活质量的需要，已成为我国老年健康教育的重要内容。

在此背景下，供销社工针对农村长者开展的服务主要是围绕着长者健康这一主题来进行的。例如，雄伟村针对社区长者开展的长者怡乐健康服务，长者只有身心健康，才会更有余力参与到社区事务当中，发挥其能力。因此，该村供销社工通过开展义诊、健康讲座、养生保健类活动等，提升长者健康管理意识，让其重视管理自己身心健康状况。长者的健康意味着医疗费用和社会照料的支出的减少，更有能力投身到社区发展当中。南岗中心链接社区医院开展"健康直通车"医养、义诊及健康知识和医疗政策宣传活动，为长者提供健康检查与疾病预防知识，同时为长者宣讲医疗政策，让长者享受到更多更便捷的医疗服务。2021年1月1日至10月31日，开展健康南岗——医养到家宣传活动和耆健康·乐南岗——长者义诊活动，总共服务了200人次，为南岗村有健康需要的长者提供便利的、补充性的医疗保健服务，并通过社区调动、社区参与等方式，营造极具活力、保健氛围的健康小区，让社区长者享受到更为便利的社区医疗服务，提高长者自身健康管理能力；黄榜岭村链接广东省第二人民医院义诊团队等医疗服务机构为村内长者提供健康义诊、健康养生、健康预防等健康讲座，服务约100人次；中心还定期开展"快乐健身，你我同行"长者健身操恒常活动，2021年1月1日至10月31日，总共服务了约400人次。

除了关注老年人的健康之外，供销社工还关注长者群体在城镇化进程中的身份认同和生活适应问题。五龙岗村的供销社工通过开展福利政策宣传服务，组织开展智能手机、智能电视等相关培训的小组和活动，帮助拓宽村民获取资讯和网络沟通的渠道，获得城市社区的规划和生活方式等，增加村民对城市社区生活的了解，适应新时代的变迁，享受科技发展带来的便捷和更精彩的生活。

第三节　供销社工＋美好生活服务模式的特色及成效

通过前文对供销社工促进农民美好生活的服务内容的梳理和分析，可以看出供销社工累积了诸多服务经验，供销社工＋美好生活服务模式也凸显了其独有的特色，形成了显著的服务效果。

一、社工的手法和身份定位

供销社工在开展服务的过程中运用社会工作专业的个案、小组和社区工作的方法，扮演着组织者、实施者、指导者、资金筹措者和政策影响人等专业角色，为实现农民美好生活这一目标而努力着。

（一）社会工作专业手法的运用

1.瞄准需求，精准服务

供销社工是在秉持社会工作专业价值的基础上融入供销合

作社为农服务、发展农业、建设农村的特色，围绕着农村的生产、生活、生计、生态开展专业的社会工作服务，带有较强的供销性质，在生产、销售、流通等领域发挥着重要作用。因此，供销社工不仅需承担社会工作专业职责，还要承接供销合作社为"三农"服务的使命，为促进乡村建设发展不断贡献专业力量。

农村"三留守"群体，即留守儿童、留守妇女和留守老人是农村社会工作服务中不可忽略的服务群体。供销社工在进驻村庄之后，非常重视这三大群体的需求和问题，主动与村委干部建立良好关系，获取村中最为准确的"三留守"对象名单了解他们的生活现状、困境及需求，开展了一系列关爱困境妇女、儿童及老年人的服务。针对长者，为他们提供健康保健、预防诈骗、义诊义剪等生活类服务，为提升他们的社交技能，增强他们的社会支持网络，供销社工还联合城市社工站，带领农村长者走出村庄感受城市生活。同时，带领城市社区的长者进农村感受农村的乡土气息，从而促进农村长者和城市长者的交流，丰富他们的社会支持网络。针对儿童，供销社工依托阳光学堂、侨乡学堂、华荔学堂、筑梦学堂、"初心田园"等开展课业辅导、亲子互动、自然科普教育等一系列社区教育活动，帮助儿童拓宽知识面，也使得儿童更热爱家乡、热爱生活。针对留守妇女，供销社工开展互助小组活动，制作菜干、菜酸、薄荷艾草膏等产品，为留守妇女提供生计和创业就业的机会，提升留守妇女的自我认同、自我价值和增加社区参与。

将社会工作专业方法中的个案工作、小组工作、社区工作运用到实际的服务中，满足不同服务对象群体的多样化需求，让农村社会工作服务有更多无限可能、充满更多生机活力。

2. 注重人的全面发展

人的全面发展是人的本质要求和体现，单方面或者片面地发展，不能体现人的全面发展的本质。因此人的全面发展包括三个方面的内容：人的能力的全面发展、人的社会关系的全面发展、人的自由个性的全面发展。

供销社工在农村社区开展社会服务的过程中，就特别注重服务对象的全面发展，为服务对象提供发展的各种条件、环境以及制度性保障，提供包括物质利益、价值取向、文化权益、政治环境等在内的人的全面发展所必需的经济基础和社会条件。首先，通过社区教育，对社区特色传统文化的传承与保育，提升人的素质和精神境界，具有一定的针对性。其次，作为政府与农民之前的桥梁，供销社工通过开展各种政策宣传活动，让村民了解更多的惠农政策，以服务和营造开放、和谐的环境，为村民有尊严地生活创造条件。供销社工通过链接资源、社会倡导等方式，为村民争取更多社会资源，帮助他们有更好的发展。此外，还注重培育和激发村民的潜能，为农民的能力发展提供空间。

（二）供销社工的身份定位

供销社工运用社会工作专业的个案工作、小组工作、社区工作等方法，帮助招募、培训志愿者、培育社区社会组织，帮助居民建立与社区之间的信任、居民与居民的信任、居民与社区社会组织的信任，并帮助居民建立起强大的社会支持网络，包括正式的和非正式的社会支持网络，协助解决社区公共问题，促进了社区凝聚和团结。供销社工在社区中的作用有很多，承担着很多的重要任务和使命，是打造和谐美好社区的组织者、实施者和指导者，是一股重要力量。

社会质量理论视角下的供销社工促进农民美好生活的模式与传统的社会工作模式不同，供销社工并不强调直接为受助方提供服务，而是向服务对象提倡正确的理念和行为，即在服务对象必须采取新的行动才能有助于其走出困境但对新的行动又不了解时，供销社工需要成为服务对象采取某种行为的倡导者，向服务对象倡导某种合理行为，指导并促使其改变。

与此同时，供销社工还扮演着资源筹措者及政策影响人的角色。一方面，供销社工的背后是广州市供销合作联社和白云区供销合作联社。依托这一背景，供销社工在资源的筹措和调动上能够得到相应的保障。另一方面，作为白云区供销社购买的社会工作服务项目之一，从成立之日起，供销社工就肩负着以实践为基础为供销系统服务三农、助力乡村振兴等有关政策的制定及完善进行建言、建议的重任。

除此之外，供销社工在具体的实务操作中还承担着使能者与协调者的角色。服务对象都是有能力的人，供销社工进驻农村社区后积极调动他们自身的潜能，发挥村民的内在动力，跟村民一起分析现状并改善现状。农民美好生活的实现涉及多元主体的参与，村民与村民、村民与志愿者、村民与村委、村民与社会组织等关系都是错综复杂的。供销社工要扮演协调者的角色，及时跟进社区资源与村民之间的互动，协调两者之间的适应性或是增进两者的关系互动，提高村民参与社区建设的稳定性。

二、模式的特色

供销社工＋美好生活模式的特色之处主要体现在更加关注非弱势群体的发展、多元主体的协同参与以及链接内外部力量，注重城乡融合发展等方面。

（一）多元主体协同参与

供销社工农村服务项目的顺利展开是由白云区供销社推动，当地村"两委"等部门进行协同治理，广州市白云恒福社会工作服务社则通过购买服务的方式为村民提供专业服务，村民志愿者和社区自组织等作为社区力量参与到服务中。在开展服务的过程中，供销社工注重多元主体的参与，注重整合政府、社区、企业力量、高校和专业服务力量等资源，为服务三农、助力乡村振兴提供了相应的人力、物力、财力和智力资源。白云区供销社作为服务三农的推动者，通过购买服务的方式为服务三农活动提供专项资金支持，保障各种服务的顺利开展；同时，供销社工通过链接慈善部门、社会企业、爱心人士、热心组织等捐赠，为困境群体提供物质帮扶，使他们的基本生活得以保障。在服务参与中，供销社工联合社区医院、村卫生站，为村里的老年人提供了多种服务，内容有生活照顾、免费常规体检、康复治疗等；此外，供销社工发挥属地高校协同作用，积极与属地高校共建学生社会实践平台，引导属地高校参与到乡村建设与服务工作中，发挥高校的专业优势，为服务三农、实现乡村振兴提供智力支撑。

（二）关注非弱势群体的发展

区别于民政系统的农村社会工作者，供销社工除了满足兜底人群的基本需求之外，更多地关注非弱势群体的发展。随着经济的发展，越来越多农民的基本生活得到了保障，摆脱了贫困，虽然这些人不属于兜底帮扶人群，是非弱势群体，但当他们在生计方面遇到困境时，仍然需要供销社工的帮助。以农业生产为生的农民在受到客观环境的影响时，可能会导致其所种植的农产品出现减产、滞销等问题，虽然这些问题不至于影响到他们的基本生活，但他们仍需要供销社工通过链接社会资源、拓宽农产品销售渠道，解除农产品滞销的困境；需要供销社工链接庄稼医院，对农业技术进行培训，以提高农产品的产量和品质。除此之外，供销社工还通过挖掘、整合社区各类资产，为村民创造维持生计的机会，例如对本村的特色农产品进行再加工，制作成种类丰富、口味多样的农副产品，以提高农民的收入，从而提升农民的生活质量，促进非弱势群体更全面的发展。

（三）链接内外部力量，注重城乡融合发展

依托供销社系统强大的资源背景，供销社工通过与城市社工建立联系，开展城乡互动服务，促进城乡服务的融合发展。2020 年新冠肺炎疫情肆虐期间，城市社区居民出现了生活物资短缺的困境，供销社工发动村民及志愿者，为白云区内医护人员及家属、城市社区困境儿童和困境长者送上蔬菜爱心包，缓解了城市社区居民生活物资短缺的问题。2021 年，获得广州市科学技术协会提供 50 万资金资助，推进"广州市科普特色村建设"项目，本项目为农村地区建设乡村 E 站、开展各类科普活动，提供城乡均等化服务。此外，为了更好地促进城乡互动，从 2018 年起，在广州市供销合作总社的指导下，广州市白云区供销联社、供销总公司的支持下，供销社工积极参加"城乡创意汇"城乡互动创意服务大赛，共有 3 个项目获得 7.5 万元的资助，该 3 个项目获得二等奖、三等奖；2019 年，白云恒福进一步加强城乡创意合作，共有 7 个项目获得入围资助，资助金额 19.6 万元，并有 5 个项目获得一等奖、三等奖。参加城乡互动创意服务大赛的目的并不是为了获得奖项，最主要的是能够拿到资金资助，有了资金支持，供销社工就可以更加顺利地开展城乡互动服务，注重城乡融合发展，从而在缩小城乡差距方面贡献自己的力量。

三、模式的成效

笔者以社会质量条件性因素为框架结合对各个村的实地走

访调研，从社会质量理论的社会经济保障、社会凝聚、社会包容和社会赋权四个维度进行归纳和提炼，分析该模式在这四个维度的成效，另外，一些服务数据也直观地呈现了供销社工促进农民美好生活的服务中的成效，具体内容如下。

（一）社会经济保障维度的成效

社区经济保障是满足农民美好生活需要的基础，除了制度保障以外，及时发现困境家庭，提供就业支持、教育、照顾与陪伴等都是其重要的内容。

1. 救助与照顾有保障

为困境家庭提供政策支持、生活支持与经济支持，通过链接有关部门以及提供政策咨询为有经济困难的家庭申请社会救助提供强有力的支持。同时为有生计能力的困境家庭通过提点子、想办法、聚资源等方式提高其能力，并为其提供平台，促使其通过自身能力实现增收，摆脱困境。供销社工经常走访困境家庭，为其带来社会援助物资及资金，有效保障了社会援助的真实落实。供销社工定期组织与联系专业医疗工作者对社区长者的进行体检，保障农村留守老年人身体健康。同时对身患疾病的老年人，提供政策咨询与资源整合，为其更好地利用政策与治疗疾病提供了有效保障与途径。社工人员经常探访留守老人，与其交谈，照顾其日常生活，为其提供了精神照顾保障。[1]

---

[1] 王竞：《社会质量视域下农村社会工作助力精准扶贫研究》，西华大学硕士论文，2019。

2. 教育有保障

动员留守妇女成立互助小组，制作薄荷艾草膏、麻糍、木瓜酸、萝卜酸、咸柠檬等，通过相互协助的形式，为经济困难的家庭提供生计支持，同时培养自身能力。组织村民进行农业技术培训学习，提高种植技术与知识，增强种植能力，促进农民增产增收。2019年至2022年，积极联系韦博基金会、白云团区委、广州市慈善会等资源，开展多元艺术课堂。村级服务中心开业至今（2021年11月），开展筑梦学堂[①]，为青少年提供学业辅导、自然科普教育等服务。

（二）社会凝聚维度的成效

供销社工通过良好的社会氛围与价值体系的建立，将农村社会工作包容、理解的专业理念落实到实务中，改善社区的邻里关系，为社区发展营造良好的氛围，推动居民的社会支持网络建设。

1. 社区支持网络建立

社区居民形成了互帮互助、相互协作、同心同力的社区支持网络。当一个人或一个家庭遇到问题时，相邻的居民会给予力所能及的帮助，如果遇到棘手的问题，社工会率先知道并寻求相应的解决方法，或者召开居民会议，群策群力，共同探讨解决其问题的方法，和谐互助已经成为社区的独特氛围。这时各个村级社区综合服务中心成为了社区支持网络的核心，为社

---

① 筑梦学堂涵盖阳光学堂、华荔学堂、侨乡学堂、初心田园的自然教育学堂等。

区提供有效的支持助力，推动社区凝聚力的形成，将一条条单一的支持线条搭建在一起，构成一张涉及社区内每位居民的社区支持网络，通过社区支持网络，有效地为自身问题提供支持和保障。

2. 身份认同

社区居民对身份的认同程度加深，认同社区文化、认同社区集体、认同自我身份。社区居民在参加社区活动的同时，不断增强集体认同感，努力成为集体中的一员，为集体利益献言献策，贡献自己的一份力量，在共同建设社区公共空间的过程中展现得淋漓尽致。社区居民从"你的房子"变成了"我的房子"，是自我身份认同的体现，同时也是集体认同的展示，在自我认同不断提升的过程中，从内心产生的文化认同油然而生，并展现在参与文化实践活动当中，社区活动参加人数增长，并且居民主动参与社区活动，为活动设计提出自己的想法，希望可以呈现出更好的社区活动，服务于自身以及社区居民，推动社区集体更好地发展，将社区看作自己的家，追求社区向着更加美好和谐的方向发展。[1]

（三）社会融入维度的成效

社会质量理论强调通过增强公民的社会参与能力以及没有政府强权干预的情况下，推动社会包容程度的提高。贫困人群的参与水平与参与能力是精准扶贫质量提升的重要标志，只有

---

[1] 王堯：《社会质量视域下农村社会工作助力精准扶贫研究》，西华大学硕士论文，2019。

通过多层次的参与和互动，才能减少个人以及群体之间的隔阂，彼此加强交流与沟通，减少社会排斥的出现，同时参与也是社会赋权的重要保障。

1. 促进社区参与

社区包容强调社区群众的参与。供销社工要充分调动多元主体力量为己所用，才是有效回应农村庞大服务对象的多元服务需求的必然之策。来自基层政权一方的村民委员会、来自外部资源的社会企业协会等主体力量固然重要，但是，或许内生于社区的服务对象群体力量更容易被激活。农村妇女、儿童、老年人曾被视为农村社区最为牢固的阻碍力量。妇女的力量在我国早期的农村社会工作服务实践中就已备受关注，但老年人和儿童这两大群体仍然是块"难啃的骨头"。但是供销社农村服务项目的供销社工不畏艰难，通过组建妇女志愿服务队，带动儿童、长者，供销社工将其很好地运用起来，让"老人和孩子"参与到社区服务中是十分简单的一件事情。这启示着供销社工要学会以优势视角、发展视角来看待三留守人群的意识和能力，无论是老幼，还是妇孺，他们不仅是被服务、被关爱的服务对象群体，还应是参与社区服务和乡村治理的服务提供者、建设者和传承者，如从弱势群体的某个她/他开始，逐步将服务和作用延伸至家庭，带动更多的她/他进来，终而构建出她/他的社区参与的多元协作格局。

2. 促进社区建设

古语有言，"授人以鱼不如授人以渔"。社会工作亦是如此，"助人自助"是服务的本真，农村社会工作也亦然。农村社区以血缘、地缘关系为联结纽带，在"熟人社会"里有着约定俗成的礼俗文化，也有着相近的生产交际活动，还有着日常生活中的人情往来、互帮互助，这使得熟人社会的感情联结更加密切、传统乡村社会公共性更加紧密。雄伟村的供销社工在进驻社区后，挖掘了一些社区能人、贤人，培育了一部分社区自组织——云溪湾社区自组织，雄伟村供销社工迈出了探索乡村共同体建设的一步——建立村民议事基地，开展了多场村民议事会活动。雄伟村社工秉持"议事协商一个问题以解决一个社区事务"的议事原则，带着村中老中青有为人士一同讨论大家最为关切的服务与需求，以议题定代表，以代表见方向，以方向定行动，充分凝聚社区议事共同体力量和氛围，以实现重塑社区公共领域。

（四）社会赋权维度的成效

社会质量理论最终注重的是人的能力提升，以达到人的尊严的价值要求。[①] 可以说社会赋权是社会质量理论最重要的条件性因素，通过赋权社区，居民自治的形式促使居民自行决定社区资源；通过赋权个人，推动知情、参与、表决、选举等多项权利的保障。同时赋权是增能的过程，主要表现在是否主动、是否有效地参与社会公共事务的能力方面。[②]

---

① 吴忠民：《论社会质量》，《社会学研究》，1990 年第 4 期。
② 王尧：《社会质量视域下农村社会工作助力精准扶贫研究》，西华大学硕士论文，2019。

1. 个人能力增强

供销社农村项目的供销社工主张采用发展性的社会工作策略，以五龙岗村关爱大使服务队的培育实践来证明，供销社背景下的农村社会工作可以以何种方式手段，来实现在帮扶村中困难群众中发挥个中的优势作用，逐渐激活他们的内生动力，转化留守老人、妇女及儿童参与社区的发展优势，达至人人齐心协力，共同助推社区建设与发展，最终实现社区的可持续发展。

由于政府的规划，五龙岗村实现了城镇化，当地传统农村妇女跟不上城镇发展的进程，给她们的生活带来了很大的困扰。在驻村不久，五龙岗村的供销社工便发现村中妇女亲和力强、感情细腻且富有爱心，还发现她们对参与村中大小事务有着极高的积极性和主动性去付诸行动。于是，在供销社工支持和指导下，发掘和培育妇女骨干，她们作为核心成员组建了五龙岗村关爱大使服务队，不仅增强了她们个人的解决困境的能力，同时还通过关爱大使服务队服务更多村民。在这些妇女骨干榜样作用的影响下，后来有了更多妇女加入队伍中来，一起投身到社区志愿服务和社区建设中。

2. 社区自治能力增强

农村社区的本土力量是发挥社会工作专业作用和扎实农村社区建设与可持续发展的关键所在。站在发展性社会工作理论视野上，强调农村社区的社会工作者要做好"陪伴同行者"的主体角色，学会为村民服务，与村民共同服务，更要鼓励村民参与和进行自我服务，最终实现社区自治。因而，新时代的农村社会工作者要把握好村中的每一服务对象的能力与优势，且费孝通先生曾提及乡贤、族贤、耆老是乡村治理的主体，公交社工要主动培育和发展好农村社区的主体力量，将他们发展起来，而不是只发展某个单一主体。老人、妇女、儿童是重点培养对象，而青年一代更是不容忽略的对象。我们将这些被发展起来的村民们统称为"新村民"。供销社工发掘和组建"新村民"群体，诸如农村社区中的"麻糍制作小组""传统文化导赏小组""醒狮队"等民间自发的小团体，这都是供销社工可以进一步积蓄和培养的社区潜在的内生发展力量，因而积极、主动地去发掘、动员村中现有的不成形的组织或团队，这是新时代农村社会工作服务必然要迈过的一道门槛，也是建设和发展社区内生力量的捷径，更是运用多种方法、动员多种力量解决社区问题和参与社区发展的行动范式之一。在分析了培育队伍的可行性之后，供销社工将社区的儿童、妇女、老年人培育起来，他们也渐渐在参与和投入中感受和认可组织的存在和魅力。通过参与社区服务活动，提供志愿服务或策划服务的机会，带着"新村民"从社区活动参与者，再到社区志愿服务者，不断转变为社区发展建设者，逐步学会在社区中担当主体角色。

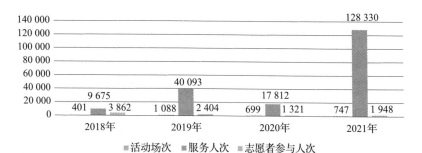

图5　2018-2021 年 11 月镇村级中心服务数据统计表

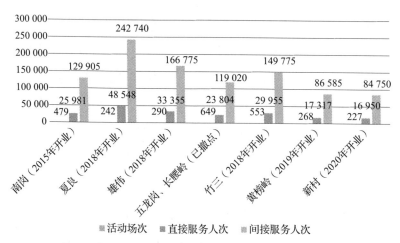

图6　各中心自开业至 2021 年 11 月单列数据汇总 ①

---

① 说明：第一家镇村级中心于 2015 年开业，2018 年新增四家镇村级中心，2019 年新增一家，2020 年新增一家。其中五龙岗和长腰岭中心于 2021 年撤点。

第四节 供销社工 + 美好生活
服务模式的挑战与展望

回顾供销社工对各个村开展的服务服务过程可以发现，供销社工通过运用自己的专业知识与能力，在实现农民美好生活中确实取得了显著的成效，但该模式在实际运行过程中仍然存在着不足与挑战，需要对模式进行进一步的修正与优化。

一、模式的不足与挑战

该模式面临的不足与挑战主要体现在供销社工个人层面的专业人才缺乏及能力欠佳，志愿服务组织对供销社工的依赖性较强以及社区层面的对村落资源的挖掘不深入这几个方面。

（一）专业人才缺乏，服务队伍能力不足

在服务队伍方面，服务队伍能力有待提升。随着服务参与主体的多元化和服务多样化的发展，为农服务项目对于服务队伍的能力提升和建设上有了更高的要求。社工不仅仅是关注简单的活动服务技巧方面，党建服务需要供销社工具备良好的党性修养和极高的思想觉悟，乡风文明计划则要求供销社工要具有文化艺术能力，村庄节庆服务则要求供销社工要"接地气"，能迅速熟知和了解当地地域文化习俗，农化服务则要求供销社工要有跟农作物、农资以及农具等相关的知识储备，能更好地跟当地农户介绍相关产品。另外，还要求供销社工对三农有关政策具有较高的敏感度，以做好相关政策的宣导与落

实。除此之外，在农产品销售方面，也需要供销社工具备较强的营销能力，以帮助农户生产的农产品寻找多销售渠道。同时，各个中心的常规运营和管理也要求供销社工具有综合管理和运营服务的能力。如何招募和选择符合新现代要求的社会工作服务队伍，怎样让符合要求的人才在适合自己的岗位发光发热，也是各个中心开展为农服务以来的一个挑战。

在志愿者服务队伍方面，服务持续性有待提升。为农服务除了社会工作者这一专业服务力量外，志愿服务队伍也是其中的重要服务力量，尤其是初心田园的后期维护及其管理。目前，志愿服务力量少而散，服务队伍主要由妇女、青少年和儿童组成。由于青少年和儿童仍在学校就读，所以流动性较大；妇女志愿者因劳务和家庭照顾等原因，服务稳定性也较差；所以，对于志愿服务队伍的志愿服务培训一定要持续进行。此外，志愿服务具有无偿性和公益性的特点，难免存在持续服务力量不足、不定期开展志愿服务的情况，难以长期稳定的维持志愿服务的难题。因此，如何更好地激发志愿者们服务的热情和坚持，提升志愿服务队伍的积极性和持续性又是一个值得思考的问题。

（二）农村志愿服务组织对供销社工的依赖性较强

志愿服务组织的组建开始于供销社工招募和培训志愿者，这种情况就导致了供销社工与志愿者的相处模式难以达到一个平衡的效果，许多问题也应运而生。

一方面，供销社工的在服务开展过程中的主导性较强，志愿者则处于相对被动的状态。供销社工是联动社工与志愿者开展服务的倡导者，也是联动服务的提供者，由于开展活动需要很强的专业性，所以整个项目实施过程大多由供销社工主导，这就对志愿者造成了极其不利的影响，一是导致志愿者的参与度及参与意识不强，二是不利于志愿者个人能力的施展。除此之外，供销社工在繁重的项目任务与烦琐的行政工作的压力下，无暇顾及志愿者的个人发展。①

另一方面，供销社工与志愿者之间关系过于紧密，一定程度上影响了服务完成的质量。与村内各利益相关方（村民、村委）建立良好的关系是保障活动顺利开展的基础，所以供销社在招募驻村社工时优先选择当地居民，因为当地居民不仅熟悉本村情况，而且更能打消村内各利益相关方（村民、村委）的顾虑，与其快速建立关系。然而，供销社工与各方过密的关系，也在一定程度上影响了活动完成的质量。虽然志愿服务活动具有自发性、无偿性，但部分志愿者参与志愿服务活动还是想要得到非物质的益处，比如为了增加自己的志愿时数，以达到其他个人目的。

（三）社区文化意识不足，资源整合力度不够

文化是一定区域内的群体在长期的生活中所形成的关于本群体的集体记忆、传统习俗、生活方式、行为规范、价值观念以及思维方式等的总称。社区文化既包括物质层面的文化，如

---

① 邵娜娜：《社工义工联动服务模式的可持续性研究》，南京大学硕士论文，2016。

衣食住行、工作及娱乐方式，也包括精神层面的文化，如人们的信仰、价值和规范。① 社区文化资源可以为人力资源、物质资源和组织资源的整合提供一种团结纽带和精神认同，为社区资源的整合提供精神动力，是社区资源之魂。②

项目的 10 个农村社区中有以传统农业种植为生的农村，也有正在朝着城镇化发展的和完全城镇化的农村。传统农村的居民大多是原本地农民，居民之间关系较紧密，归属感较强；而正在朝着城镇化发展的和完全城镇化的农村居民来自各地，居民之前的熟悉度和归属感相对较低。经供销社工调查发现，社区居民对文体娱乐活动还是非常感兴趣，但实际能参与的活动却很少。

在文化资源的整合方面，社区老年自组织更多地局限于自组织内部文化的建设，未能深入挖掘整合整个社区的文化资源，存在文化资源整合意识薄弱，文化资源整合利用力度不够等问题。

二、对模式的展望

基于供销社工 + 美好生活模式面临的不足与挑战，笔者尝试在村民层面、供销社工层面以及社区层面对模式进行修正与优化，以期该模式能在促进农民美好生活的过程中运行得更

① 叶良海：《城市社区公共资源的整合与共享》，《重庆社会科学》，2016 年第 12 期。
② 魏雨嫣：《社区社会工作的资源链接与整合研究》，南京师范大学硕士论文，2017。

加顺畅，更好地助力乡村振兴。

（一）村民层面

1.提高社区居民的主体意识，加强居民的参与程度

农村社区的建设和可持续发展需每一个人的参与，也需得到每一位村民的参与和支持。村民并非是被动的个体，对陌生的事物可能保持着旁观、保守等不同的态度。社会工作者应加大农村社区改造、建设的宣传力度，让村民明白为农意味着什么，对其生活或工作会产生什么样的意义，能起什么样的重要作用，通过线下的活动宣传、政策介绍或线上的信息普及等方式宣传中心驻村理念与重要性，激活村民的社区意识，倡导其参与为农服务。面对不同服务群体，社会工作者应灵活采用不同的方式。面对儿童或长者的宣传活动，需要以儿童或长者听得懂、看得明的方式进行宣传，还应将其重要的家人纳入进去，争取得到家庭的支持，也可以通过鼓励和邀请村民家庭一同参加社区服务，减少对服务的负面认知。面对忙于工作的村民，可根据大部分村民的休息时间选择活动宣传的日期，或是采取线上的宣传方式，以便让更多的村民了解到农村服务项目对农村社区的真实含义。供销社工在开展工作时要时刻谨记：每个村民都是本村的主人，农村社区服务的主体就是村民，广大村民的参与是社工义工联动服务模式开展的前提和动力，也是实现社区发展的保障。如何实现村民的社区参与是关键一步。

首先要增强村民的权利意识。要让村民意识到参加社区服

务是每个村民被赋予的一项权利。权利意识包含许多方面，如参与权、决策权、监督建议权等，合理有效的培育社会资本才能增强村民对社区的认同感和归属感，社区社会资本由村民间的信任关系、社区规范、社区活动网络等组成，村民参与社区的意愿与这些社区社会资本的有效发挥成正相关，社区服务中也在社区社会资本方面多下工夫也可增强村民的社区服务参与意识。

其次是增强村民社区参与的能力。村民的参与能力也是村民参与社区发展的重要方面。要相信农村社区中的每个人都有自己独特的能力和天赋，挖掘社区每一个村民的潜能，才能充分发挥他们的能力和禀赋。村民的参与能力指社区中的每一个人都有能力参与到组织和管理社区的事务中去，并促进社区的建设和发展。在社区参与过程中，占有了社区的部分资源，并发现自我效能感，不断提升自身的能力和素质。然后可以在社区内树立全民志愿者观念，推广做志愿服务的健康生活方式。中国是一个人情面子社会，所以每个中国人的独立性和荣誉感比较强，一般情况下，不愿意接受服务，他们认为被服务是一种很丢面子的事情，所以如果转换思维，将每个村民都视为有能力的个体并让他们积极投身于志愿服务，他们可能就会积极参与到社区服务中来。在做志愿者的同时也满足了许多方面的需求，他们间接成为服务对象，但对于居民来讲却很有参与感和价值感。

要想实现社区的发展离不开社区中所有人的努力，在提升村民的社区参与能力过程中，并不是从村民的问题和需要出发，而是把每个村民视为积极能动的主体，整合村民现有的能力并挖掘潜能。提升村民的社区参与首先要让村民明确参与权利和意识，要让他们正确行使自己的权利，在加强社会资本建设过程中，可以增强村民的参与意识。具备社区参与意识只是第一步，广大村民还要培育社区参与能力，这种能力可以是村民自身具有的能力和天赋，还有一部分潜能可以从社区服务和活动中得到挖掘与利用。很多村民不愿意参加社区服务是因为他们不想获得关注和帮助，他们想通过自己的努力解决问题，所以可以变劣势为优势，当以志愿者的形式参与到活动中时，村民既可以帮助同类群体解决问题，也弥补了自己的不足，获得了价值感和满足感。当村民的参与积极性和社区参与能力都得到提升时，才能推进社区服务的开展，最终促进农村社区发展。①

2. 发掘乡贤，培育村民领袖

村民领袖是乡村建设和农村社区治理的支柱。探索群众性领导人，要开展多种形式的社区活动，创造各种条件和机会，让各类有专长、有能力的人脱颖而出，使他们成为村内公众人物和自组织领袖。在乡村建设和农村社区治理过程中，要锻炼和提高群众领导的策划、组织、实施能力，加强自组织领袖的领导能力。促进农村社区的发展，应当充分发挥作为参与主

---

① 邵娜娜：《社工义工联动服务模式的可持续性研究》，南京大学硕士论文，2016。

体、服务主体的居民的作用。[1]

（二）供销社工层面

1. 提升供销社工的专业能力，建立人才驿站

专业服务人才是推进农村服务工作有效、良性发展的重要资源。提升供销社工的专业能力，各个中心可在供销系统的指导下，多与这些专业服务机构进行合作，将专业的服务知识从培训学校转移到农村基层，从当地选拔优秀人才进行专业的服务培训，建立人才驿站。如此一来，一方面可以吸纳当地的剩余劳动力，增加就业，同时，在这种情况下培养起来的专业服务者，熟知本地情况，在今后的服务过程中，也更利于服务的展开。

在推进人才驿站建设方面，各个中心等服务机构要有足够的服务人员，不断提高专业服务人员的专业能力。可以通过一批学历较高、有特长、年轻优秀的人才充实到农村为农服务队伍中，如高校合作、定点培养等方式。此外，也可以与医疗卫生中心、高校、艺术团等组织和团体开展合作，对服务人员进行定期的培训，确保服务人员掌握基本的服务技能。

2. 定期开展专业的督导培训，增强供销社工的专业能力和业务水平

社会工作实务开展，需要对供销社工定期开展专业的督导培训，加强供销社工的专业能力和业务水平，以此帮助供销社

---

[1] 周易：《广州市 Y 区"五社联动"社区治理研究》，华南理工大学硕士论文，2020。

工在复杂的社区环境中，能有效应对各种复杂问题，协调好农村社区各方的利益与诉求。

督导老师需要结合供销社系统下开展为农服务的背景，针对供销社工制定的专业培训计划，向供销社工传授如何引入资源，实现城乡融合的技巧，以启迪和引发他们开拓视野。重点培训农机农资专业化服务的知识，同时还应关注供销社工在销售、电商、导游等方面的能力建设，使他们具备供、销的能力，以及导赏介绍的能力。

供销社工则需要及时将在实务过程中遇到的疑惑、问题反馈给督导老师，在接受专业督导老师的指导下不断改进实务开展，除此之外，还应该适当增加供销社工的数量，建立一支较高水平的服务团队，通过供销社工的协调合作，共同推动资产为本的社区资源整合，推动农村社区的发展。

（三）社区资源层面

1.搭建社区资源交换共享平台，提高资源的利用率

在乡村建设与农村社区治理过程中，供销社工首先需要了解服务对象的需求，然后分析村内的资源，进而为服务对象提供相应的服务，以满足他们的需求。在分析社区资源的过程中，往往会出现资源挖掘不充分的情况，而且每个村所包括的资源种类不同，也有可能出现这个村所缺少的资源刚好是另外一个村多余的资源的情况，如果没有充分利用这一部分社区资源，很有可能造成资源的浪费，降低资源的利用率。因此，可探索在村委会或村级综合服务中心设立资源交

换共享平台，各个村将本村多余的资源挂在这个平台上，同时，缺乏资源的村也可以将本村对资源的需求上传到平台上，由平台进行资源的配对，从而实现资源共享，提高资源的利用率。

资源交换的形式吸引更多村民参与到乡村建设和农村社区治理中来。如 A 村的中医免费提供义诊理疗服务，B 村的学校老师开设提供教育辅导，C 村各种兴趣协会开设免费兴趣班等等。当其他村有上述需求时，可以通过这个平台进行资源协调，这样一来，村民可以通过提供的志愿服务兑换他人的志愿服务，这种互利共赢的模式，能够增加村民之间的信任、互惠、合作的社会资本，能让村民更乐于参与融入村庄，建立"我为人人，人人为我"的新熟人社区，实现共享社区资源、共治社区事务、共建美好家园。

2. 分析社区资产，发动多方社会力量共同参与

资产是一个经济学概念。资源是指自然界和人类社会中可以用于创造物质财富和精神财富的具有一定存量的积累的客观存在形态，不是所有资源都能够被人们所控制和利用，资产是那些能够被人们所控制和利用，并且能够带来现实和未来利益各种资源。①

社区资产指的是社区范围中的能够被挖掘、利用，从而激发社区居民发展活力与动力的各种资源，包括社区中的个人、

---

① 王莉：《资产为本视角下农村文化重组和互助网络构建的研究》，云南大学硕士论文，2015。

组织、机构所拥有的天赋、技能、能力、关系网络等。社区资产主要分为物质资产、人力资产、组织资产和文化资产四类。物质资产指的是社区内的"硬件"，主要包括能够为社区居民提供活动的公共场所、公共设施、自然资源、建筑物、资金等等；人力资产主要包括社区内居民的天赋、才能、知识、技能、资源、价值观及投入感等[1]；组织资产包括社区组织、机构、单位所拥有的物力、人力、财力、信息和影响力等各类资源文化资产包括民风民俗、传统节日、饮食或作息规律、语言和文字、宗教信仰、成员的信任和依赖程度以及约定俗成的价值规范等。

在分析和识别了社区资产之后，要充分利用社区内的资源，引入多方力量进行资源融合，共同参与社区建设。具体可以从以下几个方面入手：

（1）发挥社会工作专业资源优势。鼓励慈善组织在项目设计和实施中，引入社会工作助人自助、个别化等服务理念和个案工作、小组工作、社区工作、社会政策等服务手法，提供心理疏导、情绪支持、家庭关爱、社会支持等多样化的服务，推动慈善组织从单一的物质救助向物质救助与精神支持、能力提升并重转变，为服务对象提供精准化、精细化的专业服务。

（2）发挥慈善的资金和资源优势。通过建立社区慈善

---

① 胡俊：《社会工作介入城市社区居民自治的模式探索》，郑州大学硕士论文，2014。

基金（会）、社区捐赠站，开展福彩公益项目大赛、公益创投、社区微创投等方式，搭建资源对接平台，开放公开募捐权限，资助社会服务开展，鼓励社会工作借鉴慈善的募款方式和资源筹集渠道，获得慈善资源的支持，以拓展项目的资金来源，推动社工项目的规模化发展，有效解决更多的社会问题。

（3）优化组合，聚集社工、慈善和志愿力量。通过加强社会工作、志愿服务和慈善的顶层设计、整体规划和统筹协调，形成更加完备和成熟的三者融合发展制度，推动三者基于各自的比较优势进行分工合作，提高服务的效率和效能，促进社会工作、志愿服务、慈善事业高质量融合发展，助力基本民生保障、基层社会治理和基本社会服务。

（4）"三个聚焦"，服务党和国家中心工作。社会工作、志愿服务和慈善是社会各界参与扶贫济困、服务民生、奉献社会、参与社会治理的重要渠道，三者的融合发展可以更好地发挥社工、慈善、志愿力量形式多样、机制灵活、贴近基层、针对性强的特点，能更好地聚焦脱贫攻坚、聚焦特殊群体、聚焦群众关切，更好地引导社会工作、志愿服务和慈善助力基本民生保障、基层社会服务和基层社会治理。

（5）扎根社区，打造社会治理新格局。充分利用社会工作的专业优势，发挥社区基金、社区基金会的资源动员优势，培力社区志愿服务组织，搭建社区慈善体系，探索"社会工作＋社区基金＋社区社会组织"联动机制，来聚合本地资源，协调本地利益相关方，推动社区居民参与制定本地解决方案，解决社区问题，推动社区发展，打造共建共治共享的社会治理新格局。①

---

① 李锦顺，张肖，王志强：《社会工作、志愿服务、慈善融合发展路径研究——基于广州市的实践》，《广州市社区志愿服务发展报告（2020）》，北京：中国社会出版社，2020 年版，第 31–49 页。

参考文献

［1］《习近平谈治国理政》（第 1 卷），北京：外文出版社，2014 年版，第 4 页。

［2］杨立业：《美好生活视域下乡村生态文明建设研究》，山西师范大学硕士论文，2020。

［3］徐士珺：《农民美好生活评价指标体系建构：基于农户主体性视角》，《云南行政学院学报》，2020 第 2 期。

［4］Beck，W.，van der Maesen，F. Thomese，and A.walker.Social Quality：A Vision for Europe.The Hague：Kluwer Law International，2001.

［5］张海东：《从发展道路到社会质量：社会发展研究的范式转变》，《江海学刊》，2010 年第 3 期。

［6］林卡：《社会质量理论：研究和谐社会建设的新视角》，《中国人民大学学报》，2012 年第 2 期。

［7］何怡梅：《社会质量理论视角下农村留守老人养老问题研究》，华南理工大学硕士论文，2015。

［8］王尧：《社会质量视域下农村社会工作助力精准扶贫研究》，西华大学硕士论文，2019。

［9］吴忠民：《论社会质量》，《社会学研究》，1990 年第 4 期。

［10］邵娜娜：《社工义工联动服务模式的可持续性研究》，南京大学硕士论文，2016。

［11］叶良海：《城市社区公共资源的整合与共享》，《重庆社会科学》，2016 年第 12 期。

［12］魏雨嫣：《社区社会工作的资源链接与整合研究》，南京师范大学硕士论文，2017。

［13］李严昌：《基层治理中的党员志愿服务制度化：意义、困境与路径》，《理论导刊》，2019年第3期。

［14］周易：《广州市Y区"五社联动"社区治理研究》，华南理工大学硕士论文，2020。

［15］王莉：《资产为本视角下农村文化重组和互助网络构建的研究》，云南大学硕士论文，2015。

［16］胡俊：《社会工作介入城市社区居民自治的模式探索》，郑州大学硕士论文，2014。

［17］李锦顺，张肖，王志强：《社会工作、志愿服务、慈善融合发展路径研究——基于广州市的实践》，《广州市社区志愿服务发展报告（2020）》，北京：中国社会出版社，2020年版，第31-49页。

后　记

　　《白云供销社工服务乡村振兴模式》是我写的第二本模式系列书，第一本写的是《从化农村社会工作服务模式》。掐指一算，近几年写的书都成系列了，有的是社会工作系列，有的是乡村振兴培训系列，有的是社区干部系列，有的是残疾人服务系列，有的是社会组织系列。

　　"十里黄坡琴声瑟，百般碧波漾开来。"本来今年计划不再写书，但还是写了。可能文人对写书情有独钟，一进入场景，一听到"琴声"，一遇到朋友的委托，一有所感所思，内心便起了写作的涟漪。

　　社会服务模式可以说是社会建设皇冠上的明珠。社会服务大概都想做成可以复制、可以学习、可以宣传的模式。

　　打造社会服务模式，也就是模式化的意义主要可以归结为以下几点：

　　一、模式化是专业化的象征。模式形成就意味着专业的成熟，技能能展现"专"，也能展现"业"。有了模式，就意味着社会服务能高度区别于日常化的经验型助人活动，是真正的专业化。也正是因为实务模式的形成，社会服务才能摆脱经验化和主观化的困扰，进一步走向职业化道路。从这个意义上来说，模式化乃至制度化才是判断一个学科是不是实现专业化、是否真正科学的依据。

二、模式化是服务规范和道路正确的象征。因为有了社会服务模式，其他站点和其他服务人员就可以省去漫长的摸索时期，直接接纳既有的服务成果，模式就成了服务活动开展的路标和导航，引导服务人员行走在正确的道路上。这些具体的模式构成了社会服务发展的坚强基石。社会服务的大踏步进步最终都具体体现在特定的服务模式的创造上。

三、成效的象征。社会服务的发展除了理论更新外，另外一个表现就是新的服务模式的发现和创造。模式化展现的是专业性成效。在具体服务活动开展过程中采用专业服务模式，避免了头痛医头、脚痛医脚的临时性举措，模式化也是成效的外在表现形式。

全书的分工如下：引言、第一章由李锦顺撰写；第二章由谷舒晴撰写；第三章由陈彩琼撰写；第四章由陈惠君撰写；第五章由张肖撰写。本书由李锦顺拟定提纲并负责统稿。

在此也向广州市白云区供销社的领导表示感谢。广州市白云区供销合作联社领导富有担当精神和责任意识，工作敢闯敢干，在全国供销系统首开先河，推动了社会工作扎根供销社，扎根农村，扎根农村弱势群体、困难群体和特殊群体，推动了服务成长，并形成供销社工模式，可敬可佩。从他们身上，感受到了每位社工雄赳赳气昂昂的力量来源。供销社工的形成和成长，推动了社会工作向各行各业深入发展。社会工作向深向实，向各个领域发展，一直是社会工作教育教学和科研工作者的专业梦想！感谢广州市白云恒福社会工作服务社提供了大量丰富的资料，感谢本书的各位编委会成员，由于他们的推动和付出，本书才更有风采。非常感谢！

写到这里，我的脑海中出现我儿子李昌文的影子，想到我在华农湿地公园荷花池给他拍照片的情景。小鱼涟漪佳绝地，鸟唱荷花别样红。平时很少顾及他，聚少见少，祝愿他茁壮成长！当明年荷花盛开的时候，希望他能够实现自己的求学梦想。一副豆芽的细高形象，悠悠我心；身体是地基，专业如地基之上竖起的房子，悠扬琴声使这所房子充满了荷花香。身体、专业和特长"三合一"，生活是甜甜的味道，生活是清香的味道。祝愿他再向前一步！

李锦顺于天河五山

2021 年 11 月 22 日

图书在版编目（CIP）数据

白云供销社工服务乡村振兴模式 / 李锦顺等编著
. －上海：东方出版中心, 2022.8
ISBN 978-7-5473-2020-4

Ⅰ.①白… Ⅱ.①李… Ⅲ.①供销合作社－研究－白
云区 Ⅳ.①F721.2

中国版本图书馆CIP数据核字（2022）第141358号

白云供销社工服务乡村振兴模式

编　　著　李锦顺等
责任编辑　张馨予
封面设计　钟　颖

出版发行　东方出版中心有限公司
地　　址　上海市仙霞路345号
邮政编码　200336
电　　话　021-62417400
印 刷 者　山东韵杰文化科技有限公司

开　　本　890mm×1240mm 1/32
印　　张　10.75
字　　数　200千字
版　　次　2022年8月第1版
印　　次　2022年8月第1次印刷
定　　价　68.00元